Textes et débats

DIDEROT

par

Jean-Claude Bonnet

Le Livre de Poche

Introduction

Le visage de Diderot nous est rendu familier par les tableaux de Van Loo et de Greuze, ainsi que par les sculptures de Houdon et de Falconet ; mais si l'on consulte la série des estampes, elle déçoit en comparaison du fonds important de pièces concernant Voltaire et Rousseau. Ceux-ci, idolâtrés de leur vivant, ont manifestement occupé une place très vive dans l'imaginaire de leurs contemporains, alors que Diderot n'est pas consacré comme grand écrivain national. L'imagerie diderotienne des estampes, assez pauvre et plate, n'est en général qu'une reprise des tableaux, avec quelques vers d'accompagnement très médiocres : « Bon époux, bon ami, bon citoyen, bon père ; il éclaira le monde, il combattit l'erreur. » Rarement seul dans les médaillons où il apparaît, Diderot est le plus souvent associé à Grimm, à d'Alembert et au groupe encyclopédique. Cela ne correspond pas à l'image que nous avons de lui aujourd'hui. Si nous percevons les philosophes sur le même plan, ayant chacun leur place au même titre de gloire dans notre Panthéon actuel, il ne faut pas oublier qu'au XVIIIe siècle, Diderot est un chef de file un peu effacé, un organisateur en retrait, beaucoup moins honoré et adulé que Voltaire ou Rousseau. C'est que son œuvre, en dehors de l'*Encyclopédie* et du théâtre, n'était pas connue, que les plus grands textes ne furent pas imprimés de son vivant et circulèrent en manuscrits pour un public restreint, sans compter la masse de l'œuvre posthume et les éléments qu'aujourd'hui encore on recherche, çà et là, en désespérant parfois de reconnaître et de réunir les membres épars. Il n'est pas d'écrivain qui fasse moins corps avec son œuvre, si bien qu'à peine la signe-t-il parfois. Le corpus diderotien est une recréation progressive, archéologique, au gré des hasards et des lectures. Histoire étrange que celle de cette œuvre, troublante comme celle d'une statue peu à peu exhumée, à jamais incomplète.

Machinerie malicieuse à déjouer les méthodes de l'histoire littéraire, l'œuvre a été finalement restituée à travers un complexe travail d'édition aux rebondissements multiples. Buisson publie en 1796 *Jacques le Fataliste et son maître, La Religieuse* et l'*Essai sur la peinture.* En 1798, Naigeon fait paraître la première édition qui se présente comme complète en quinze volumes. Manquent alors les *Lettres à Sophie Volland, Le Rêve de d'Alembert, Le Neveu de Rameau.* L'édition Paulin de 1830-1831 contient *Le Voyage à Bourbonne et à Langres,* la *Correspondance avec Falconet, Le Rêve de d'Alembert,* les *Lettres à Sophie Volland.* En 1875-1877, l'édition des œuvres complètes par Assézat fait connaître les *Éléments de physiologie* et la *Réfutation d'Helvetius.* Il faudra attendre le milieu du XXe siècle pour que soient publiés les inédits du fonds Vandeul comme, par exemple, l'*Apologie de Galiani.* Le *Commentaire sur Hemsterhuis* n'est édité qu'en 1964. On vient seulement de repérer, comme si l'œuvre se refusait indéfiniment à être close, la participation à l'*Encyclopédie* et à l'*Histoire des Deux Indes.* Diderot se cache, mais il est peu à peu reconnu et dévoilé. L'histoire des lectures de l'œuvre est inséparable de celle des éditions. C'est à force de malentendus, de visions partielles et de polémiques, où chacun ne voit que ce qui est visible ou ce qu'il choisit de voir, que l'œuvre est progressivement constituée pendant deux siècles.

Diderot n'est admis et intégré à l'ensemble de notre culture que lentement et par secousses. Au XVIIIᵉ siècle, il est la tête de Turc des anti-philosophes, et surtout dans la pièce de Palissot, où « secte » rime avec « insecte ». Sous la Révolution, la confrontation de Diderot et de Rousseau se poursuit sous des formes violentes à travers l'affrontement de Danton et de Robespierre, alors que les babouvistes se reconnaissent en l'encyclopédiste parce qu'on lui attribue faussement *Le Code de la nature* de Morelly. La postérité ensuite est partagée. Les grands écrivains l'honorent très tôt comme un des leurs, même quand ils n'ont lu qu'une part infime de son œuvre : d'abord les Allemands (Schiller, Goethe, Hegel), puis les romantiques français (Nodier, Stendhal, Nerval, Balzac, Baudelaire). L'institution littéraire, plus directement représentée par la critique et l'Université, manifeste beaucoup plus de résistance et adopte même une attitude de rejet constamment reconduite jusqu'au milieu du XXᵉ siècle. Diderot est exclu pour trois raisons : il a inspiré la Terreur, il est un matérialiste, il est illisible. Ce procès est différemment actualisé selon les polémiques et les besoins du moment. A la fin du XIXᵉ siècle, l'encyclopédiste est à la fois honni comme « esprit allemand » et inspirateur de l'infâme naturalisme.

Plus encore que les thèmes politiques subversifs dénoncés peu après la Révolution par Laharpe, on reproche à Diderot son matérialisme. Loin d'entendre par là, cependant, le système et la cohérence de l'œuvre, on s'en tient à une conception très polémique et anecdotique. Finalement, on ne censure en Diderot que le manque de goût. Il est, pendant un siècle et demi, vomi et disqualifié par les mêmes procédés dont saint Jérôme s'est servi contre Lucrèce, en inventant la fable du philtre d'amour, dont l'auteur latin aurait été victime et qui l'aurait rendu fou et voué au suicide. Une certaine cagoterie universitaire, bégueule et effroyablement civilisée, dénonce la prétendue vulgarité diderotienne. Faguet le juge « peuple ». Lanson ajoute qu'il n'a « jamais été du monde » et qu'il est un « gros mangeur ». Barbey d'Aurevilly n'hésite pas à appliquer à Diderot le topos de la mort du matérialiste, par indigestion : « Diderot est mort comme un chien, de trop-plein, après avoir dîné » (*Goethe et Diderot,* p. 161). Chez Villemain, Nisard, Brunetière, s'énonce la même série infamante et excrémentielle, où il s'agit toujours de dévaluer et de pathologiser l'attitude matérialiste. Cet état d'esprit apparaît encore dans les manuels catholiques très virulents du XXe siècle, et même dans le recueil de Lagarde et Michard où il est dit que Diderot était « prédisposé au matérialisme », comme si c'était une maladie honteuse. Cela explique assurément que *La Religieuse* au cinéma ait récemment fait scandale et qu'André Malraux ait couvert un moment le second enfermement de Suzanne Simonin. Diderot a été longtemps le prisonnier et la cible d'un idéalisme nauséabond. Les plus grands critiques cependant subirent la fascination de l'œuvre, même dans leur réticence. Sainte-Beuve, qui censure la chaleur et le déshabillé de l'auteur, s'identifie fortement à lui. Barbey lui reproche de tout « corporéiser », en reconnaissant qu'il était « abstracteur de quintessence comme pas un malgré l'animalité de son esprit » (*op. cit.,* p. 158). Taine aperçoit des gemmes à travers les boues.

Diderot avait mis au point un mécanisme trop secret pour l'histoire littéraire naissante qui n'arrivait pas à s'y reconnaître. Pendant cent cinquante ans, on voit la critique, perplexe et frustrée, en quête d'un auteur et d'une œuvre. Ceux mêmes qui veulent servir celle-ci, et, par exemple, des éditeurs comme Naigeon et Assézat, n'en perçoivent que la discontinuité et se croient justifiés d'opérer une sélection au nom du goût et de la morale. Diderot suscitera longtemps les mêmes évaluations péjoratives : œuvre composite, contradictoire, paradoxale, inconséquente. Ce fatras prétendu illisible a été cependant peu à peu identifié et lu, et l'œuvre révélée dans toutes ses enveloppes et ses différents tiroirs : voici l'encyclopédiste, l'auteur de romans, le critique d'art, le théoricien du théâtre, le grand écrivain amoureux des lettres à Sophie Volland, puis le moraliste et le politique. Nous pouvons aujourd'hui nous faire une idée presque complète de l'œuvre, grâce à l'important travail scientifique récemment accompli. Une nouvelle édition est en cours au Centre national de la Recherche scientifique. Deux éléments nouveaux caractérisent le Diderot actuel : la reconnaissance de la dimension matérialiste sur laquelle l'entreprise se fonde sans contestation possible, et l'intérêt pour le jeu particulier de l'œuvre qui précisément en avait jusqu'ici confisqué et interdit l'accès. Borgès ou Kundera peuvent aujourd'hui se réclamer de Diderot, et le cinéma ainsi que le théâtre se réfèrent souvent à lui dans leurs recherches les plus nouvelles. La dernière pensée politique de l'*Histoire des Deux Indes* apparaît, de même, encore étonnamment valide et féconde. Dans notre époque de journalisme et de télévision où tous les savoirs se mêlent, l'aspect le plus contemporain de Diderot est sans doute son goût pour un type de connaissance très ouvert où s'opèrent tous les branchements possibles, et son interrogation encyclopédique totale qui n'est pourtant jamais totalisante.

Le présent livre appartient au genre du manuel et de l'anthologie, très répandu au XVIIIe siècle, et dont Savérien entre autres (Voltaire prétendait qu'il portait bien son nom) s'était fait une spécialité. Sous le titre « Abrégé de... » ou « Esprit de... », était présenté l'essentiel d'un auteur, affadi la plupart du temps dans une réduction pédagogique. Le principe de cet ouvrage n'est aucunement de donner les bonnes feuilles ou le meilleur de l'auteur. C'est une lecture accompagnée qui tient compte de la réception de l'œuvre depuis deux siècles et de ses aspects les plus actuels pour un lecteur d'aujourd'hui. Cet « Esprit de Diderot » d'un genre nouveau (puisqu'on y met l'écrivain en débat avec d'autres voix) n'est pas infidèle à l'esprit de l'œuvre, elle-même discontinue et concertante, et se prêtant par là tout à fait à un montage qui indique de multiples possibilités de lecture, plutôt que de clore celle-ci dans des synthèses abusives. Au moment où l'on relit plus particulièrement Diderot, pour commémorer ici et là le bicentenaire de sa mort, il faut reconnaître l'extraordinaire vitalité de son œuvre : ce prodigieux organisme résiste aux interprétations toujours renouvelées qu'il suscite, et ne saurait être réduit par aucun de ses multiples échos. Celui qui a su reprendre avec Montaigne et Lucrèce un débat ancien, poursuit avec nous une conversation vive qui n'a pas de fin[1].

1. Les textes de Diderot renvoient (sauf exception signalée) à l'édition de Roger Lewinter, Club français du Livre, 1973, 15 volumes.

Première partie

Le responsable de l'*Encyclopédie*

Par sa nouveauté et son ampleur, l'*Encyclopédie* symbolise à elle seule l'aventure intellectuelle des années 1750-1770, de ce moment euphorique du XVIIIe siècle où l'intelligentsia des « Lumières » s'organise et prend conscience d'elle-même. A l'origine, en 1745, le libraire Le Breton et quelques autres envisageaient une simple traduction de la *Cyclopaedia* de Chambers qui était en Angleterre, depuis 1728, une bonne affaire commerciale, mais en 1748, à la signature du contrat qui fait de Diderot et de d'Alembert les codirecteurs de l'entreprise, on prévoit des ajouts et des planches, c'est-à-dire un ouvrage original qui s'émancipe complètement du premier projet. Pendant presque trente ans, Diderot est le seul véritable capitaine de ce navire si fréquemment dans la tourmente et qui parvient cependant au port. Le premier volume paraît en 1751. En 1778 se dissipe le dernier tracas, un ultime procès de souscripteur et l'œuvre monumentale de vingt-huit in-folio dont onze de planches, entre dans l'Histoire. Malgré la protection de Malesherbes, « directeur de la librairie », l'aventure a failli maintes fois tourner court, si nombreuses ont été les traverses : en 1752, paraît un arrêt du Roi contre les deux premiers volumes ; en 1759, le privilège est supprimé, et la vente du livre interdite. Le livre est mis à l'Index le 5 mars. D'Alembert, qui avait été codirecteur jusqu'au tome VII, laisse alors à Diderot la responsabilité de l'ouvrage. L'entreprise très importante financièrement est soutenue par l'opinion, si bien qu'un compromis est trouvé avec le pouvoir. Les volumes de planches paraîtront de 1762 à 1772, et les derniers volumes de textes seront distribués seulement en 1766. Diderot n'a pas cédé à la pression des « antiphilosophes », et n'a pas suivi le conseil de Voltaire, de s'installer à l'étranger.

Cette expérience décisive dans la destinée littéraire de Diderot (trop souvent présentée comme un échec, une perte de temps, un sacrifice de l'œuvre personnelle), a été en fait une extraordinaire préparation aux grands livres ultérieurs dont la secrète profondeur, si particulière, s'explique précisément par la participation très variée à l'*Encyclopédie*. Diderot a constamment cru à cette œuvre énorme pour l'époque, qui a occupé mille ouvriers pendant vingt-cinq ans, qui a eu deux mille cinq cents souscripteurs, et dont quatre mille deux cent cinquante exemplaires ont été vendus, alors qu'un tirage normal était de quinze cents. Le prix de souscription (neuf cent quatre-vingts livres) représentait trois ou quatre ans de travail pour un salaire moyen. Il y aura de nombreuses éditions ultérieures (Genève, Livourne, Yverdon, Lucques), beaucoup moins coûteuses, parce que dans de plus petits formats (le prix de l'in-octavo, par exemple, équivaut à six mois de travail). La plus connue de ces éditions (celle de Panckoucke à partir de 1777) comprend deux cent un volumes in-quarto dont quarante-sept de planches. Le prix d'achat élevé de la première édition suffit à définir la catégorie de lecteurs à laquelle le livre s'adresse. Les listes de souscripteurs qui nous restent sont en général composées de bourgeois, mais aussi de cadres de l'administration, de militaires, de gens d'église. Ceux qui n'ont pas acheté le livre ont pu le consulter dans les cabinets de lecture qui se multiplient au XVIIIe siècle.

En se vouant à cet ouvrage utile qui devait être le guide de l'Europe éclairée et en coordonnant l'enthousiaste réseau collectif de plusieurs centaines de rédacteurs, Diderot a pensé jouer pleinement son rôle de « philosophe ». Son travail a consisté surtout à recruter les rédacteurs, à commander les articles, à les relire, à les synthétiser, et parfois à les récrire. Comme rédacteur, sa collaboration est moins massive qu'on ne l'a cru. Il s'est occupé plus particulièrement de trois domaines : des articles techniques qui représentaient l'aspect le plus nouveau du livre ; des articles de politique (assez modérés), où il exprime une pensée en accord avec ce qu'on sait de la bourgeoisie encyclopédique ; une histoire de la philosophie à partir de l'ouvrage en latin *(Histoire critique de la philosophie)* de Jacob Brucker, protestant allemand, qu'il s'approprie en le transformant en un manifeste contre l'esprit dogmatique.

1. L'entreprise encyclopédique

Alors que d'Alembert, dans le *Discours préliminaire de l'Encyclopédie* et dans les avant-propos des sept premiers volumes, définit le projet global de l'œuvre (tableau du savoir, généalogie des sciences, progrès de l'esprit humain), Diderot dévoile dans plusieurs textes les coulisses de l'entreprise. Il explique comment le livre se fabrique, quelle en est la structure, et donne le mode d'emploi au lecteur. Dans le *Prospectus de l'Encyclopédie,* distribué à huit mille exemplaires en octobre 1750, neuf mois avant la parution du premier volume, il justifie d'abord le choix de la forme dictionnaire et indique comment s'organise le travail collectif des rédacteurs.

D On ne peut disconvenir que depuis le renouvellement des lettres parmi nous, on ne doive en partie aux dictionnaires les lumières générales qui se sont répandues dans la société, et ce germe de science qui dispose insensiblement les esprits à des connaissances plus profondes. Combien donc n'importait-il pas d'avoir en ce genre un livre qu'on pût consulter sur toutes les matières, et qui servît autant à guider ceux qui se sentiraient le courage de travailler à l'instruction des autres, qu'à éclairer ceux qui ne s'instruisent que pour eux-mêmes.

C'est un avantage que nous nous sommes proposé ; mais ce n'est pas le seul. En réduisant sous la forme de dictionnaire tout ce qui concerne les sciences et les arts, il s'agissait encore de faire sentir les secours mutuels qu'ils se prêtent ; d'user de ces secours pour en rendre les principes plus sûrs et leurs conséquences plus claires ; d'indiquer les liaisons éloignées ou prochaines des êtres qui composent la nature, et qui ont occupé les hommes ; de montrer, par l'entrelacement des racines et par celui des branches, l'impossibilité de bien connaître quelques parties de ce tout, sans remonter ou descendre à beaucoup d'autres ; de former un tableau général des efforts de l'esprit humain dans tous les genres et dans tous les siècles ; de présenter ces objets avec clarté ; de donner à chacun d'eux l'étendue convenable [...].

A l'aspect d'une matière aussi étendue, il n'est personne qui ne fasse avec nous la réflexion suivante. L'expérience journalière n'apprend que trop combien il est difficile à un auteur de traiter profondément de la science ou de l'art dont il a fait toute sa vie une étude particulière ; il ne faut donc pas être surpris qu'un homme ait échoué dans le projet de traiter de toutes les sciences et de tous les arts. Ce qui doit étonner, c'est qu'un homme ait été assez hardi et assez borné pour le tenter seul. Celui qui s'annonce pour savoir tout, montre seulement qu'il ignore les limites de l'esprit humain.

Nous avons inféré de là que pour soutenir un poids aussi grand que celui que nous avions à porter, il était nécessaire de le partager ; et sur-le-champ nous avons jeté les yeux sur un nombre suffisant de savants et d'artistes ; d'artistes habiles et connus par leurs talents ; de savants exercés dans les genres particuliers qu'on avait à confier à leur travail. Nous avons distribué à chacun la partie qui lui convenait [...].

La seule partie de notre travail qui suppose quelque intelligence, c'est de remplir les vides qui séparent deux sciences ou deux arts, et de renouer la chaîne dans les occasions où nos collègues se sont reposés les uns sur les autres de certains articles qui, paraissant appartenir également à plusieurs d'entre eux, n'ont été faits par aucun. Mais afin que la personne chargée d'une partie ne soit point comptable des fautes qui pourraient se glisser dans des morceaux surajoutés, nous aurons l'attention de distinguer ces morceaux par une étoile [...].

Les différentes mains que nous avons employées ont apposé à chaque article, comme le sceau de leur style particulier, du style propre à la matière et à l'objet d'une partie. Un procédé de chimie ne sera point du même ton que la description des bains et des théâtres anciens ; ni la manœuvre d'un serrurier, exposée comme les recherches d'un théologien sur un point de dogme ou de discipline. Chaque chose a son coloris, et ce serait confondre les genres que de les réduire à une certaine uniformité. La pureté du style, la clarté, et la précision sont les seules qualités qui puissent être communes à tous les articles, et nous espérons qu'on les y remarquera. S'en permettre davantage, ce serait s'exposer à la monotonie et au dégoût qui sont presque inséparables des ouvrages étendus, et que l'extrême variété des matières doit écarter de celui-ci.

1/ *Prospectus de l'Encyclopédie,* t. II, pp. 287-289.

Avec l'article « Encyclopédie » du tome V, paru en 1755, Diderot précise sa réflexion sur la structure du livre. A l'épreuve du réel et dans son travail de directeur, il a appris à jouer pleinement de toutes les possibilités offertes par le dictionnaire qui permet de s'approprier le monde par le langage. En indiquant les défauts et les lacunes de l'ouvrage qui est en train de se faire, il définit un livre idéal.

D Dans les traités scientifiques, c'est l'enchaînement des idées ou des phénomènes qui dirige la marche ; à mesure qu'on avance, la matière se développe, soit en se généralisant, soit en se particularisant, selon la méthode qu'on a préférée. Il en sera de même par rapport à la forme générale d'un article particulier d'*encyclopédie,* avec cette différence que le dictionnaire ou la coordination des articles aura des avantages qu'on ne pourra guère se procurer dans un traité scientifique, qu'aux dépens de quelque qualité ; et de ces avantages, elle en sera redevable aux *renvois,* partie de l'ordre encyclopédique la plus importante.

Je distingue deux sortes de renvois : les uns de choses, et les autres de mots. Les renvois de choses éclaircissent l'objet, indiquent ses liaisons prochaines avec ceux qui le touchent immédiatement, et ses liaisons éloignées avec d'autres qu'on en croirait isolés ; rappellent les notions communes et les principes analogues ; fortifient les conséquences ; entrelacent la branche au tronc, et donnent au tout cette unité si favorable à l'établissement de la vérité et à la persuasion. Mais quand il le faudra, ils produiront aussi un effet tout contraire ; ils opposeront les notions ; ils feront contraster les principes ; ils attaqueront, ébranleront, renverseront secrètement quelques opinions ridicules qu'on n'oserait insulter ouvertement. Si l'auteur est impartial, ils auront toujours la double fonction de confirmer et de réfuter ; de troubler et de concilier.

Il y aurait un grand art et un avantage infini dans ces derniers renvois. L'ouvrage entier en recevrait une force interne et une utilité secrète, dont les effets sourds seraient nécessairement sensibles avec le temps. Toutes les fois, par exemple, qu'un préjugé national mériterait du respect, il faudrait à son article particulier l'exposer respectueusement, et avec tout son cortège de vraisemblance et de séduction ; mais renverser l'édifice de fange, dissiper un vain amas de poussière, en renvoyant aux articles où des principes solides servent de base aux vérités opposées. Cette manière de détromper les hommes opère très promptement sur les bons esprits, et elle opère infailliblement et sans aucune fâcheuse conséquence, secrètement et sans éclat, sur tous les esprits. C'est l'art de déduire tacitement les conséquences les plus fortes. Si ces renvois de confirmation et de réfutation sont prévus de loin, et préparés avec adresse, ils donneront à une *encyclopédie* le caractère que doit avoir un bon dictionnaire ; ce caractère est de changer la façon commune de penser. L'ouvrage qui produira ce grand effet général, aura des défauts d'exécution ; j'y consens. Mais le plan et le fond en seront excellents. L'ouvrage qui n'opérera rien de pareil, sera mauvais. Quelque bien qu'on en puisse dire d'ailleurs, l'éloge passera, et l'ouvrage tombera dans l'oubli.

Les renvois de mots sont très utiles. Chaque science, chaque art a sa langue. Où en serait-on, si toutes les fois qu'on emploie un terme d'art, il fallait, en faveur de la clarté, en répéter la définition ? Combien de redites ! Et peut-on douter que tant de digressions et de parenthèses, tant de longueurs ne rendissent obscur ? Il est aussi commun d'être diffus et obscur, qu'obscur et serré ; et si l'un est quelquefois fatigant, l'autre est toujours ennuyeux. Il faut seulement, lorsqu'on fait usage de ces mots et qu'on ne les explique pas, avoir l'attention la plus scrupuleuse de renvoyer aux

> endroits où il en est question, et auxquels on ne serait conduit que par l'analogie, espèce de fil qui n'est pas entre les mains de tout le monde. Dans un dictionnaire universel des sciences et des arts, on peut être contraint en plusieurs circonstances à supposer du jugement, de l'esprit, de la pénétration ; mais il n'y en a aucune où l'on ait dû supposer des connaissances. Qu'un homme peu intelligent se plaigne, s'il le veut, ou de l'ingratitude de la nature, ou de la difficulté de la matière, mais non de l'auteur, s'il ne lui manque rien pour entendre, ni du côté des choses ni du côté des mots.
>
> Il y a une troisième sorte de renvois à laquelle il ne faut ni s'abandonner, ni se refuser entièrement : ce sont ceux qui en rapprochant dans les sciences certains rapports dans des substances naturelles des qualités analogues dans les arts des manœuvres semblables, conduiraient ou à de nouvelles vérités spéculatives, ou à la perfection des arts connus, ou à l'invention de nouveaux arts, ou à la restitution d'anciens arts perdus. Ces renvois sont l'ouvrage de l'homme de génie. Heureux celui qui est en état de les apercevoir. Il a cet esprit de combinaison, cet instinct que j'ai défini dans quelques-unes de mes *Pensées sur l'interprétation de la nature*. Mais il vaut encore mieux risquer des conjectures chimériques, que d'en laisser perdre d'utiles.
>
> 2/ Article « Encyclopédie », t. II, pp. 418-420.

La multiplicité des renvois permet de « perfectionner la nomenclature » et de jouer sur le contraste et la surprise dans une intention de démystification (ainsi l'article « Eucharistie » renvoie malicieusement à « Anthropophagie »). C'est le propre du génie, et le travail des éditeurs, que de percevoir les rapports entre les choses. A l'ancienne image de l'arbre du savoir proposée par Bacon, d'Alembert ajoute la métaphore géographique des continents répertoriés et des terres inconnues. La lecture de l'*Encyclopédie* est présentée comme un itinéraire initiatique et un voyage aventureux. On peut se demander s'il n'y a pas un trop grand décalage entre la réalisation effective du livre et le grand projet affiché au début (dans le *Prospectus,* le *Discours préliminaire,* le *Système figuré des connaissances humaines*). Jean Starobinski (professeur à l'université de Genève, auteur entre autres ouvrages d'un livre remarquable sur Jean-Jacques Rousseau, *La Transparence et l'Obstacle,* 1958), dans *Questions sur l'Encyclopédie* (R.H.L.F., 1972), juge que ces grands textes initiaux ne sont que programmatiques et qu'on ne peut les considérer que comme « une façade majestueuse de style baroque, de marque stoïcienne, mais essentiellement comme une façade ». Tout à fait conscient de ce problème, Diderot est un peu sur la défensive dans l'article « Encyclopédie », mais il croit à la validité de son entreprise, c'est-à-dire au fabuleux pouvoir de jeu du dictionnaire. Sur ce point, beaucoup de choses restent à lire dans l'*Encyclopédie.* C'est dans ce livre si particulier (dans cette forme nouvelle de savoir et d'imaginaire) que Diderot a vérifié des intuitions personnelles et que s'est structuré définitivement son génie dialogique. Cependant, il a vu « la nomenclature s'obscurcir » dans les « détours d'un labyrinthe inextricable ». Il s'est un peu perdu, quelque part entre les mots et les choses, hésitant entre le monde visible et le monde intelligible. C'est là, sans doute, le risque couru par tout auteur de dictionnaire ou d'encyclopédie, comme l'a remarqué Roland Barthes.

Voici maintenant un second vertige. On rassemble des mots, on en donne la définition : c'est un dictionnaire. On rassemble des choses (nommées, bien sûr), on en donne la description : c'est une encyclopédie. Parfois, comme ici, on marie les deux opérations, on produit un dictionnaire des mots et des choses, un dictionnaire encyclopédique. Bien que la complémentarité des deux fonctions, l'une normative (établir l'usage des mots), l'autre objective (décrire la particularité des choses), ait été sentie, chez nous, dès le XVIIe siècle, ces dictionnaires-encyclopédies ne sont pas, je crois, nombreux. C'est assez paradoxal ; car en fait — et c'est là qu'apparaît un énorme débat philosophique — tout mot appelle une chose, ou une nébuleuse de choses, mais aussi toute chose ne peut humainement exister que si elle est prise en charge, consacrée, assumée par un mot. Les mots renvoient à des choses ? Oui, mais aussi, d'un même mouvement, à d'autres mots. La séparation des choses et des mots, comme de deux ordres distincts et hiérarchisés, est donc un phénomène idéologique, comme l'a montré M. Foucault. Cette séparation implique qu'on se range à une philosophie réaliste, qui pose la chose en soi, hors du sujet qui la parle, et fait du mot un simple instrument de la communication : vue à laquelle s'opposait, au Moyen Age, une tradition nominaliste, vaincue, comme on le sait, par l'esprit moderne. Depuis la victoire du réalisme, nous croyons que l'on parle d'un côté et que l'on fabrique de l'autre ; que d'un côté l'on discourt, on enjolive, on idéalise ; et que de l'autre, on construit, on produit, on vend, on s'empare : d'un côté l'art (des mots), de l'autre la science (des faits). Cette raison bourgeoise, le dictionnaire, bien qu'il en ait été historiquement le produit, si on l'observe, la fait vaciller : car pour décrire la chose, pour passer du mot à la chose, il faut encore d'autres mots, et cela à l'infini. Voyez ici même : qu'est-ce que la « face » ? Une partie du crâne. Mais qu'est-ce qu'une « partie », un « crâne » ? En quoi êtes-vous justifié de vous arrêter ici plutôt que là ? Où cessent les mots ? Qu'y a-t-il au-delà ? Le langage n'est pas seulement le privilège de l'homme, il en est aussi la prison. C'est ce que nous rappelle le dictionnaire.

3/ R. Barthes, *Préface* du dictionnaire Hachette, 1980.

S'il s'abandonne à rêver d'un livre parfait, Diderot reconnaît les mérites de l'ouvrage qui se fait, et dont le principal est d'exister. Au cœur de l'article « Encyclopédie », il énonce, dans le style enthousiaste et précis qui est le sien, l'honneur de l'entreprise et l'importance historique de l'événement.

D Nous croyons sentir tous les avantages d'une entreprise telle que celle dont nous nous occupons. Nous croyons n'avoir eu que trop d'occasions de connaître combien il était difficile de sortir avec quelque succès d'une première tentative, et combien les talents d'un seul homme, quel qu'il fût, étaient au-dessous de ce projet. Nous avions là-dessus, longtemps avant que d'avoir commencé, une partie des lumières et toute la défiance qu'une longue méditation pouvait inspirer. L'expérience n'a point affaibli ces dispositions. Nous avons vu, à mesure que nous travaillions, la matière s'étendre, la nomenclature s'obscurcir, des substances ramenées sous une multitude de noms différents, les instruments, les machines et les manœuvres se multiplier sans mesure, et les détours nombreux d'un labyrinthe inextricable se compliquer de plus en plus. Nous avons vu combien il en coûtait pour s'assurer que les mêmes choses étaient les mêmes, et combien, pour s'assurer que d'autres qui paraissaient très différentes, n'étaient pas différentes. Nous avons vu que cette forme alphabétique, qui nous ménageait à chaque instant des repos, qui répandait tant de variété dans le travail, et qui sous ces points de vue paraissait si avantageuse à suivre dans un long ouvrage, avait ses difficultés qu'il fallait surmonter à chaque instant. Nous avons vu qu'elle exposait à donner aux articles capitaux une étendue immense, si l'on y faisait entrer tout ce qu'on pouvait assez naturellement espérer d'y trouver ; ou à les rendre secs et appauvris, si, à l'aide des renvois, on les élaguait, et si l'on en excluait beaucoup d'objets qu'il n'était pas impossible d'en séparer. Nous avons vu combien il était important et difficile de garder un juste milieu. Nous avons vu combien il échappait de choses inexactes et fausses ; combien on en omettait de vraies. Nous avons vu qu'il n'y avait qu'un travail de plusieurs siècles, qui pût introduire, entre tant de matériaux rassemblés, la forme véritable qui leur convenait ; donner à chaque partie son étendue ; réduire chaque article à une juste longueur ; supprimer ce qu'il y a de mauvais ; suppléer ce qui manque de bon, et finir un ouvrage qui remplît le dessein qu'on avait formé, quand on l'entreprit. Mais nous avons vu que de toutes les difficultés, une des plus considérables, c'était de le produire une fois, quelque informe qu'il fût, et qu'on ne nous ravirait pas l'honneur d'avoir surmonté cet obstacle. Nous avons vu que l'*Encyclopédie* ne pouvait être que la tentative d'un siècle philosophe ; que ce siècle était arrivé ; que la renommée, en portant à l'immortalité les noms de ceux qui l'achèveraient, peut-être ne dédaignerait pas de se charger des nôtres ; et nous nous sommes sentis ranimés par cette idée si consolante et si douce, qu'on s'entretiendrait aussi de nous, lorsque nous ne serions plus ; par ce murmure si voluptueux, qui nous faisait entendre, dans la bouche de quelques-uns de nos contemporains, ce que diraient de nous des hommes à l'instruction et au bonheur desquels nous nous immolions, que nous estimions et que nous aimions, quoiqu'ils ne fussent pas encore. Nous avons senti se développer en nous ce germe d'émulation, qui envie au trépas la meilleure partie de nous-mêmes, et ravit au néant les seuls moments de notre existence dont nous soyons réellement flattés. En effet, l'homme se montre à ses contemporains et se voit tel qu'il est, composé bizarre de qualités sublimes et de faiblesses honteuses. Mais les faiblesses suivent la dépouille mortelle dans le tombeau, et disparaissent avec elle ; la même terre les couvre : il ne reste que les qualités éternisées dans les monuments qu'il s'est élevés à lui-même, ou qu'il doit à la vénération et à la reconnaissance publiques ; honneurs dont la conscience de son propre mérite lui donne une jouissance anticipée ; jouissance aussi pure, aussi forte, aussi réelle qu'aucune autre jouissance, et dans laquelle il ne peut y avoir d'imaginaire, que les titres sur lesquels on fonde ses prétentions. Les nôtres sont déposés dans cet ouvrage ; la postérité les jugera.

4/ Article « Encyclopédie », t. II, pp. 429-431.

Le travail de recherches mené récemment sur l'*Encyclopédie* permet aujourd'hui de mesurer clairement l'entreprise. Jacques Proust (professeur à l'université de Montpellier, auteur d'une thèse intitulée *Diderot et l'Encyclopédie* et de nombreux autres ouvrages et travaux consacrés à Diderot) a magistralement décrit le groupe encyclopédique et la participation de Diderot.

On ne peut dire de la société encyclopédique qu'elle fut à l'image même de la nation. Ni les grands ni le peuple des boutiquiers, des manouvriers, des paysans n'y sont représentés. L'Eglise non plus, ni les parlements, en tant que corps. Quels que fussent leurs titres, et la nature de leurs ressources, les encyclopédistes furent surtout des hommes d'action et de pensée, des gens « utiles », décidés à faire fructifier leur capital, foncier, mobilier, ou intellectuel. Esprits positifs, pour la plupart, concevant la gestion du royaume comme celle de leurs affaires, en propriétaires intelligents ; peu portés somme toute aux débats idéologiques, mais curieux de tout progrès technique ou spéculatif. Epris d'ordre autant que de réformes, ils préparèrent la Révolution à leur corps défendant. Non pas tant la Révolution politique, dont aucun d'eux, ou presque, n'accepta les principes quand ils cessèrent d'être ceux d'une élite possédante et cultivée pour devenir ceux de tout un peuple. Mais la grande révolution industrielle du siècle suivant, dont leur œuvre administrative et leurs efforts privés jetèrent les bases.

Bourgeois, certes, les encyclopédistes le sont tous, sinon toujours par l'origine de leurs revenus, du moins par leur mode de vie, et leur conception de la propriété et du travail. Mais non de grands bourgeois, — peu de représentants du négoce et de la finance parmi eux. Ils n'appartiennent pas non plus à cette petite et moyenne bourgeoisie que représentera si bien la sans-culotterie parisienne, et d'où sortiront les pionniers de la Révolution industrielle. Juristes, médecins, professeurs, ingénieurs, hauts fonctionnaires civils et militaires, savants, techniciens spécialisés, ils se situent exactement à mi-chemin de la grande et de la moyenne bourgeoisie, assez proches des couches sociales les plus élevées, — et assez bons juges de leur incapacité, — pour aspirer à les suppléer dans leur rôle dirigeant traditionnel, mais non pas si loin du peuple travailleur qu'ils ne pussent avoir une vue précise des problèmes réels qui se posaient à la nation. Ils étaient enfin bien placés pour concevoir la solution technique de ces problèmes, et pour la mettre quelquefois en œuvre sans attendre une révolution générale.

Diderot a vécu les quarante dernières années de sa vie, mais surtout celles de sa maturité, au milieu de ces hommes-là. Ils les a souvent écoutés, et maintes fois guidés. Il était leur « directeur », mais il devint vite beaucoup plus, l'ami, le confident des meilleurs d'entre eux, l'un des leurs en somme. Il fut *leur* philosophe et, grâce à eux, par eux, le philosophe de la partie la plus active et la plus éclairée de la nation.

Par l'*Encyclopédie,* certes, Diderot a éprouvé bien des amertumes, des craintes, des souffrances même. Il lui est arrivé d'être vexé, bafoué, par ceux qui auraient dû le comprendre et l'aider. Il a maintes fois risqué sa liberté, et celle de son esprit plus dangereusement encore que celle de sa personne. Mais retiendrons-nous seulement de l'histoire de l'*Encyclopédie* la misérable affaire des articles censurés, les projets de fuite et d'expatriation, les menaces d'arrestation ?

Dans la perspective que nous donne aujourd'hui le recul du temps, ces incidents dramatiques ou mélodramatiques comptent peu. Pour ceux qui l'ont vécue, pour Diderot plus que pour tout autre, l'histoire de l'*Encyclopédie* a été une véritable épopée. Une grande épopée des temps modernes. On le sent bien au ton du *Discours préliminaire,* des *Avertissements,* des articles « Art » ou « Encyclopédie », qui paraissent si emphatiques au lecteur prévenu, ou oublieux. Le premier se range plus ou moins consciemment dans le camp des Fréron et des Chaumeix. L'autre suppute le poids des *in-folio* rangés au fond des bibliothèques, la longueur des colonnes pressées les unes contre les autres. Il n'imagine plus ce que ces trente-deux volumes représentent d'énergies, d'espoirs, de combats. Il oublie cette mobilisation spectaculaire d'hommes et de capitaux au service d'une seule œuvre, cette marche irrésistible, les obstacles vaincus un à un, lucidement, et somme toute sereinement. Et Diderot mérite bien d'être considéré comme le héros de cette épopée.

Ni Achille ni Don Quichotte, certes. Un héros sans panache, un « bonhomme tout rond », assidu à son bureau, et préférant comme tout le monde éviter les coups et le bruit. Mais qu'on relise cette correspondance des années 1757-1765, et surtout les lettres échangées avec Voltaire. Le bouillant vieillard n'était pas éloigné de penser qu'il fallait être un lâche pour rester à Paris dans les conditions matérielles et morales qui étaient alors faites au directeur de l'*Encyclopédie.* Dans le même temps il est arrivé que plus d'un collaborateur de Diderot, et d'Alembert lui-même, se sont retirés de la lutte. L'on vit même, par un étrange paradoxe, le parti des ardents et celui des prudents joindre leurs efforts pour décourager l'obstiné. Vexé par les uns, abandonné par les autres, Diderot tint bon. Trahi par celui de qui il attendait le moins d'ingratitude, il ne lâcha pas prise. La partie la plus utile de la nation, les guides de l'opinion de l'Europe éclairée, avaient mis leurs plus chères espérances dans une œuvre collective ; ils durent bientôt les mettre dans le courage intellectuel et moral d'un homme seul. Et cet homme ne les déçut pas.

5/ J. Proust, *Diderot et l'Encyclopédie*, Armand Colin, 1967, pp. 505-506.

Robert Mauzi (professeur à la Sorbonne, auteur de la thèse intitulée *L'Idée du bonheur au XVIIIe siècle* et de nombreux autres travaux consacrés à la littérature du XVIIIe siècle) s'attache semblablement à définir le milieu encyclopédique et son dessein. L'entreprise lui paraît généreuse, naïve aussi dans sa prétention universaliste et sa façon de recueillir souvent le fatras d'un savoir ancien. Il retient surtout ce moment heureux d'accord et de réconciliation avec les choses. Dans l'*Encyclopédie*, le travail ne saurait être que l'heureux savoir-faire de l'artisan. La machine y est encore bénéfique, mais dès les années 1770, l'idée du développement des manufactures commencera à effrayer Diderot.

L'esprit de l'*Encyclopédie* est sensiblement différent de ce qu'a cru Bernard Groethuysen, qui n'y voyait pas autre chose qu'une volonté bourgeoise de s'approprier le monde en nommant et en classant soigneusement chaque objet. Nous y discernons maintenant plus d'ouverture et de générosité, même si nous jugeons naïf ce rêve d'une infinie solidarité humaine à travers l'espace et les siècles. L'*Encyclopédie*, il est vrai, n'a guère songé qu'au bonheur et au bien-être des hommes.

l'esprit encyclopédique

Mais l'intention est-elle si « bourgeoise » en un temps où le simple projet d'installer de plein droit l'homme en ce monde était encore une idée neuve et contestée ? En outre, l'*Encyclopédie* ne se donne jamais pour un répertoire achevé, pour un bilan définitif. Elle n'est pas un acte de possession, fermé sur les choses qu'elle nomme. Elle veut être un lien entre le présent et l'avenir, transmettre aux siècles futurs tout l'acquis de son siècle. Sans toujours s'en rendre compte, à côté de ce recensement fécond du présent, elle comptabilise inutilement le passé. Que de vieilles recettes dans ses pages, de procédés surannés, sans compter les proverbes du ritualisme populaire ! En un sens, l'*Encyclopédie* a tout recueilli, y compris la sagesse des nations et l'esprit magique des campagnes. Mais dans cette profusion, dans cette incohérence même (car l'audace « philosophique » coexiste sans cesse avec l'empirisme retardataire), elle offre l'image d'un monde dont tout le sens s'épuise dans les relations qu'il entretient avec l'homme et dans les formes que lui imprime le travail humain. Ce rapport entre l'homme et le monde n'est sans doute pas un rapport de conquête, l'*Encyclopédie* n'étant pas une œuvre de pionniers, ni son esprit celui de la Renaissance. C'est un rapport plus paisible et plus profond, plus patient et plus amical. Parallèlement à la philosophie sensualiste, l'*Encyclopédie* scelle la réconciliation entre l'homme et le monde. Tandis que le sensualisme et ses prolongements littéraires montrent ce que le pouvoir des choses fait de la conscience et de la sensibilité de l'homme, l'esprit encyclopédique, de façon inverse et complémentaire, montre ce que l'intelligence de l'homme peut faire des choses en parachevant l'œuvre de la nature. Dans cette action, la part de la conquête est moindre que celle de la méthode, et la part de la méthode ne vaut pas celle du hasard. L'homme est un peu aveugle (moins que la nature, il est vrai) et il doit attendre que les chances lui soient données. Ces chances, il lui appartient de les reconnaître, de les exploiter, de les mettre en ordre et de les transmettre. Ainsi pourrait se définir, assez exactement, le dessein de l'*Encyclopédie*. [...]

Certains ont déploré que l'*Encyclopédie* ait eu la malchance de naître avant le début de la grande révolution industrielle. Il est bien vrai que l'état des techniques et les structures de l'économie sont à peu près les mêmes à l'époque de Diderot qu'à celle de Colbert. Jamais les encyclopédistes n'auraient pu concevoir que la machine devînt autonome par rapport à l'homme. Elle n'est pour eux que le prolongement du bras de l'artisan, ce qui permet à ses gestes d'être plus agiles et plus sûrs. Ils ne soupçonnent pas que l'homme perdra bientôt, au profit de la machine, sa maîtrise sur la nature, qu'il va se perdre lui-même dans un système nouveau où plus rien ne subsistera de sa liberté personnelle et de son amitié avec l'outil ou la matière. Faut-il leur reprocher d'avoir manqué de clairvoyance pour n'avoir pas pressenti que le travail des hommes s'exercerait un jour en d'autres lieux que l'atelier ou la manufacture ? Un tel reproche serait absurde. Lorsqu'à la fin du XVIIIe siècle la machine à vapeur et la naissance du capitalisme eurent effectivement changé le monde de la production, les contemporains eux-mêmes furent un certain temps sans s'en apercevoir. Par quel miracle les encyclopédistes, qui n'avaient pas de telles révolutions sous les yeux, auraient-ils été plus perspicaces ?

Ce fut au contraire la grande chance de l'*Encyclopédie* d'advenir avant l'ère du machinisme. Eût-elle pu sauver, autrement, sa philosophie optimiste, voire euphorique, sa croyance en un progrès continu et en ce triple pacte d'amitié entre l'homme et la nature, entre la nature et la machine, entre la machine et l'homme ? Jusqu'à l'âge des Philosophes, le travail humain avait gardé sa vieille signification théologique : il restait dans la ligne du péché originel et demeurait un châtiment. Bientôt il tombera sous une malédiction nouvelle, non plus celle du mal métaphysique, mais de l'aliénation à la machine, de l'oppression sociale et de la misère. Entre ces deux ères tragiques, l'*Encyclopédie* eut la fortune de naître en ce moment de l'histoire où le travail des hommes pouvait paraître heureux.

6/ R. Mauzi, « Une souveraineté éphémère » *in L'Univers de l'Encyclopédie,* Les Libraires Associés, 1964, pp. 21-22.

Diderot qui, lâché par ses plus prestigieux collaborateurs, avait composé les derniers volumes en se reposant sur le chevalier de Jaucourt, auteur de plus d'un quart du texte (Jacques Proust l'appelle à juste titre le « maître Jacques de l'*Encyclopédie* »), a par la suite songé à un remodelage du livre dans une série de projets qui aboutiront à l'*Encyclopédie méthodique* de Panckoucke. A celle-ci participera une autre génération d'encyclopédistes plus spécialistes et savants qu'amateurs : Condorcet, Marmontel, Vicq d'Azyr, Daubenton, Lamarck, Fourcroy, de Quincy, Suard. Dans son récent livre *L'Aventure de l'Encyclopédie* (Perrin, 1982), Robert Darnton (professeur à l'université de Princeton et auteur de *Bohème littéraire et révolution,* Gallimard, 1983) étudie ce « best-seller au siècle des Lumières », en s'intéressant surtout à la postérité de l'œuvre dans le domaine économique, car l'entreprise de Diderot a encouragé de multiples et complexes opérations de « librairies », c'est-à-dire d'édition. A partir des archives de la Société typographique de Neufchâtel (dont 50 000 lettres) donnant des informations sur la période 1769-1789, Robert Darnton a pu décrire tous les aspects de cette « aventure » : problèmes de fabrication (coût du papier et de l'encre, espionnage et concurrence pour recruter des typographes dans les ateliers), problèmes de la commercialisation (prospectus, souscriptions, annonces dans les journaux, réseau des libraires). Dans ce passionnant travail érudit qui se lit comme un roman, l'auteur raconte une véritable guerre économique entre différents éditeurs comme Duplain (extraordinaire figure lyonnaise qui semble issue à la fois du drame bourgeois et de la *Comédie humaine*), les Sociétés typographiques de Neuchâtel et de Lausanne, et surtout le libraire Panckoucke, personnage essentiel de l'édition au XVIIIe siècle. Charles-Joseph Panckoucke (1736-1798) est un éditeur lillois installé à Paris en 1762, qui a fait son apprentissage chez Le Breton, un des éditeurs de la première *Encyclopédie*. Celui qu'on surnomme « l'Atlas de la librairie » (il connaît Buffon, Voltaire, Rousseau), aime la lutte et les grandes entreprises. Il devient, grâce au système des monopoles accordés par le gouvernement, le premier baron de la presse et possède jusqu'à seize journaux. Le 16 décembre 1768, il achète les droits des futures éditions de l'*Encyclopédie* et les cuivres des illustrations. Il est donc le seul à avoir le privilège exclusif de reproduire, accordé par le roi et enregistré par la communauté des libraires et des imprimeurs, mais il doit compter avec les éditions pirates de province et surtout celles de l'étranger qui arrivent par le Jura. Voici la liste des différentes *Encyclopédies* selon Robert Darnton (l'*in-folio* est un grand format quand on plie la feuille d'impression seulement en deux. L'*in-octavo* correspond à notre livre format de poche) :

Pour aider le lecteur à s'orienter, il peut être utile de passer en revue les différentes éditions de l'*Encyclopédie* en indiquant certains des faits marquants qui les entourent.

1) L'*in-folio* de Paris (1751-1772) : il comprend dix-sept volumes de texte publiés de 1751 à 1765 (les dix derniers paraissent simultanément sous la marque de commerce de Neuchâtel en 1765) et onze volumes de planches sortis entre 1762 et 1772. Les éditeurs — une société formée le 18 octobre 1745 par Le Breton, David, Briasson et Durand — prévoient un tirage de 4 225 exemplaires mais le nombre des séries complètes doit être inférieur, compte tenu des déchets et des exemplaires défectueux. Bien que le prix initial de souscription soit fixé à 280 livres, il s'élève à 980 par la suite. Plus tard, il atteint jusqu'à 1 400 livres mais ce chiffre cité par les éditeurs des publications bon marché englobe peut-être le *Supplément*, la table et même la reliure.

Le *Supplément*, en quatre volumes de texte *in-folio* et un volume de planches, est publié à Paris et à Amsterdam en 1776 et 1777, suivi en 1780 par une *Table analytique* de deux volumes. Le tirage du *Supplément* s'élève apparemment à 5 250 exemplaires, son prix à 160 livres. Il n'a officiellement aucun lien avec l'*Encyclopédie* originale et l'opération est dirigée par un nouveau groupe d'associés et d'éditeurs.

2) L'*in-folio* de Genève (1771-1776) : c'est une réimpression de la première édition au tirage de 2 150 exemplaires, y compris le *chaperon* ou

feuilles supplémentaires destinées à couvrir les pages défectueuses.

Le prix de la souscription s'élève à 840 livres mais, vers 1777, la concurrence de l'édition *in-quarto* a fait baisser le prix du marché à 700 livres et même moins.

3) L'*in-folio* de Lucques (1758-1776). Comme elle suit l'édition originale de près, cette réimpression s'enlise dans les retards. D'après le peu que nous connaissons de son histoire, il semble que son tirage ait été de 1 500 exemplaires, du moins en ce qui concerne l'impression des premiers volumes, et son prix de 737 livres. Bien qu'il n'existe aucune loi internationale concernant le *copyright* au XVIIIe siècle, les éditeurs français le considèrent sans doute comme un ouvrage illégal et essaient d'empêcher son introduction dans le royaume. Néanmoins, dans la petite république de Lucques, c'est une entreprise importante et parfaitement légale dirigée par un patricien aventureux nommé Ottaviano Diodati, soutenue par de riches notables et la protection politique du Sénat de Lucques auquel l'œuvre est dédiée.

4) L'*in-folio* de Livourne (1770-1778) ; c'est la dernière des impressions *in-folio* ; elle est suivie par une édition du *Supplément* (1778-1779). Elle comprend 1 500 exemplaires et ne coûte que 574 livres sans le *Supplément*. Son éditeur, Giuseppe Aubert, spécialiste de la littérature des Lumières, réussit à persuader trois riches bourgeois de fournir le capital. Mieux encore, Pierre Léopold, archiduc éclairé de Toscane, accepte que le livre lui soit dédié ; il le protège contre le pape et fournit même un local pour les presses.

5) Les *in-quarto* de Genève et de Neuchâtel (1777-1779). Ce sont en réalité deux éditions avec le *Supplément* fondu dans le texte original. Cha-

que série comporte trente-six volumes de texte et trois de planches et coûte 384 livres au prix de souscription. En raison de la concurrence de l'édition *in-octavo,* les derniers volumes se vendent sur le marché à 240 livres vers 1781. Les *in-quarto* sont imprimés à un tirage total de 8 525 exemplaires, y compris le chaperon. Toutefois, compte tenu des exemplaires défectueux ou gâchés, le nombre des volumes vendus ne dépasse pas 8 011 comme le signale Joseph Duplain, libraire lyonnais qui dirige l'entreprise pour un consortium composé de lui-même, Panckoucke, la Société typographique de Neuchâtel, Clément Plomteux de Liège, Gabriel Regnault de Lyon et quelques autres.

6) Les *in-octavo* de Lausanne et de Berne (1772-1782). Bien que présentés comme deux éditions séparées, ils n'en forment en réalité qu'une seule, fondée sur deux campagnes de souscription. Leur tirage groupé s'élève à 5 500 ou 6 000 exemplaires dont chacun coûte 225 livres au prix de souscription ; chaque série contient trente-six volumes de texte et trois de planches. Les Sociétés typographiques alliées de Lausanne et de Berne produisent les *in-octavo* en réimprimant le texte de l'édition *in-quarto* en format réduit. En conséquence, Panckoucke et ses associés qui possèdent les droits pour le texte et le *Supplément* les considèrent comme des contrefaçons.

Cette énumération de faits et de chiffres aboutit à une conclusion surprenante : il existe dans l'Europe prérévolutionnaire un nombre d'*Encyclopédies* beaucoup plus élevé que la plupart des gens ne le soupçonnent. Outre les six versions du texte de base de Diderot, on compte deux ouvrages totalement différents qui s'en sont servis comme point de départ : l'*Encyclopédie d'Yverdon* de Félice, imprimée entre 1770 et 1780 à 1 600 exemplaires et l'*Encyclopédie méthodique* de Panckoucke, commencée en 1782, imprimée à 5 000 exemplaires. Certains éditeurs ont sans doute aussi reconstitué quelques séries disparates avec les feuilles des chaperons. [...]

Toutes les presses de tous les éditeurs réunis ont ainsi sorti environ 24 000 exemplaires de l'*Encyclopédie* avant 1789. Au moins 11 500 d'entre eux atteignent des lecteurs français et 7 257 des exemplaires français sont des *in-quarto*. Ainsi, l'*Encyclopédie* devient un *best-seller* dans le pays où elle est née et où elle a été le plus persécutée. Heureusement, la plupart des *Encyclopédies* de la France prérévolutionnaire (environ soixante pour cent) proviennent des seules éditions dont il est possible de contrôler les ventes en détail. En examinant la production et la diffusion des *in-quarto*, il doit être facile de comprendre comment l'*Encyclopédie* a pénétré dans l'Ancien Régime.

7/ R. Darnton, *L'Aventure de l'Encyclopédie*, Perrin, 1982, pp. 45-47.

2. La description des arts

La matière encyclopédique se réduit à trois secteurs : les sciences, les arts libéraux et les arts mécaniques. Cette dernière partie technique intéresse particulièrement Diderot. Elle est la plus neuve, sans être cependant totalement nouvelle. Le développement de la technologie date de Colbert, qui crée en 1666 l'Académie des sciences. Dès la fin du XVIIe siècle est lancée une vaste enquête sur les arts et les métiers qui produit une foule de mémoires académiques, jamais regroupés dans une synthèse véritablement utile en raison surtout des résistances féodales et mercantilistes à la publication générale des secrets de fabrique. La véritable innovation de Diderot est donc de faire œuvre de vulgarisation et de présenter un savoir en raccourci à un public très large. Ce projet utile est le premier monument à la gloire de l'artisan, « bienfaiteur du genre humain ». Ici encore, Diderot se passionne pour la fabrication du livre dans ses aspects les plus précis et les plus nouveaux : enrichir la langue du langage technique de la « description des arts », concevoir la forme des planches et leur lien aux textes.

Il fallait atteindre un certain degré de spécialisation en préservant la lisibilité de l'ouvrage pour le public auquel il s'adressait, « délicat problème » abordé par Jacques Proust.

> « Connaître l'esprit de sa nation, en pressentir la pente, le gagner de vitesse, en sorte qu'il ne laisse pas votre travail en arrière, mais qu'au contraire il le rencontre en avant », tel est l'objectif que Diderot fixe à l'éditeur d'un « dictionnaire universel et raisonné » comme l'*Encyclopédie*. Cet objectif a-t-il été atteint dans la *Description des arts* ? En un certain sens, oui. Du point de vue strictement technique, nous l'avons déjà dit, il est vain d'attendre de l'*Encyclopédie* qu'elle soit en avance sur son temps. Le technologue trouve, dans la *Description des arts,* le reflet assez exact des procédés utilisés en France au milieu du XVIIIe siècle. La qualité des techniciens qui y ont

collaboré, la sûreté des sources imprimées qui ont été utilisées en sont la meilleure garantie. La visite des ateliers n'a pas eu dans la préparation de cette *Description* le rôle essentiel qu'on lui a souvent attribué. Diderot a conçu l'enquête directe surtout comme un moyen de vérification ; et comme une garantie supplémentaire. Sans doute aucun des articles, pris à part, ne serait de nature à satisfaire pleinement un spécialiste. Nous avons vu ailleurs comment Diderot élaguait, en faisant ses extraits, tout ce qui avait un caractère trop technique. Le niveau général des articles de la *Description des arts* est cependant assez élevé et, comme le dit Diderot dans sa description de la machine arithmétique, la plupart « ne sont destinés qu'à ceux qui ont quelque habitude de s'appliquer ».

Il y avait là un délicat problème à résoudre. La solution adoptée n'a pas plu à tout le monde et Réaumur a fort bien résumé l'opinion de certains milieux scientifiques en écrivant à Formey que l'ouvrage était « trop long ou de beaucoup trop court ».

En réalité ce problème se pose pour tous les ouvrages de vulgarisation, et pour toute publication encyclopédique. Le niveau technique est choisi par l'éditeur selon l'étendue du public auquel il s'adresse. Une encyclopédie comme celle de Chambers s'adressait à un public non spécialisé, et n'apprenait rien à personne. Les descriptions de Réaumur, et la plupart des traités ou mémoires publiés avant 1750, étaient au contraire destinés aux seuls artistes spécialisés dans le domaine considéré. Ils étaient donc inaccessibles au grand public, et même aux artistes d'une autre spécialité. Nous avons lu en outre sous la plume de Réaumur que cette littérature n'était pas faite pour les ouvriers mais pour les chefs d'entreprise.

L'originalité de l'*Encyclopédie* est de s'adresser à un vaste public, en partie nouveau, qui va *en principe* de l'académicien au maître ouvrier. Elle est aussi de donner pour la première fois un tableau des forces productives du royaume. L'*Encyclopédie* fait prendre conscience au soyeux comme au maître de forges de l'importance qu'il a dans la vie économique, et elle lui montre en même temps quelle doit être sa place dans le tout. Ce sont là les deux tâches essentielles que Diderot s'était fixées ; c'est en cela, et en cela seulement, qu'il « rencontre en avant » l'esprit de la nation.

8/ J. PROUST, *Diderot et l'Encyclopédie,* pp. 202-203.

Dans le *Prospectus de l'Encyclopédie,* Diderot indique quelle est la collaboration avec les artisans et comment a été conçue la « description des arts ».

D On a trop écrit sur les sciences ; on n'a pas assez bien écrit sur la plupart des arts libéraux ; on n'a presque rien écrit sur les arts mécaniques ; car qu'est-ce que le peu qu'on en rencontre dans les auteurs, en comparaison de l'étendue et de la fécondité du sujet ? Entre ceux qui en ont traité, *l'un* n'était pas assez instruit de ce qu'il avait à dire, et a moins rempli son objet que montré la nécessité d'un meilleur ouvrage ; *un autre* n'a qu'effleuré la matière, en la traitant plutôt en grammairien et en homme de lettres, qu'en artiste ; *un troisième* est à la vérité plus riche et plus *ouvrier* ; mais il est en même temps si court, que les opérations des artistes et la description de leurs machines, cette matière capable de fournir seule des ouvrages considérables, n'occupe que la très petite partie du sien. Chambers n'a presque rien ajouté à ce qu'il a traduit de nos auteurs. Tout nous déterminait donc à recourir aux ouvriers.

On s'est adressé aux plus habiles de Paris et du royaume. On s'est donné la peine d'aller dans leurs ateliers, de les interroger, d'écrire sous leur dictée, de développer leurs pensées, d'en tirer les termes propres à leurs professions, d'en dresser des tables, de les définir, de converser avec ceux dont on avait obtenu des mémoires, et (précaution presque indispensable) de rectifier dans de longs et fréquents entretiens avec les uns, ce que d'autres avaient imparfaitement, obscurément, et quelquefois infidèlement expliqué. Il est des artistes qui sont en même temps gens de lettres, et nous en pourrions citer ici ; mais le nombre en serait fort petit : la plupart de ceux qui exercent les arts mécaniques, ne les ont embrassés que par nécessité, et n'opèrent que par instinct. A peine entre mille en trouve-t-on une douzaine en état de s'exprimer avec quelque clarté sur les instruments qu'ils emploient et sur les ouvrages qu'ils fabriquent. Nous avons vu des ouvriers qui travaillaient depuis quarante années, sans rien connaître à leurs machines. Il nous a fallu exercer avec eux la fonction dont se glorifiait Socrate, la fonction pénible et délicate de faire accoucher les esprits, *obstetrix animorum.*

Mais il est des métiers si singuliers et des manœuvres si déliées, qu'à moins de travailler soi-même, de mouvoir une machine de ses propres mains, et de voir l'ouvrage se former sous ses propres yeux, il est difficile d'en parler avec précision. Il a donc fallu plusieurs fois se procurer les machines, les construire, mettre la main à l'œuvre, se rendre, pour ainsi dire, apprenti, et faire soi-même de mauvais ouvrages pour apprendre aux autres comment on en fait de bons.

C'est ainsi que nous nous sommes convaincus de l'ignorance dans laquelle on est sur la plupart des objets de la vie, et de la nécessité de sortir de cette ignorance. C'est ainsi que nous nous sommes mis en état de démontrer que l'homme de lettres qui sait le plus sa langue, ne connaît pas la vingtième partie des mots ; que, quoique chaque art ait la sienne, cette langue est encore bien imparfaite ; que c'est par l'extrême habitude de converser les uns avec les autres, que les ouvriers s'entendent, et beaucoup plus par le retour des conjonctures que par l'usage des termes. Dans un atelier, c'est le moment qui parle, et non l'artiste.

Voici la méthode qu'on a suivie pour chaque art. On a traité :

1° De la matière, des lieux où elle se trouve, de la manière dont on la prépare, de ses bonnes et mauvaises qualités, de ses différentes espèces, des opérations par lesquelles on la fait passer, soit avant que de l'employer, soit en la mettant en œuvre.

2° Des principaux ouvrages qu'on en fait, et de la manière de les faire.

3° On a donné le nom, la description et la figure des outils et des machines, par pièces détachées et par pièces assemblées, la coupe des moules et d'autres instruments, dont il est à propos de connaître l'intérieur, leurs profils, etc.

4° On a expliqué et représenté la main-d'œuvre et les principales opérations dans une ou plusieurs planches, où l'on voit tantôt les mains seules de l'artiste, tantôt l'artiste entier en action, et travaillant à l'ouvrage le plus important de son art.

5° On a recueilli et défini le plus exactement qu'il a été possible les termes propres de l'art.

9/ *Prospectus de l'Encyclopédie,* t. II, pp. 293-295.

Jacques Proust est revenu à maintes reprises sur la méthode de Diderot et son style de travail avec les artisans (voir *Diderot et l'Encyclopédie,* pp. 194-195, et « L'article *Bas* de Diderot »). Il montre, contrairement à l'image d'Epinal d'un Diderot constamment dans les boutiques auprès des artisans, que ces visites étaient exceptionnelles et que l'encyclopédiste travaillait, en général, sur des documents de seconde main, maquettes et mémoires. La technique de l'enquête et du reportage correspondait cependant à un goût très vif du moment. Elle s'est répandue, à partir surtout du milieu du XVIIIe siècle, dans l'activité académique, la presse et les récits de voyage. Dans sa lecture de l'article « Bas », Jacques Proust retient que Diderot subit la fascination de la machine et échoue d'une certaine manière à en rendre compte. Travaillant à partir de planches de la Bibliothèque du Roi, Diderot n'arrive pas à indiquer nettement l'évolution de la machine : « En 1748, l'article « Bas » décrit le métier tel qu'il avait été dessiné dans le dernier quart du XVIIe siècle. Je ne prétends pas nier, bien entendu, que Diderot soit allé dans les ateliers, et qu'il ait fréquenté les ouvriers. Mais ce n'est pas fondamental dans la conception de l'article ; c'est anecdotique. Ce qui est fondamental, c'est l'affrontement de l'écrivain-philosophe et d'une réalité extérieure qu'il perçoit seulement à travers une représentation figurée, et dont il n'est pas capable de rendre compte, dans la complexité de sa structure et dans son histoire. » (*In Langue et Langages de Leibniz à l'Encyclopédie,* 10/18, 1977.) C'est ce que laisse entendre déjà une analyse plus ancienne consacrée à ce même article de Diderot.

Diderot n'était pas un technicien, mais un vulgarisateur. Aussi conçut-il d'abord son travail de façon livresque, en mettant au point de la façon la plus claire et la plus démonstrative ce que les techniciens avaient dit avant lui. Au début, les enquêtes directes dans les ateliers furent surtout le fait des artistes chargés de lever les dessins de machines et d'outils et de représenter les manœuvres nécessaires à leur emploi. Diderot n'en fit lui-même qu'un petit nombre, pour contrôler, à l'occasion rectifier le travail de ses subordonnés. L'exemple du fameux article « Bas au métier » est très caractéristique de cette première manière. On imagine généralement que Diderot l'a écrit après avoir lui-même travaillé au métier, s'être fait en quelque sorte compagnon bonnetier. Et comme il a aussi donné des articles sur les chapeaux, la gaze, les mines, la métallurgie, on se demande avec admiration comment une vie d'homme a pu y suffire. En réalité, on sait aujourd'hui que Diderot a utilisé d'abord les dessins sur le métier à bas levés par un enquêteur anonyme de l'Académie des sciences dans la première moitié du siècle, et conservés aujourd'hui au Département des estampes de la Bibliothèque nationale. Ces dessins, remarquables d'exactitude et de vie, montraient la machine à la fois dans son ensemble et dans ses détails, isolément, ou dans des assemblages partiels, dans une progression savamment démonstrative que Diderot n'a donc pas inventée, mais qu'il a eu le mérite de proposer comme modèle à tous ses collaborateurs. Comme il n'arrivait pas à mettre un nom sur tous les organes de l'engin, dans la nomenclature qu'il avait entreprise — et dont le manuscrit autographe est conservé à la Bibliothèque nationale — il demanda tout naturellement à un maître bonnetier, le sieur Barrat, de lui donner un mémoire sur le métier à bas et sa manœuvre. L'enquête à laquelle il procéda dans l'atelier de Barrat ne fut donc pas le moment essentiel de la conception de l'article : elle ne fut qu'une vérification. Il ne restait plus qu'à mettre tout cela en bonne prose, ce qu'il fit. Qu'il ait procédé de la sorte, au lieu de voir à tout lui-même, n'ôte certainement rien à son mérite, au contraire. Il a fait *son* métier, voilà tout. Son métier de *philosophe,* en concevant la nécessité de l'article « Bas » et en se renseignant aux meilleures sources qui fussent, l'Académie pour la théorie, l'homme de l'art pour la pratique, et son métier d'*homme de lettres,* en composant et en polissant à l'intention du lecteur profane la matière brute qui lui était fournie.

Dans la suite, l'enquête sur les métiers prit une plus grande ampleur, et la part directe qu'y eut Diderot diminua d'autant. Vers 1759 et dans les années qui virent paraître les volumes de planches, jusqu'en 1772, ce fut une véritable armée de techniciens, de dessinateurs et de graveurs qu'il eut à diriger. Il le fit de haut et de loin, assuré par l'expérience des sept premiers volumes de « discours » que l'orientation initiale était bonne, que les principes posés étaient féconds, que la nécessité et l'esprit de l'entreprise étaient bien compris. Si bien que cette « seconde » description des arts, qui rassemble de grands noms des arts et des métiers, et voit si peu paraître l'astérisque de Diderot, porte peut-être mieux sa marque que la « première », celle qu'il fit en partie seul dans les années 1746-1751, et qui parut dans les sept premiers volumes du dictionnaire.

10/ J. Proust, « L'Encyclopédie », *in Europe,* février 1963, pp. 112-113.

C'est surtout dans l'article « Art » que Diderot, renversant les anciennes hiérarchies, fait passer au premier plan les « arts mécaniques ». Voici que le travail et le geste de l'artisan sont reconnus comme culture, comme partie essentielle du patrimoine, comme richesse nationale à cultiver (ces thèmes sont repris plus succinctement dans l'article « Métier »). Il faut cependant que les « artistes » oublient l'ancien réflexe de corporation et consentent à livrer au public leur secret de fabrique.

D En examinant les productions des *arts,* on s'est aperçu que les uns étaient plus l'ouvrage de l'esprit que de la main, et qu'au contraire d'autres étaient plus l'ouvrage de la main que de l'esprit. Telle est *en partie* l'origine de la prééminence que l'on a accordée à certains *arts* sur d'autres, et de la distribution qu'on a faite des *arts* en *arts libéraux* et en *arts mécaniques* ; cette distinction, quoique bien fondée, a produit un mauvais effet, en avilissant des gens très estimables et très utiles, et en fortifiant en nous je ne sais quelle paresse naturelle, qui ne nous portait déjà que trop à croire que donner une application constante et suivie à des expériences et à des objets particuliers, sensibles et matériels, c'était déroger à la dignité de l'esprit humain, et que pratiquer, ou même étudier les *arts mécaniques,* c'était s'abaisser à des choses dont la recherche est laborieuse, la méditation ignoble, l'exposition difficile, le commerce déshonorant, le nombre inépuisable, et la valeur minutielle. [...]

Préjugé qui tendait à remplir les villes d'orgueilleux raisonneurs et de contemplateurs inutiles, et les campagnes de petits tyrans ignorants, oisifs et dédaigneux. Ce n'est pas ainsi qu'ont pensé Bacon, un des premiers génies de l'Angleterre, Colbert, un des plus grands ministres de la France, enfin les bons esprits et les hommes sages de tous les temps. Bacon regardait l'histoire des *arts mécaniques,* comme la branche la plus importante de la vraie philosophie ; il n'avait donc garde d'en mépriser la pratique. Colbert regardait l'industrie des peuples et l'établissement des manufactures, comme la richesse la plus sûre d'un royaume. Au jugement de ceux qui ont aujourd'hui des idées saines de la valeur des choses, celui qui peupla la France de graveurs, de peintres, de sculpteurs et d'artistes en tout genre, qui surprit aux Anglais la machine à faire des bas, les velours aux Génois, les glaces aux Vénitiens, ne fit guère moins pour l'Etat que ceux qui battirent ses ennemis, et leur enlevèrent leurs places fortes ; et aux yeux du philosophe, il y a peut-être plus de mérite réel à avoir fait naître les Le Brun, les Le Sueur et les Audran, peindre et graver les batailles d'Alexandre, et exécuter en tapisseries les victoires de nos généraux, qu'il n'y en a à les avoir remportées. Mettez dans un des côtés de la balance les avantages réels des sciences les plus sublimes et des *arts* les plus honorés, et dans l'autre côté ceux des *arts mécaniques,* et vous trouverez que l'estime qu'on a faite des uns, et celle qu'on a faite des autres, n'ont pas été distribuées dans le juste rapport de ces avantages, et qu'on a bien plus loué les hommes occupés à faire croire que nous étions heureux, que les hommes occupés à faire que nous le fussions en effet. Quelle bizarrerie dans nos jugements ! Nous exigeons qu'on s'occupe utilement, et nous méprisons les hommes utiles. [...]

Rendons enfin aux artistes la justice qui leur est due. Les *arts libéraux* se sont assez chantés eux-mêmes ; ils pourraient maintenant employer ce qu'ils ont de voix à célébrer les *arts mécaniques.* C'est aux *arts libéraux* à tirer les *arts mécaniques* de l'avilissement où le préjugé les a tenus si longtemps ; et c'est à la protection des rois à les garantir d'une indigence où ils languissent encore. Les artisans se sont crus méprisables, parce qu'on les a méprisés ; apprenons-leur à mieux penser d'eux-mêmes ; c'est le seul moyen d'en obtenir des productions plus parfaites. Qu'il sorte du sein des académies quelque homme qui descende dans les ateliers, qui y recueille les phénomènes des *arts,* et qui nous les expose dans un ouvrage qui détermine les artistes à lire, les philosophes à penser utilement, et les grands à faire enfin un usage utile de leur autorité et de leurs récompenses.

11/ Article « Art », t. II, pp. 339-340, 349.

Auprès des artisans, Diderot échappe définitivement à l'abstraction, à la tentation métaphysique, à la pente solitaire de l'écriture. Dans l'expérience des « arts mécaniques », il découvre que les productions humaines ne sont qu'une immense chaîne continue, et que tous les arts se tiennent. C'est dans le grand brassage collectif de l'*Encyclopédie* qu'il a acquis et conçu ses idées esthétiques. A propos de l'article « Art », Jacques Chouillet (professeur à la Sorbonne nouvelle, auteur d'une thèse intitulée *La Formation des idées esthétiques de Diderot* et de nombreux autres ouvrages et travaux consacrés à Diderot) analyse l'unité du projet encyclopédique.

Ce qui frappe dans ce manifeste, ce n'est pas seulement la volonté d'affirmer l'égale dignité de l'art (technique) et de la science, c'est l'idée, tout à fait nouvelle, qu'il existe un raisonnement sur les choses (ce que Diderot appelle une « métaphysique ») aussi difficile, aussi abstrait que le raisonnement sur les idées. L'encyclopédiste qui décrit le métier à bas, ou, *ce qui revient au même,* l'artisan qui le manipule, découvre (ou utilise) une série d'opérations comparables à celles qui s'exécutent en grand dans la nature :

De là découlent plusieurs conséquences qui nous font entrer au cœur de l'esthétique :

a) La machine est une imitation de la nature, et peut être considérée, pour cette raison, comme une œuvre d'art répondant au caractère essentiel de la beauté.

b) Le mécanisme des objets fabriqués est comparable à l'organisation des êtres de la nature, et justifie l'admiration de l'encyclopédiste au même titre que l'organisation des êtres vivants justifie l'admiration du naturaliste.

c) Le discours de l'encyclopédiste est une création poétique qui consiste à supposer des enchaînements et des liaisons même quand il n'y en a pas d'apparents [...].

Il n'y a donc pas deux domaines distincts, qui seraient l'art d'un côté et la science de l'autre. Il suffirait, pour s'en convaincre davantage, de procéder à un inventaire des images poétiques auxquelles a recours le style des encyclopédistes. L'*Encyclopédie* se donne comme une initiation à la connaissance, dont le tracé aurait la forme d'un cercle. L'homme, étonné par l'étendue de son savoir, avide de ne rien laisser perdre, fait le geste d'encercler, d'embrasser, qui est le geste de l'appropriation [...].

Renonçant à l'introspection cartésienne, qui fonde la connaissance sur la réflexivité du moi pensant, la philosophie des Lumières va au-devant des choses. La nature extérieure, saisie par l'expérience, est le lieu de toute vérité. Il faut sortir de soi pour la posséder. En cela le progrès humain n'est qu'un cas particulier d'une loi générale, qui est celle des êtres vivants. L'arbre peut valoir sans jeu de mots comme symbole de la connaissance [...].

Quelle est la conséquence pratique de ce reclassement des valeurs esthétiques ? Une double promotion : celle des arts dits « mécaniques », et celle de l'artisan. Mais là encore, il faut se dégager des schémas simplificateurs. Diderot s'est bien gardé de prononcer la déchéance de l'ancien humanisme et son remplacement par un prétendu humanisme technique. Quand il affirme qu'il existe une « métaphysique des choses », il veut dire que les « arts mécaniques » mettent en jeu des raisonnements aussi abstraits que ceux du savant ou du philosophe. En d'autres termes, l'esprit humain est *un* dans toutes ses opérations [...].

Les sciences et les arts ont donc même origine et même développement. Le seul trait qui les distingue vient de ce que les arts comportent, en plus de leur caractère spéculatif, une pratique. De même les arts dits « libéraux » se distinguent des arts « mécaniques », non pas parce qu'ils ont une origine différente, mais parce que les uns sont « plus l'ouvrage de l'esprit que de la main », les autres « plus l'ouvrage de la main que de l'esprit ».

Ici se manifeste ce que l'on peut appeler l'aspect revendicatif ou militant de l'*Encyclopédie.* Car cette largeur de vue, ce sens de l'unité, tout le monde ne l'a pas. On peut même dire qu'une conjuration s'est exercée depuis les origines pour réduire les arts mécaniques au rang de besogne servile, les arts dits « libéraux » restant l'apanage de l'homme libre. Ainsi s'est instituée une fausse distinction, au nom de laquelle on a rangé d'un côté les « *belles*-lettres » (éloquence et poésie) et les « *beaux*-arts » (peinture, sculpture, architecture, musique, danse), tandis que rentraient dans la pénombre toutes les activités utiles (celles dont l'objet n'est pas le Beau). L'esthétique pour les maîtres, les basses besognes pour les valets. Telle est la déviation de sens contre laquelle est principalement tourné l'article « Art ». Ce n'est pas « déroger à la dignité de l'esprit humain » que « de pratiquer, ou même d'étudier les *arts mécaniques* ». Identiques en substance, ils sont égaux en dignité à ceux qu'on appelle libéraux. Qui peut dire d'ailleurs quels arts sont « plus l'ouvrage de l'esprit que de la main » ? La peinture, la sculpture, l'architecture sont-elles des activités manuelles ou intellectuelles ? Pourquoi ne nommerait-on pas « mécaniques » des arts comme la musique ou la danse, qui utilisent des mécanismes sensoriels et musculaires ? Enfin, n'est-il pas grand temps d'abolir la fausse hiérarchie qui oppose le Beau à l'Utile, comme si l'accession à la beauté devait être le privilège d'un club de riches ?

12/ J. CHOUILLET, *L'Esthétique des Lumières,* P.U.F., 1974, pp. 75-77.

Dans la « description des arts », les planches ont un rôle essentiel, longuement expliqué par Diderot. Roland Barthes a analysé cette iconographie encyclopédique, dans ce qu'elle a (pour nos yeux actuels) d'étrange et de poétique. Il déchiffre les symboles d'une civilisation de l'objet et de la main.

Notre littérature a mis très longtemps à découvrir l'objet ; il faut attendre Balzac pour que le roman ne soit plus seulement l'espace de purs rapports humains, mais aussi de matières et d'usages appelés à jouer leur partie dans l'histoire des passions : Grandet eût-il pu être avare (littérairement parlant), sans ses bouts de chandelles, ses morceaux de sucre et son crucifix d'or ? Bien avant la littérature, l'*Encyclopédie,* singulièrement dans ses planches, pratique ce que l'on pourrait appeler une certaine philosophie de l'objet : c'est-à-dire qu'elle réfléchit sur son être, opère à la fois un recensement et une définition ; le dessein technologique obligeait sans doute à décrire des objets ; mais en séparant les images du texte, l'*Encyclopédie* s'engageait dans une iconographie autonome de l'objet, dont nous savourons aujourd'hui toute la puissance, puisque nous ne regardons plus ces illustrations à des fins pures de savoir, comme on voudrait le montrer ici.

Les planches de l'*Encyclopédie* présentent l'objet, et cette présentation ajoute déjà à la fin didactique de l'illustration une justification plus gratuite, d'ordre esthétique ou onirique : on ne saurait mieux comparer l'imagerie de l'*Encyclopédie* qu'à l'une de ces grandes expositions qui se font dans le monde depuis une centaine d'années, et dont, pour l'époque, l'illustration encyclopédique fut comme l'ancêtre : il s'agit toujours dans les deux cas à la fois d'un bilan et d'un spectacle : il faut aller aux planches de l'*Encyclopédie* (sans parler de bien d'autres motifs) comme on va aujourd'hui aux expositions de Bruxelles ou de New York. Les objets présentés sont à la lettre encyclopédiques, c'est-à-dire qu'ils couvrent toute la sphère des matières mises en forme par l'homme : vêtements, voitures, ustensiles, armes, instruments, meubles, tout ce que l'homme découpe dans le bois, le métal, le verre ou la fibre est ici catalogué, du ciseau à la statue, de la fleur artificielle au navire. Cet objet encyclopédique est ordinairement saisi par l'image à trois niveaux : anthologique lorsque l'objet, isolé de tout contexte, est présenté en soi ; anecdotique, lorsqu'il est « naturalisé » par son insertion dans une grande scène vivante (c'est ce qu'on appelle la vignette) ; génétique, lorsque l'image nous livre le trajet qui va de la matière brute à l'objet fini : genèse, essence, praxis, l'objet est ainsi cerné sous toutes ses catégories : tantôt il est, tantôt il est fait, tantôt enfin il fait. De ces trois états, assignés ici et là à l'objet-image, l'un est certainement privilégié par l'*Encyclopédie* : celui de la naissance : il est bon de pouvoir montrer comment on peut faire surgir les choses de leur inexistence même et créditer ainsi l'homme d'un pouvoir inouï de création : voici une campagne ; le plein de la nature (ses prés, ses collines, ses arbres) constitue une sorte de vide humain dont on ne voit pas ce qui pourrait sortir ; cependant l'image bouge, des objets naissent, avant-coureurs d'humanité : des raies sont tracées sur le sol, des pieux sont enfoncés, des trous creusés ; une coupe nous montre sous la nature déserte un réseau puissant de sapes et de filons : une mine est née. Ceci est comme un symbole : l'homme encyclopédique *mine* la nature entière de signes humains ; dans le paysage encyclopédique, on n'est jamais seul ; au plus fort des éléments, il y a toujours un *produit* fraternel de l'homme : l'objet est la signature humaine du monde.

On sait qu'une simple matière peut donner à lire toute une histoire : Brecht a retrouvé l'essence misérable de la guerre de Trente Ans en traitant à fond des étoffes, des osiers et des bois. L'objet encyclopédique sort de matières générales qui sont encore celles de l'ère artisanale. Si nous visitions aujourd'hui une exposition internationale, nous percevrions à travers tous les objets exposés deux ou trois matières dominantes, verre, métal, plastique sans doute ; la matière de l'objet encyclopédique est d'un âge plus végétal : c'est le bois qui domine dans ce grand catalogue ; il fait un monde d'objets doux à la vue, humains déjà par leur matière, résistante mais non cassante, constructible mais non plastique. Rien ne montre mieux ce pouvoir d'humanisation du bois que les machines de l'*Encyclopédie* ; dans ce monde de la technique (encore qu'artisanale, car la grande industrie n'est pas née), la machine est évidemment un objet capital ; or, la plupart des machines de l'*Encyclopédie* sont en bois ; ce sont d'énormes échafauds, fort compliqués, dans lesquels le métal ne fournit souvent que les roues dentelées. Le bois qui les constitue les tient assujetties à une certaine idée du jeu : ces machines sont (pour nous) comme de grands jouets ; contrairement aux images modernes, l'homme, toujours présent dans quelque coin de la machine, n'est pas avec elle dans un simple rapport de surveillance ; tournant une manivelle, jouant d'une pédale, tissant un fil, il participe à la machine, d'une façon à la fois active et légère ; le graveur le représente la plupart du temps habillé proprement en monsieur ; ce n'est pas un ouvrier, c'est un petit seigneur qui joue d'une sorte d'orgue technique dont tous les rouages sont à découvert ; ce qui frappe dans la machine encyclopédique, c'est son absence de secret ; en elle, il n'y a aucun lieu caché (ressort ou coffret) qui recèlerait magiquement l'énergie, comme il arrive dans nos machines modernes (c'est le mythe de l'électricité que d'être une puissance générée par elle-même, donc enfermée) ; l'énergie est essentiellement ici transmission, amplification d'un simple mouvement humain ; la machine encyclopédique n'est jamais qu'un immense relais ; l'homme est à un terme, l'objet à l'autre ; entre les deux, un milieu architectural, fait de poutres, de cordes et de roues, à travers lequel, comme une lumière, la force humaine se développe, s'affine, s'augmente et se précise à la fois : ainsi, dans le métier à marli, un petit homme en jaquette, assis au clavier d'une immense machine en bois, produit une gaze extrêmement fine, comme s'il jouait de la musique ; ailleurs, dans une pièce entièrement nue, occupée seulement par tout un jeu de bois et de filins, une jeune femme assise sur un banc tourne d'une main une manivelle, cependant que son autre main reste doucement posée sur son genou. On ne peut imaginer une idée plus *simple* de la technique.

Simplicité presque naïve, sorte de légende dorée de l'artisanat (car il n'y a dans ces planches nulle trace du mal social) : l'*Encyclopédie* confond le simple, l'élémentaire, l'essentiel et le causal. La technique encyclopédique est simple parce qu'elle est réduite à un espace à deux termes : c'est le trajet causal qui va de la matière à l'objet ; aussi toutes les planches qui mettent en cause quelque opération technique (de transformation) mobilisent-elles une esthétique de la nudité : grandes pièces vides, bien éclairées, où seuls cohabitent l'homme et son travail : espace sans parasites, aux murs nus, aux tables rases ; le simple n'est ici rien d'autre que le vital ; on le voit bien dans l'atelier du boulanger ; comme élément premier, le pain implique un lieu austère ; à l'opposé, la pâtisserie, appartenant à l'ordre du superflu, prolifère en instruments, opérations, produits, dont l'ensemble agité compose un certain baroque. D'une manière générale, la *production* de l'objet entraîne l'image vers une simplicité presque sacrée ; son *usage* au contraire (représenté au moment de la vente, dans la boutique) autorise un enjolivement de la vignette, abondante en instruments, accessoires et attitudes : austérité de la création, luxe du commerce, tel est le double régime de l'objet encyclopédique : la densité de l'image, sa charge ornementale signifie toujours que l'on passe de la production à la consommation.

Bien entendu, la prééminence de l'objet dans ce monde procède d'une volonté d'inventaire, mais l'inventaire n'est jamais une idée neutre ; recenser n'est pas seulement constater, comme il paraît à première vue, mais aussi s'approprier. L'*Encyclopédie* est un vaste bilan de propriété ; Groethuysen a pu opposer à l'*orbis pictus* de la Renaissance, animé par l'esprit d'une connaissance aventureuse, l'encyclopédisme du XVIIIe siècle, fondé, lui, sur un savoir d'appropriation. Formellement (ceci est bien sensible dans les planches), la propriété dépend essentiellement d'un certain morcellement des choses : s'approprier, c'est fragmenter le monde, le diviser en objets finis, assujettis à l'homme à proportion même de leur discontinu : car on ne peut séparer sans finalement nommer et classer, et dès lors, la propriété est née. Mythiquement, la possession du monde n'a pas commencé à la Genèse, mais au Déluge, lorsque l'homme a été contraint de nommer chaque espèce d'animaux et de la loger, c'est-à-dire de la séparer de ses espèces voisines ; l'*Encyclopédie* a d'ailleurs de l'Arche de Noé une vue essentiellement pragmatique ; l'Arche n'est pas pour elle un navire, — objet toujours plus ou moins *rêveur,* — mais une longue caisse flottante, un coffre de recel ; le seul problème qu'elle semble poser à l'*Encyclopédie* n'est certes pas théologique : c'est celui de sa construction ou même, en termes plus techniques, comme il se doit, de sa charpente, et plus exactement encore de ses fenêtres, puisque chacune d'elles correspond à un couple typique d'animaux, ainsi divisés, nommés, domestiqués (qui passent gentiment leur tête par l'ouverture).

La nomenclature encyclopédique (quel qu'en soit parfois l'ésotérisme technique)fonde en effet une possession familière. Ceci est remarquable, car rien n'oblige logiquement l'objet à être toujours amical à l'homme. L'objet, bien au contraire, humainement, est une chose très ambiguë : on a vu que pendant longtemps notre littérature ne l'a pas reconnu ; plus tard (c'est-à-dire, en gros, aujourd'hui), l'objet a été doué d'une opacité malheureuse ; assimilé à un état inhumain de la nature, on ne peut penser à sa prolifération sans un sentiment d'apocalypse ou de mal-être : l'objet moderne, c'est, ou bien l'étouffement (Ionesco), ou bien la nausée (Sartre). L'objet encyclopédique est au contraire assujetti (on pourrait dire qu'il est précisément pur *objet,* au sens étymologique du terme), pour une raison très simple et constante : c'est qu'il est à chaque fois *signé* par l'homme ; l'image est la voie privilégiée de cette présence humaine, car elle permet de disposer discrètement à l'horizon de l'objet un homme permanent ; les planches de l'*Encyclopédie* sont toujours peuplées (elles offrent en cela une grande parenté avec une autre iconographie « progressiste », ou pour être plus précis, bourgeoise : la peinture hollandaise du XVIIe siècle) ; vous pouvez imaginer l'objet naturellement le plus solitaire, le plus sauvage ; soyez sûr que l'homme sera tout de même dans un coin de l'image ; il regardera l'objet, ou le mesurera, ou le surveillera, en usera au moins comme d'un spectacle ; voyez le pavé des Géants, cet amas de basaltes effrayants composé par la nature à Antrim, en Ecosse ; ce paysage inhumain est, si l'on peut dire, bourré d'humanité ; des messieurs en tricorne, de belles dames contemplent le paysage horrible en devisant familièrement ; plus loin des hommes pêchent, des savants soupèsent la matière minérale : analysé en fonctions (spectacle, pêche, science), le basalte, est *réduit*, apprivoisé, familiarisé, parce qu'il est *divisé* : ce qui frappe dans toute l'*Encyclopédie* (et singulièrement dans ses images), c'est qu'elle propose *un monde sans peur* (on verra à l'instant que le monstrueux n'en est pas exclu, mais à titre bien plus « surréaliste » que terrifiant). On peut même préciser davantage à quoi se réduit l'homme de l'image encyclopédique, quelle est, en quelque sorte, l'essence même de son humanité : ce sont ses mains. Dans beaucoup de planches (qui ne sont pas les moins belles), des mains, coupées de tout corps, voltigent autour de l'ouvrage (car leur légèreté est extrême) ; ces mains sont sans doute le symbole d'un monde artisanal (il s'agit encore de métiers traditionnels, peu mécanisés, la machine à vapeur est escamotée), comme on le voit par l'importance des tables (grandes, plates, bien éclairées, souvent cernées par des mains) ; mais au-delà de l'artisanat, c'est de l'essence humaine que les mains sont fatalement le signe inducteur : ne voit-on pas encore aujourd'hui, sur un mode plus détourné, notre publicité revenir sans cesse à ce motif mystérieux, à la fois naturel et surnaturel, comme si l'homme ne cessait de s'étonner d'avoir des mains ? On n'en finit pas facilement avec la civilisation de la main.

13/ R. Barthes, « Image, raison, déraison », *in L'Univers de l'Encyclopédie,* 1964, pp. 11-12.

3. Adversaires et partisans de l'esprit encyclopédique

Parce qu'elle a été immédiatement perçue comme l'œuvre d'un « parti », l'*Encyclopédie* a eu, dès le début, ses enthousiastes et ses détracteurs. Diderot apparaît comme le meneur de la « secte encyclopédique », et à travers lui on vise le groupe des « philosophes ». La contre-attaque des anti-philosophes se produit à la fin des années 1750, au moment où Diderot tente de s'imposer au théâtre avec *Le Père de famille* et *Le Fils naturel,* et où l'*Encyclopédie,* dans sa plus grave crise, affronte le pouvoir royal. L'abbé Garnier publie en 1757 *Le Bâtard légitimé* avec un *Examen du Fils naturel.* Fréron, dans *L'Année littéraire* de 1761, se moque de ce nouveau théâtre. Palissot, qui avait déjà publié ses *Petites Lettres sur de grands philosophes* en 1757, revient à la charge en 1760 avec sa comédie, *Les Philosophes.* Après la Révolution, Diderot est présenté chez Barruel, Feller, Barrante, La Harpe, comme un dangereux agitateur, cause de tous les excès récents. *La Décade philosophique* avait, en effet, publié en l'an IV *Les Eleuthéro-*

manes, poème tyrannicide inspiré de Meslier et publié par Diderot en 1772 dans la *Correspondance littéraire.* L'esprit encyclopédique, symbole des Lumières, est tantôt vomi, tantôt religieusement cultivé. La polémique sur ce point a été constamment reconduite jusqu'à nos jours, comme s'il y avait, bien après l'aventure encyclopédique, un enjeu toujours vif.

Dans les soixante-six *Mémoires pour Catherine II,* courts textes préparés pour les entretiens de Saint-Pétersbourg avec l'impératrice, le numéro 62 est consacré à l'*Encyclopédie.* Diderot y règle manifestement ses comptes avec tous : avec d'Alembert qui l'a abandonné, avec Le Breton qui a censuré les textes et brûlé les manuscrits, et avec le cortège infernal des persécuteurs :

D J'ai travaillé près de trente ans à cet ouvrage. De toutes les persécutions qu'on peut imaginer, il n'en est aucune que je n'aie essuyée. Je laisse là les libelles diffamatoires de toutes couleurs. J'ai été exposé à la perte de l'honneur, de la fortune et de la liberté. Mes manuscrits circulaient de dépôt en dépôt, recelés tantôt dans un lieu, tantôt dans un autre. On a tenté plus d'une fois de les enlever. J'ai passé plusieurs nuits à ma fenêtre dans l'attente de l'exécution d'un ordre violent. J'ai été sur le point de m'expatrier, et c'était le conseil de mes amis, qui ne voyaient plus de sûreté à Paris pour moi. L'ouvrage a été proscrit et ma personne menacée par différents édits du roi et par plusieurs arrêts du Parlement. Nous avons eu pour ennemis déclarés la cour, les grands, les militaires, qui n'ont jamais d'autre avis que celui de la cour, les prêtres, la police, les magistrats, ceux d'entre les gens de lettres qui ne coopéraient pas à l'entreprise, les gens du monde, ceux d'entre les citoyens qui s'étaient laissé entraîner par la multitude. Cependant, au milieu de ce déchaînement général, tout le monde souscrivait. Ils voulaient avoir l'ouvrage et perdre les auteurs.

Lorsqu'on eut inutilement employé les moyens d'empêcher l'ouvrage, on ne songea plus qu'à ralentir son exécution et à nuire à sa perfection. Nous avons souffert des suspensions de plusieurs années et des désertions de coopérateurs, et, pour comble de disgrâce, un infâme imprimeur, qui dépeçait mon ouvrage à mon insu pendant la nuit, a mutilé dix volumes et brûlé les manuscrits qu'il ne jugeait pas à propos d'employer.

On fit du nom d'encyclopédiste une étiquette odieuse qu'on attacha à tous ceux qu'on voulait montrer au roi comme des sujets dangereux, désigner au clergé comme ses ennemis, déférer au magistrat comme des gens à brûler et traduire à la nation comme de mauvais citoyens. Un encyclopédiste est encore aujourd'hui un homme de sac et de corde, sans qu'on sache quand cela finira ; c'est ainsi qu'on nous peignait dans les cercles de la société et dans les chaires des églises, et l'on continue.

Il restait une dernière ressource, c'était de nous rendre ridicules.

M. de Choiseul, qui nous haïssait sans savoir pourquoi, tira de l'obscurité un pauvre diable très méchant, sans connaissances, sans génie, sans principes, sans talent, et sans mœurs, et lâcha contre nous cette espèce d'Aristophane, qui était bien aussi pervers que l'ancien mais qui n'avait pas sa verve. On nous mit sur la scène, et l'on vit Rousseau à quatre pattes, Helvétius donnant des leçons de vol à son valet, moi je ne sais comment. Des satires personnelles succédèrent à cette comédie. Le tout, mauvais, tomba dans la boue avec l'auteur, qui y est resté enseveli avec ses tristes productions et cette plaisante inscription : *Pâlis, sot* ; c'était l'anagramme du personnage.

14/ *Mémoires pour Catherine II,* 1773-1774, t. X, pp. 791-792.

La pièce de Palissot, *Les Philosophes,* où Diderot était mis en scène sous le nom de Dortidius, a eu un succès de courte durée. L'œuvre avait une piètre force iconoclaste et n'était qu'une satire légère de quelques tics des philosophes. Dès 1757, Palissot avait déjà épinglé les philosophes dans un style très superficiel, mais parfois juste, où se manifestent aussi la vanité et le dépit d'un auteur de second plan.

Depuis quelques années, il s'est formé dans cette capitale une association entre plusieurs gens de lettres, les uns d'un mérite reconnu, les autres d'une réputation plus contestée, qui travaillent à ce fameux dictionnaire de toutes les connaissances : ouvrage qui en suppose beaucoup à ceux qui le rédigent. Personne n'a peut-être plus de vénération que moi pour les mains laborieuses qui construisent ce pénible monument à la gloire de l'esprit humain. Tous ces messieurs se disent philosophes, et quelques-uns le sont.

Mais parmi ceux mêmes d'entre eux à qui l'on accorde le plus de talent, on est fâché d'avouer qu'il s'en trouve qui ont presque rendu le mérite et la raison haïssables dans leurs écrits. Ils ont annoncé la vérité, ou ce qu'ils ont pris pour elle avec un faste qu'elle n'eut jamais. On vit à la tête de quelques productions philosophiques un ton d'autorité et de décision, qui, jusqu'à présent, n'avait appartenu qu'à la chaire. On transporta à des traités de morale, ou à des spéculations métaphysiques, un langage que l'on eût condamné, partout ailleurs, comme celui du fanatisme. [...]

Ce ton d'inspiration dans les uns, d'emphase dans les autres, si éloigné de celui de la raison qui doute, ou de la vérité qui persuade, révolta quelques gens sensés. En examinant de près des ouvrages qui promettaient de si grandes choses, ils trouvèrent que les uns étaient servilement copiés de Bacon, sans que l'on ait jugé à propos d'en prévenir le public ; et que d'autres ne contenaient que des pensées mille fois rebattues, mais rajeunies, ou par un tour épigrammatique et de mauvais goût, fort à la mode aujourd'hui, ou par un certain ton d'audace bien propre à séduire les simples.

On donna de nouvelles définitions de quantité de choses déjà très bien définies. On affecta, pour jouer la concision et le style nerveux, d'embrouiller ce qui était clair. On confondit tous les genres ; et cet étrange bouleversement dans les idées et dans le style parut, à quelques esprits vulgaires, la preuve d'un siècle abondant en génies lumineux et hardis, digne d'être appelé *siècle philosophique* [...].

Comment donc ces *petits prophètes* se sont-ils établis juges dans Israël ? Voici leur secret. Ecoutez, et profitez, auteurs infortunés, que vingt ans de travaux obscurs n'ont point encore tirés de l'oubli. Sortez de vos cabinets ; devenez Encyclopédistes ; attelez-vous au char de la nouvelle philosophie ; colportez seulement quelques ouvrages de ces messieurs.

15/ Palissot, *Petites Lettres sur de grands philosophes*, 1757, pp. 105-107, 122.

Après la Révolution, la critique du groupe encyclopédique est beaucoup moins anodine. L'abbé Barruel formule la thèse d'une vaste conspiration antichrétienne où, avec les francs-maçons et les Illuminés, les Encyclopédistes apparaissent comme de perfides comploteurs qui s'insinuent partout pour subvertir l'opinion publique, et préparer la Terreur. Si le tableau très forcé de cette société secrète prête aujourd'hui à sourire, il faut reconnaître que Barruel a su lire Diderot et clairement décrire les « ruses » de l'*Encyclopédie.*

> La première était l'art d'insinuer l'erreur, l'impiété, dans les articles où naturellement elle devait le moins être attendue, dans les parties de l'histoire, de la physique, même de la chimie, de la géographie, que l'on aurait cru pouvoir parcourir avec le moins de danger. La seconde était l'art des renvois, cet art si précieux, qui consistait, après avoir mis sous les yeux du lecteur quelques vérités religieuses, à lui faire sentir qu'il devait chercher d'autres leçons dans des articles d'une tout autre espèce. Quelquefois même le mot seul du renvoi pouvait faire épigramme et sarcasme. Pour cela il suffisait de mettre au-dessous de l'article traité religieusement l'un de ces mots : *Voyez l'article Préjugé,* ou bien *voyez Superstition, voyez Fanatisme.* Enfin si le sophiste renvoyeur craignait que cette ruse ne suffît pas encore, il pouvait altérer les discussions d'un collaborateur honnête ; il pouvait sur le même objet ajouter son propre article et faire semblant d'appuyer en réfutant. En un mot, le voile de l'impiété devait être assez transparent pour la rendre piquante, assez obscur pour ménager une excuse et des défaites. Cet art était surtout celui du sophiste renard, de d'Alembert. Diderot plus hardi devait quelquefois être livré à toute la folie

de son impiété ; mais quand le sang froid de la réflexion venait, ses articles devaient être retouchés, et il devait alors ajouter de lui-même quelque restriction apparente en faveur de la religion, quelques-uns de ces mots révérentiels qui ne laissaient pas moins subsister toute l'impiété. S'il dédaignait ce soin, d'Alembert réviseur général, s'en chargeait.

16/ ABBE BARRUEL, *Abrégé des Mémoires pour servir à l'Histoire du jacobinisme,* 1798, t. I, pp. 64-65.

Il est impossible de citer ici les multiples jugements, souvent polémiques, sur Diderot et l'*Encyclopédie.* Mieux vaut retenir seulement quelques grands textes dont la profondeur historique et littéraire s'impose. Ainsi Michelet qui, dans son *Louis XV (1724-1757),* consacre une extraordinaire analyse à Diderot et à l'*Encyclopédie.* Admirable écriture métaphorique qui, dans l'excès même de sa synthèse inspirée, produit une vision épique et aussi très juste.

L'ouvrier naît au XVIIIe siècle, et la machine au XIXe. Notable différence. Les œuvres industrielles, l'ameublement surtout, les arts de décoration intérieure, portent alors l'empreinte vive de la main de l'homme, souvent exquise et délicate, parfois quelque peu indécise, avec certains légers défauts qui ne sont pas sans grâce, indiquant que la vie a passé là, l'émotion, et que l'œuvre en palpite encore. [...]

L'art était jusque-là chose d'Eglise, se répétant toujours, ou ridiculement bouffi, aux apothéoses royales, aux plafonds de Versailles. Mais tout à coup voilà qu'il est partout. Il devient social. Il crée une société. Il n'est plus une école ou une académie ; il est un peuple. Un grand peuple sans nom a poussé sous la terre, de fine main, par qui le métier devient art. Il est même juste de dire que le sculpteur, le peintre ne sont pas alors en progrès. C'est bien plus en ces arts appelés des métiers que le siècle fleurit de grâce et d'invention.

Notez qu'ici l'ouvrier seul est tout. Il conçoit, exécute. Ce n'est ni Van Loo ni Boucher qui lui enseignent ces merveilles. Dans son cinquième étage il est un créateur. Sans secours, sans machine et presque sans outils, il est forcé d'avoir du génie dans les doigts. Que d'efforts, de pensées, de combinaisons solitaires, avant que le chef-d'œuvre aille au bout de l'Europe faire admirer les arts français !

Mais cet ermite du travail, par moments, voit monter en lui un Esprit, qui aime et sent tout, qui pénètre ses habiletés, ses procédés, qui lui trouve une langue pour cent choses innommées, lui explique son art à lui-même. C'est le pantophile Diderot.

Voltaire l'appelle *Panto-phile,* amant de toute la nature, ou plutôt amoureux de tout.

Il n'est pas moins *Pan-urge,* l'universel faiseur. C'est un fils d'ouvrier (comme Rousseau, Beaumarchais et tant d'autres). Langres, sa ville, fabrique de bons couteaux et de mauvais tableaux, l'inspire aux métiers et aux arts.

De son troisième nom qui lui va mieux encore, c'est le vrai *Prométhée.* Il fit plus que des œuvres. Il fit surtout des hommes. Il souffla sur la France, souffla sur l'Allemagne. Celle-ci l'adopta plus que la France encore, par la voix solennelle de Goethe.

Grand spectacle de voir le siècle autour de lui. Tous venaient à la file puiser au puits de feu. Ils y venaient d'argile, ils en sortaient de flamme. Et, chose merveilleuse, c'était la libre flamme de la nature propre à chacun. Il fit jusqu'à ses ennemis, les grandit, les arma de ce qu'ils tournèrent contre lui.

Il faut le voir à l'œuvre, et travaillant pour tous. Aux timides chercheurs, il donnait l'étincelle, et souvent la première idée. Mais l'idée grandiose les effrayait ? Ils avaient peu d'haleine ? Il leur donnait le souffle, l'âme chaude et la vie par torrents. Comment réaliser ? S'il les voyait en peine de sibylle et prophète, il était tout à coup, pour les tirer de là, ouvrier, maçon, forgeron ; il ne s'arrêtait pas que l'œuvre ne surgît, brusquement ébauchée, devant son auteur stupéfait.

Les plus divers esprits sortirent de Diderot ; d'un de ses essais, Condillac ; d'un mot, Rousseau dans ses premiers débuts. Grimm le suça vingt ans. De son labeur immense et de sa richesse incroyable coula le fleuve trouble, plein de pierres, de graviers, qu'on appelle du nom de Raynal.

Un torrent révolutionnaire. On peut dire davantage. La Révolution même, son âme, son génie, fut en lui. Si de Rousseau vint Robespierre, « de Diderot jaillit Danton ». (Aug. Comte.)

« Ce qui me reste, c'est ce que j'ai donné. » Ce mot que le Romain généreux dit en expirant, Diderot aussi pouvait le dire. Nul monument achevé n'en reste, mais cet esprit commun, la grande vie qu'il a mise en ce monde, et qui flotte orageuse en ses livres incomplets. Source immense et sans fonds. On y puisa cent ans. L'infini y reste encore.

17/ J. Michelet, *Histoire de France,* t. XVI, *Louis XV (1724-1757),* (« Credo du XVIIIe siècle : L'action universelle, Diderot »), 1876.

Michelet conclut son chapitre sur un épisode décisif : l'incarcération de Diderot à Vincennes en 1749 et « l'illumination » de Rousseau (Jean-Jacques rend visite à son ami et écrit en chemin, sous l'effet imprévu de l'inspiration, les premières notes de son *Discours sur les sciences et les arts*). L'historien utilise des indications fournies par Mme de Vandeul, Naigeon, et Diderot lui-même dans des lettres à Sophie Volland (23 septembre 1762, 10 décembre 1765) et à Falconet (15 février 1766). On s'est demandé longtemps si Diderot avait vraiment lu et traduit l'*Apologie de Socrate* en prison. La mise en scène un peu dramatique par laquelle il s'est identifié à Socrate a suscité une légende postérieure selon laquelle il aurait écrit avec des moyens de fortune (cure-dents comme plume et, pour toute encre, de l'ardoise pilée dans du vin). Dans la dernière édition de cette *Apologie de Socrate traduite de mémoire au château de Vincennes* (Hermann, t. IV, 1978), Raymond Trousson montre que Diderot a effectivement écrit le texte en prison entre fin août et fin octobre (Rousseau, qui ne savait pas le grec, cite précisément cette traduction dans la première partie du *Discours sur les sciences et les arts*). Diderot était un bon helléniste, mais sous l'effet de son tempérament et de son génie, la traduction est devenue plutôt une adaptation pour le XVIIIe siècle, en référence aussi à l'expérience personnelle qu'il était en train de vivre. Michelet aime retracer ce moment solennel où Rousseau, auprès de Diderot, se lance soudain sur un chemin différent qui l'éloignera bientôt de l'*Encyclopédie*. L'historien a une conception synthétique des faits. Il semble qu'il les conçoive d'autant mieux qu'il est plus profondément écrivain.

Diderot fut très beau en prison. Tenu au secret le plus dur, il ne livra jamais le nom de son libraire, qui eût été droit à Toulon. Il était décidé à rester là. Et, sans papier ni plume, il charbonnait un drame de la mort de Socrate. L'autorité fléchit et recula.

Dans ce séjour de trois mois à Vincennes, il mûrit son grand plan d'une association universelle des gens de lettres, concentrant leurs travaux dans un dictionnaire qui contiendrait la science humaine. Pensée folle ? on devait le croire.

L'autorité permettrait-elle une si dangereuse entreprise, toutes les sciences exposées, traduites selon l'esprit philosophique (autrement dit contre l'autorité) ? Aucun protecteur sûr. La Pompadour et d'Argenson cadet voulaient, ne voulaient pas. Si Diderot n'eût fait qu'un livre, il eût péri. Il emporta l'obstacle à force de grandeur. Dans sa vaste entreprise, au peuple des lettrés s'unit le peuple financier. Des fortunes s'y engagèrent. Telle y fut jetée sans retour. Une seule dame y mit cent mille écus.

Plusieurs y mirent leur vie (de Jaucourt et tant d'autres). La générosité de Diderot, qui s'y usa pour rien (y eut son pain à peine), sa générosité gagna. On vit un surprenant spectacle, cesser l'égoïsme et l'envie ! Qui aurait jamais cru que *la nation des gens de lettres* (comme l'appelle d'Alembert), nation de rivaux, d'envieux, en viendrait à s'immoler dans un travail commun où chacun brillerait si peu ? une Babel par ordre alphabétique, un monstrueux dictionnaire de trente volumes in-folio ? L'*Encyclopédie* fut bien plus qu'un livre. Ce fut une faction. A travers les persécutions, elle alla grossissant. L'Europe entière s'y mit.

Belle conspiration générale qui devint celle de tout le monde. Troie entière s'embarqua elle-même dans le cheval de Troie.

Tout cela était encore dans le cerveau de Diderot. Il était encore à Vincennes, mais plus libre déjà, quand il eut, en août 1749, la visite vraiment mémorable du musicien Rousseau. Il n'avait pas encore fait *Le Devin du village,* et rien ne le recommandait. Diderot, qui l'aimait, ne méditait pas moins d'inscrire Rousseau au titre du grand *Dictionnaire des sciences,* de lui donner l'honneur d'être un des fondateurs de l'*Encyclopédie* (ce qu'il a fait réellement).

Mably, dans cette année, avait donné son livre contre la vie moderne, son éloge de Sparte, etc. Rousseau, protégé de Mably et ami du célèbre auteur, pouvait-il ignorer ce livre ? Il n'en dit rien, mais parle seulement du sujet proposé par l'Académie de Dijon : « Les sciences et les arts ont-ils servi le genre humain ? » Cette question, dit-il, lui ouvrit tout un monde. Il allait à Vincennes quand il la lut, en fut ému, gonflé, ne put plus respirer. Il s'assit sous un arbre, y écrivit une page au crayon pour la montrer à Diderot.

Les trois récits que l'on a de ce moment (par Rousseau, Diderot, Marmontel) s'accordent aisément. Rousseau entrevit bien la grande place qu'il allait saisir, en attaquant les sciences et le parti de ses amis. Mais il ne l'eût pas fait sans l'avis généreux du capital ami, qui pour lui était tout alors, sans l'autorisation de l'oracle du temps.

Grave question pour Diderot ! Au jour où il dressait le monument des sciences, allait-il envoyer Rousseau dans le camp opposé ? Ne risquait-on de voir bientôt un encyclopédiste ennemi de l'*Encyclopédie* ? Qui sait ? ennemi de Diderot ?

Celui-ci fut très grand. Il conseilla contre lui-même, contre son œuvre et contre son parti. Il conseilla Rousseau pour Rousseau, selon ses tendances, son talent et sa destinée, et quoi qu'il arrivât, il le lança dans l'avenir.

18/ J. MICHELET, *op. cit.*, t. XVI, *Louis XV (1724-1757).*

Le *Goethe et Diderot* de Barbey d'Aurevilly, publié en 1887, est un ouvrage polémique, où le thème d'un « Diderot allemand » est développé dans le contexte très nationaliste de la fin du XIXe siècle. Dans ce parti pris d'irrespect et de style provocant, l'écrivain a des formules brillantes qui ne se réduisent pas à un vain dénigrement. Ouvrage d'un siècle incrédule, qui a absorbé tout le génie de Diderot, l'*Encyclopédie* lui apparaît totalement périmée dans son contenu et son esprit.

Diderot n'est plus ici qu'un des tailleurs de pierre d'un monument, que le XIXe siècle ne regarde déjà plus ! L'*Encyclopédie* est, dans l'ordre de la pensée et de l'érudition philosophiques, ce que furent, dans l'ordre de l'art, les cathédrales du Moyen Age, mais avec cette formidable différence que le sentiment qui animait les grands artistes du Moyen Age a eu beau perdre de son énergie, de sa profondeur et de sa beauté, dans le cœur des nations modernes, les magnifiques chefs-d'œuvre, qu'on leur doit, n'en existent pas moins à l'état de chefs-d'œuvre, enlevant d'admiration même ceux qui les contemplent, tandis que l'*Encyclopédie,* dont on croyait faire quelque chose comme une cathédrale de Cologne ou de Strasbourg de l'impiété, ne fait plus guère l'effet que d'une masse informe, incohérente, sans grandeur réelle, dont se détournent également, à cette heure, l'imagination et la raison des hommes. Les monuments d'Art religieux du Moyen Age correspondent à des sentiments immortels. Les monuments d'une Science incrédule, comme le fut l'*Encyclopédie* au XVIIIe siècle ne répondent, eux, qu'à des besoins de destruction, qui ne peuvent pas être éternels : autrement le monde finirait. [...]

D'un autre côté, l'*Encyclopédie* n'eut pas non plus, pour son exécution, des ouvriers de la force de ces sublimes Anonymes du Moyen Age, qui ne se souciaient que de la gloire de Dieu et ne pensaient pas à la leur, en élevant vers lui leurs merveilleux édifices. Les ouvriers de l'*Encyclopédie,* dont Diderot et d'Alembert furent les premiers par le talent, ne s'oublièrent pas dans la gloire coupable de leurs doctrines. Même les plus indignes petits grimauds qui mirent la main à ce torchis de l'*Encyclopédie,* qui se donnait les airs superbes d'une tour de Babel, signaient orgueilleusement leurs travaux. Qu'y ont-ils gagné ? Et Diderot et d'Alembert eux-mêmes, les chefs de cette mise en train infernale de l'*Encyclopédie,* qui avaient une personnalité d'esprit, l'y absorbèrent. Diderot surtout ; Diderot, le bucculent déclamateur, qui s'enfla toute sa vie, pour prendre plus d'espace et paraître plus grand, Diderot bien plus que d'Alembert, effacé dans l'abstraction de sa géométrie [...].

L'*Encyclopédie* fut pour Diderot le rocher de Leucade. Il se jeta dans cette mer de matérialisme comme Sapho dans une mer plus pure et comme elle, il y *perdit sa lyre* et s'y noya. Mais j'aime mieux Sapho et je la regrette davantage !

19/ BARBEY D'AUREVILLY, *Goethe et Diderot,* 1887, pp. 224-227.

L'imagerie laïque du Panthéon et le culte des grands hommes nous ont été légués par le XVIIIe siècle. Les grandes cérémonies révolutionnaires (transfert des cendres de Voltaire, Rousseau, Marat, etc.) se sont poursuivies jusqu'à nous avec la panthéonisation de Victor Hugo, de Zola, de Jaurès, et plus récemment de Jean Moulin. Cette formation idéologique devait compenser l'appauvrissement du sentiment religieux et proposait des images de substitution sur quoi puissent se cristalliser l'âme et l'énergie de la nation. Ce vaste ensemble de rites et de productions culturelles a été conçu et préparé dans l'activité enthousiaste du petit milieu des Lumières et des académies. Après la Révolution, chaque panthéonisation devient un enjeu politique et suscite (c'est le cas pour Diderot précisément) un débat à la Chambre.

C'est un problème national que pose Barrès en 1913. Doit-on rendre les honneurs du Panthéon à un agitateur qui ne représente pas l'esprit français ? Barrès, rend, à sa manière, noblement justice à Diderot, mais il est curieux de le voir exclure de la culture nationale un écrivain très sédentaire et peu cosmopolite, très attaché à Paris, qui n'a jamais voulu s'expatrier et a tenu à ce que l'*Encyclopédie* reste une entreprise française. On voit, par cet exemple, combien les écrivains du XVIIIe siècle sont restés jusqu'à nous de vivantes références idéologiques.

15 novembre 1913.

Vraiment, c'est une idée malheureuse qu'avait le Sénat, de vouloir célébrer une *fête nationale* du deuxième centenaire de Diderot et de rêver pour ce fameux philosophe les honneurs du Panthéon ! L'apothéose politique de Rousseau fut une erreur, que j'avais vainement essayé d'empêcher. La Chambre a raison de ne pas vouloir récidiver.

Nul ne songe à nier la génialité artistique d'un Rousseau ou d'un Diderot. Elle éclate dans *Les Rêveries d'un promeneur solitaire* et dans *Le Neveu de Rameau.* Mais le Parlement est un corps politique et ne se place pas au point de vue de la pure littérature. D'ailleurs ce point de vue, où le trouver, comment s'y tenir, quand il s'agit de ces prodigieux agitateurs ? Nos députés et sénateurs ne se donnent pas pour mission de célébrer une heureuse réussite de l'art, non plus que de glorifier jamais une œuvre de science étrangère à toute propagande partisane. Et la preuve, c'est que nous avons laissé passer, sans nous y associer, l'anniversaire de Bossuet, qui est peut-être le plus haut sommet de la prose française, et l'anniversaire de Claude Bernard, le maître de la physiologie. Ce que des hommes politiques distinguent, aiment et retiennent dans un Diderot, comme dans un Rousseau (comme dans un Zola, porté, lui aussi, au Panthéon), c'est leur action politique et sociale, leur effort pour changer l'orientation de l'esprit français. Cela, certes, est digne d'attention ! On verrait avec plaisir la Sorbonne et d'autres lieux d'étude (et par exemple ces sociétés de conférences, si nombreuses aujourd'hui), à l'occasion de ces anniversaires, instruire une fois de plus le procès de ces hommes qui depuis deux siècles sont livrés à nos disputes, examiner, commenter, célébrer ou rétorquer leurs œuvres, mais je ne puis admettre, il n'est pas utile, il n'est pas juste, il n'est pas vrai que les pouvoirs publics, intervenant de tout leur poids, essaient de les sacrer comme des hommes nationaux et de les proposer à l'esprit public comme des modèles et des guides. [...]

Et pourtant, je ne suis pas complètement satisfait. Rien de plus beau que la conception d'une fête nationale ; rien de plus sain que ces commémorations d'une grande figure, vraiment capable d'éveiller les sentiments de reconnaissance et d'émulation. Mais aussi, pourquoi, diable ! allez-vous chercher dans le vieil arsenal de nos guerres civiles des hommes drapeaux, des revenants incapables de susciter et de diriger nos forces d'enthousiasme ?

C'est l'histoire même de notre pays qui le veut, me dira quelque philosophe.

Mais non, l'histoire se dirige. Il n'est pas impossible de trouver des figures, des œuvres, des gloires qui nous unissent tous, qui laissent en sommeil nos irritations, et qui se prêtent vraiment à l'intérêt public. Nous avons vu cet accord par deux fois, cet été, en Provence, à Saint-Rémy et à Maillane, quand le gouvernement de la République a rendu un éclatant hommage au génie de Mistral, appuyé sur l'une de nos plus belles provinces.

Pourquoi cette glorification de la Provence et de son Virgile a-t-elle si bien réussi ? Parce qu'elle s'harmonisait avec l'esprit public.

Il ne s'agit pas de déclarer que tout est faux dans l'œuvre de Jean-Jacques et de Diderot. Avec des mensonges, ils n'eussent pas passionné la moitié de l'Europe. Il s'agit de profiter des longues méditations et vérifications qui, depuis cent cinquante ans, l'ont mieux éclairée pour nous. Et tenez, cette fameuse idée, si séduisante chez Rousseau et Diderot, et qui causa tant de mal, cette idée de tenir l'homme qui vit tout proche de la nature pour supérieur à l'homme façonné par la société, cette idée nocive, elle a été mise au point excellemment par toute l'œuvre de Mistral.

L'œuvre de Mistral, émouvante, harmonieuse

et bienfaisante, toute vraie, affirme la nécessité de s'appuyer sur le passé pour faire le présent ; elle contredit tout net la thèse de Diderot et de ses amis, qui se donnent pour tâche, comme ils le disent, « d'affaiblir la stupide vénération des peuples pour les lois et les usages anciens », et qui traitent, en tout, la tradition comme un obstacle et une ennemie. Et là-dessus, nous sommes tous d'accord avec Mistral à cette heure. Dans l'ordre de la théorie philosophique, comme dans la vie au jour le jour, nous sommes las jusqu'à la nausée de l'esprit encyclopédique. Tous ceux qui ont quelque connaissance de la littérature contemporaine savent que sa tendance générale est de se libérer de ce vieil esprit trop facile. Nous avons épuisé le parti que l'on peut tirer d'une discipline qui, sous prétexte de ne connaître que les déductions de la raison claire, laisse de côté toute une part, la plus profonde, de notre humanité, et nie et bafoue de précieuses richesses. Il n'y a pas de vote de la Chambre qui y fasse quelque chose ! On aurait pu introduire Diderot au Panthéon, on ne l'aurait pas introduit dans nos cœurs. Nous ne pouvions plus supporter, en dépit des virulences et des verdeurs d'un Diderot, ce que la philosophie de l'*Encyclopédie* nous offre de sec, de pauvre et d'étriqué.

Voilà le sens de l'échec de Diderot, succédant au demi-échec de Jean-Jacques. Le XVIIIe siècle, qui voudrait durer encore, achève de mourir. Nous avons bien fini de lui demander des conseils de vie.

20/ M. BARRES, *Les Maîtres,* 1927, pp. 173-174, 179-181.

Deuxième partie

Le philosophe matérialiste

Le matérialisme apparaît aujourd'hui comme le trait original de la pensée de Diderot, qui diffère par là du déisme de Voltaire, ou du système philosophique de Rousseau. Cet élément, capital pour la compréhension de l'œuvre, n'a été vraiment reconnu que récemment. La critique, au XIXe siècle et même jusqu'au milieu du XXe siècle, ne disposait pas de l'édition complète des écrits de Diderot. Les thèmes matérialistes étaient considérés comme la marge délirante de l'œuvre, et son excès contradictoire, qu'on s'évertuait à réduire à tout prix dans la construction d'un Diderot, en fin de compte, humaniste. Il y avait surtout un manque d'intérêt total pour cette spécificité matérialiste, dont on ne voulait ni ne savait rendre compte. Voltaire pourtant, dès 1749, en réponse à l'envoi de la *Lettre sur les aveugles*, sait bien qu'il n'a plus affaire à un déiste, mais à un athée définitif, même s'il fait semblant de douter que Saunderson soit le strict porte-parole de Diderot : « Mais je vous avoue que je ne suis point du tout de l'avis de Saunderson, qui nie un Dieu parce qu'il est né aveugle. Je me trompe peut-être ; mais j'aurais à sa place reconnu un être très intelligent qui m'aurait donné tant de suppléments de la vue ; et en apercevant par la pensée des rapports infinis dans toutes les choses, j'aurais soupçonné un ouvrier infiniment habile. Il est fort impertinent de prétendre deviner ce qu'il est, et pourquoi il a fait tout ce qui existe, mais il me paraît bien hardi de nier qu'il est. Je désire passionnément de m'entretenir avec vous, soit que vous pensiez être un de ses ouvrages, soit que vous pensiez être une portion nécessairement organisée d'une matière éternelle et nécessaire. Quelque chose que vous soyez, vous êtes une partie bien estimable de ce grand tout que je ne connais pas. » (T. II, p. 841.)

L'interrogation matérialiste est non seulement continue, mais va s'approfondissant et devient moins abstraite, à mesure que Diderot fait l'expérience du savoir de son temps dans ses aspects théoriques et pratiques. C'est dans la *Lettre sur les aveugles* de 1749 que, pour la première fois, Diderot définit l'homme comme un élément du grand tout, de la matière vouée au hasard et à un imprévisible chaos, sans harmonie préétablie ni rationalité cosmique. L'œuvre jusqu'au bout développe et enrichit ce thème, dans l'article « Animal » de l'*Encyclopédie* en 1751, dans les *Pensées sur l'interprétation de la nature* de 1754, dans *Le Rêve de d'Alembert* de 1769. Diderot n'est jamais revenu, comme on l'a dit, sur ces bases de sa réflexion. Dans le *Commentaire sur Hemsterhuis* de 1774 (publié seulement en 1964), il réaffirme que la pensée est le simple produit du corps et, décrivant à nouveau les processus matériels du sommeil et de la mémoire, présente l'homme dans la métamorphose et le flux perpétuels de la matière. A partir de 1778 jusqu'à sa mort, il rédige ses *Éléments de physiologie*, ultime sagesse à fond scientifique, où l'interrogation sur l'homme consiste d'abord, avec une curiosité sereine et inépuisable, à essayer de connaître l'organisation de son être.

La profession de foi matérialiste à laquelle Diderot s'est tenu n'a jamais pris la forme d'un credo, d'une révélation dogmatique, ou d'un fanatisme. C'était plutôt un questionnement continu sur le réel à interpréter. Les contenus, les formes, les modèles du savoir ont beaucoup évolué depuis le XVIIIe siècle (la biologie s'est constituée et a fait d'immenses progrès), mais les hypothèses de Diderot restent sur bien des points actuelles : avec sa thèse de la sensibilité de la matière, il a voulu échapper au dualisme et émanciper la pensée de la théologie ; il n'a vu dans la nature que l'ordre des faits sans grand dessein caché, que dépense et gaspillage sans finalité ; il a indiqué que, pour connaître l'organisation de la matière et de la vie, il était inutile de se référer à une quelconque entité métaphysique.

Diderot appartient à un contexte matérialiste (le mot apparaît en 1702 et sera repris en 1752 dans le *Dictionnaire de Trévoux*) dont il faut indiquer les contours, même s'ils sont diffus et si les jalons sont disséminés dans tout le siècle. La pensée matérialiste du XVIIIe siècle (voir la présentation de Roland Desné dans *Les Matérialistes français de 1750 à 1800,* Buchet-Chastel, 1965) reprend la tradition antique de Lucrèce et d'Epicure et s'inspire surtout de grandes œuvres du XVIIe siècle : celles de Spinoza, de Descartes, de Malebranche, des penseurs anglais comme Bacon, Hobbes et particulièrement Locke dont l'*Essai sur l'entendement humain*, de 1690, est à l'origine du sensualisme français. Au début du siècle, ce mouvement d'idées s'exprime uniquement dans des manuscrits clandestins. C'est ainsi que circule *Le Testament* du curé Meslier (1664-1729). Les grands ouvrages paraissent à partir du milieu du siècle. La Mettrie (1709-1751) publie *L'Homme-Machine*, en 1748, et *Le Système d'Épicure*, en 1750. Helvétius (1715-1771) fait paraître *De l'esprit*, en 1758, et le bénédictin Dom Deschamps (1716-1774) ses *Lettres sur l'esprit du siècle*, en 1769. *Le Système de la nature* de d'Holbach (1723-1789) est publié en 1770. A la fin du siècle apparaît une nouvelle génération matérialiste avec, entre autres, Sylvain Maréchal, Volney, Naigeon, et ceux qu'on appelle les idéologues, Cabanis (1758-1808) et Destutt de Tracy. Il est difficile de faire la synthèse d'un ensemble aussi divers par les démarches, les doctrines, les différents choix politiques (seuls Meslier, Dom Deschamps, Sylvain Maréchal sont pour la communauté des biens ainsi que les déistes Rousseau, Morelly, Mably, Robespierre, alors que les autres n'ont pas de système politique ou sont pour le maintien du droit de propriété). Le moment est venu plutôt de lire effectivement ces œuvres dans leurs différences. On peut constater simplement que les thèses matérialistes sont très répandues, même si ce n'est que de façon implicite, comme chez Buffon. Tous les penseurs en subissent l'influence, comme Rousseau, qui rêve de réconcilier les « athées vertueux et les chrétiens tolérants ». Au milieu du siècle se crée, en effet, autour de l'œuvre de Condillac (et par exemple son *Essai sur l'origine des connaissances humaines* de 1746) une sorte de consensus sensualiste.

1. Diderot et les sciences de la vie

Diderot s'intéresse d'abord au réel sensible et fuit naturellement l'abstraction. Il lit assez tôt Buffon, Maupertuis et rencontre dans le groupe encyclopédique les hommes de science de son temps, comme le chirurgien Louis, le chimiste Malouin, Daubenton. Les *Pensées sur l'interprétation de la nature* (1754) sont une réflexion sur la recherche scientifique, ses méthodes et ses fins. Dans un style polémique, Diderot s'interroge sur le rôle de l'hypothèse et de l'expérience dans la démarche scientifique, sur la production du nouveau et la méthode du grand savant dans les avancées du savoir. Dans *Le Rêve de d'Alembert* (1769), il fait de Bordeu son porte-parole. Ce médecin, formé à Montpellier, est un passionné de physiologie, ni animiste ni mécaniste, qui publie en 1751 ses *Recherches sur les glandes* et rédige en 1754 l'article « Crise » de l'*Encyclopédie*. Bordeu est le symbole du savoir médical fondé sur la pratique, et qui s'oppose à l'esprit de système.

La *Lettre sur les aveugles* marque la véritable entrée de Diderot sur la scène « philosophique ». Cela lui vaut d'être emprisonné à Vincennes, au donjon puis au château, du 24 juillet au 3 novembre 1749. L'œuvre était en effet hardie, et à cette occasion on poursuivait en Diderot l'animateur, le futur responsable de l'*Encyclopédie*.

La première partie de la lettre est la relation d'une visite à l'aveugle de Puiseaux, où Diderot pratique une enquête véritablement scientifique. Pour comprendre l'aveugle, il déploie une qualité généreuse du regard et propose des solutions pratiques (la supplémentarité des différents sens) que reprendra, par exemple, Louis Braille. Réaumur venait d'opérer Mlle Simoneau de la cataracte, ce qui donnait une actualité nouvelle au problème de Molyneux (physicien anglais du XVIIe siècle) : un aveugle devenu voyant distingue-t-il par la seule vue le cube et la sphère ? Quelle est la part du jugement et de l'abstraction ? Cela avait été et serait encore en débat chez Locke, Berkeley, La Mettrie, Voltaire, Buffon, Condillac. Diderot insiste sur la relativité de la connaissance. Aux insuffisances du sensualisme qui demeure dualiste, il oppose l'attitude expérimentale et énonce les bases de son monisme matérialiste. La fin de la lettre est consacrée à l'aveugle athée Saunderson, professeur de mathématiques à Cambridge. Ici, Diderot donne les premiers éléments de sa théorie de l'imagination et de l'inspiration, dans une mise en scène pathétique. Les derniers mots de l'aveugle sont une réfutation enthousiaste de l'argument providentialiste sur l'existence de Dieu. Saunderson mourant fait appeler le pasteur Holmès. Le dialogue porte sur le scandale du mal. Le merveilleux spectacle de la nature, fourni habituellement comme preuve de l'existence de Dieu, est interdit à l'aveugle. Celui-ci est un écart, une sorte de monstre, un signe qu'il n'y a pas d'ordre parfait de la nature, mais que celle-ci n'est que le produit de combinaisons multiples, pas toujours viables. Certes, Diderot n'est pas encore initié aux sciences de la vie, et l'œuvre n'est absolument pas transformiste. Le monstre n'est pas encore le principal outil d'analyse de la biologie, comme chez Geoffroy Saint-Hilaire en 1822. Diderot reprend le thème de Lucrèce, de la vicissitude des atomes et de leurs combinaisons. Il tire surtout les conclusions philosophiques des premières recherches de Buffon : il n'y a pas de causes finales, pas de Dieu artisan ; il n'y a que des êtres relatifs dans un univers chaotique et précaire.

D [...] Puis se tournant en face du ministre, il ajouta : « Voyez-moi bien, monsieur Holmes, je n'ai point d'yeux. Qu'avions-nous fait à Dieu, vous et moi, l'un pour avoir cet organe, l'autre pour en être privé ? »

Saunderson avait l'air si vrai et si pénétré en prononçant ces mots, que le ministre et le reste de l'assemblée ne purent s'empêcher de partager sa douleur, et se mirent à pleurer amèrement sur lui. L'aveugle s'en aperçut. « Monsieur Holmes, dit-il au ministre, la bonté de votre cœur m'était bien connue, et je suis très sensible à la preuve que vous m'en donnez dans ces derniers moments ; mais, si je vous suis cher, ne m'enviez pas en mourant la consolation de n'avoir jamais affligé personne. »

Puis reprenant un ton un peu plus ferme, il ajouta : « Je conjecture donc que, dans le commencement où la matière en fermentation faisait éclore l'univers, mes semblables étaient fort communs. Mais pourquoi n'assurerais-je pas des mondes ce que je crois des animaux ? Combien de mondes estropiés, manqués, se sont dissipés, se reforment et se dissipent peut-être à chaque instant, dans des espaces éloignés, où je ne touche point et où vous ne voyez pas ; mais où le mouvement continue et continuera de combiner des amas de matière, jusqu'à ce qu'ils aient obtenu quelque arrangement dans lequel ils puissent persévérer ? O philosophes, transportez-vous donc avec moi, sur les confins de cet univers, au-delà du point où je touche et où vous voyez des êtres organisés ; promenez-vous sur ce nouvel océan, et cherchez à travers ses agitations irrégulières quelques vestiges de cet être intelligent dont vous admirez ici la sagesse !

« Mais à quoi bon vous tirer de votre élément ? Qu'est-ce que ce monde, monsieur Holmes ? Un composé sujet à des révolutions qui toutes indiquent une tendance continuelle à la destruction ; une succession rapide d'êtres qui s'entre-suivent, se poussent et disparaissent ; une symétrie passagère ; un ordre momentané. Je vous reprochais tout à l'heure d'estimer la perfection des choses par votre capacité, et je pourrais vous accuser ici d'en mesurer la durée sur celle de vos jours. Vous jugez de l'existence successive du monde, comme la mouche éphémère de la vôtre. Le monde est éternel pour vous, comme vous êtes éternel pour l'être qui ne vit qu'un instant. Encore l'insecte est-il plus raisonnable que vous. Quelle suite prodigieuse de générations d'éphémères atteste votre sérénité ! Quelle tradition immense ! Cependant nous passerons tous, sans qu'on puisse assigner ni l'étendue réelle que nous occupions ni le temps précis que nous aurons duré. Le temps, la matière et l'espace ne sont peut-être qu'un point. »

Saunderson s'agita dans cet entretien un peu plus que son état ne le permettait ; il lui survint un accès de délire qui dura quelques heures, et dont il ne sortit que pour s'écrier : « O Dieu de Clarke et de Newton, prends pitié de moi ! » et mourir.

21/ *Lettre sur les aveugles*, t. II, pp. 198-199.

A partir de ce problème des monstres et du tri de la nature, François Jacob (professeur au Collège de France, prix Nobel de médecine en 1965, poursuit une réflexion sur la biologie qui se fonde d'abord sur sa pratique scientifique et s'apparente dans sa démarche philosophique aux travaux de Michel Foucault) décrit les transformations du savoir et la constitution de la théorie de l'évolution.

Ce qui caractérise donc la théorie de l'évolution, c'est la manière d'envisager l'émergence des êtres vivants et leur aptitude à vivre ou à s'adapter au monde qui les entoure. Pour Lamarck, quand se formait un être nouveau, sa place était *déjà* marquée dans la chaîne ascendante des êtres. Il devait *par avance* représenter une amélioration, un progrès sur tout ce qui avait existé jusque-là. La direction, sinon l'intention, précédait la réalisation. Avec Darwin, l'ordre relatif entre l'apparition d'un être et son adaptation est inversé. La nature ne fait que favoriser ce qui existe déjà. La réalisation précède tout jugement de valeur sur la qualité de ce qui est réalisé. N'importe quelle modification peut naître de la reproduction. N'importe quelle variation peut apparaître, qu'elle représente une amélioration ou une dégradation par rapport à ce qui était déjà. Il n'y a aucun manichéisme dans la manière utilisée par la nature pour inventer des nouveautés, aucune idée de progrès ou de régression, de bien ou de mal, de mieux ou de pire. La variation se fait au hasard, c'est-à-dire en l'absence de toute relation entre la cause et le résultat. C'est seulement après son émergence que l'être nouveau se trouve confronté aux conditions d'existence. C'est seulement une fois vivants que les candidats à la reproduction sont mis à l'épreuve.

Déjà au XVIIIe siècle, Buffon, Maupertuis et Diderot avaient envisagé la possibilité d'un criblage des êtres organisés après leur formation.

Des monstres pouvaient se constituer qui, incapables de vivre, devaient disparaître. La nature triait, en quelque sorte, les formes vivantes déjà formées, gardant ce qui a les moyens de vivre, rejetant ce qui est incomplet, ce qui ne peut se nourrir faute de bouche, ou se reproduire faute d'organes pour la génération. Mais de tels monstres ne pouvaient s'imaginer qu'à travers le jeu des molécules organiques. Tous les possibles *a priori* de la combinatoire devaient se constituer, mais seules certaines combinaisons étaient viables. Au milieu du XIXe siècle, il s'agit de tout autre chose. L'équilibre du monde vivant se réalise à travers une sorte de dialectique, celle de la permanence et de la variation, de l'identique et du différent. On a parfois critiqué le terme de sélection employé par Darwin à propos de l'évolution, par analogie avec l'élevage. Car à l'idée de choix s'associe celle de l'intention qui pousse l'éleveur à trier, dans son bétail, les formes qui lui paraissent le mieux servir son dessein. Il y a aussi un tri dans la nature, mais il se fait automatiquement. Tout ce qui peut interférer avec la reproduction vient en quelque sorte l'ajuster. Parmi les candidats à cette reproduction, aucune intention ne vient présider au choix des élus qui se fait après coup, au banc d'essai, d'après les seules qualités, les seules performances des individus. L'adaptation devient le résultat d'une partie subtile entre les organismes et ce qui les entoure. Car si le pouvoir de se reproduire est une qualité inhérente à l'organisme, sa réalisation dépend étroitement de toutes les variables du milieu. Ce qui est « choisi », c'est autant le milieu par l'organisme que l'organisme par le milieu. Dans l'adaptation, la reproduction ne fonctionne que comme un amplificateur. Elle ne fait qu'accentuer les déviations qui se forment spontanément. A force de tirer dans le même sens, la reproduction en arrive à faire dériver une population dans des voies bien précises. Survenues à l'aveugle, les variations s'orientent dans la direction que leur impose le tri sans pitié de la sélection naturelle. Pour Darwin, un être vivant, dès sa naissance, fait partie de cet immense système organisé que constitue la terre avec tout ce qu'elle porte. La sélection naturelle représente un facteur de régulation qui maintient le système en harmonie. On considère aujourd'hui qu'un système de ce genre ne peut se perpétuer que dans la mesure où des boucles de « feed-back » ou de rétroaction viennent automatiquement en ajuster le fonctionnement. L'évolution devient alors le résultat de la rétroaction exercée par le milieu sur la reproduction.

22/ Jacob, *La Logique du vivant*, Gallimard, 1970, pp. 192-193.

L'article « Animal » de 1751 développe des thèmes disséminés ailleurs dans l'*Encyclopédie* (dans de plus courts articles de Diderot), et qui constituent une véritable machine de guerre philosophique. Diderot a lu Descartes et Meslier. Il utilise Buffon, dans le débat qui l'intéresse, en résumant le premier chapitre de *L'Histoire des animaux*. La pratique de la citation directe introduit une structure de dialogue. Le « philosophe » radicalise l'expérience du savant en formulant hardiment des hypothèses. La thèse centrale est celle de la continuité de la nature qui passe, par des nuances insensibles, du monde minéral au monde vivant et à celui de la pensée. Diderot s'interroge sur le passage de l'inanimé à l'animé, et énonce pour la première fois l'idée d'une sensibilité de la matière. Cette chaîne sans solution de continuité permet de poser le primat de l'être sur la pensée, de faire de l'homme un animal dans la nature, avec cette différence qu'il possède le langage, c'est-à-dire (d'après la théorie sensualiste) la faculté d'associer des idées et de raisonner.

D Nous avons dit que la marche de la nature se fait par des degrés nuancés, et souvent imperceptibles ; aussi passe-t-elle par des nuances insensibles de l'*animal* au *végétal* : mais du végétal au minéral le passage est brusque, et cette loi de n'y aller que par nuances paraît se démentir. Cela a fait soupçonner à M. de Buffon, qu'en examinant de près la nature, on viendrait à découvrir des êtres intermédiaires, des corps organisés qui sans avoir, par exemple, la puissance de se reproduire comme les animaux et les végétaux, auraient cependant une espèce de vie et de mouvement : d'autres êtres qui, sans être des animaux ou des végétaux, pourraient bien entrer dans la constitution des uns et des autres ; et enfin d'autres êtres qui ne seraient que le premier assemblage des molécules organiques.

[...] Nous-mêmes, à ne considérer que la partie matérielle de notre être, nous ne sommes au-dessus des animaux que par quelques rapports de plus, tels que ceux que nous donnent la langue et la main, la langue surtout. Une langue suppose une suite de pensées, et c'est par cette raison que les animaux n'ont aucune langue. Quand même on voudrait leur accorder quelque chose de semblable à nos premières appréhensions et à nos sensations grossières et les plus machinales, il paraît certain qu'ils sont incapables de former cette association d'idées, qui seule peut produire la réflexion, dans laquelle cependant consiste l'essence de la pensée. C'est, parce qu'ils ne peuvent joindre ensemble aucune idée, qu'ils ne pensent ni ne parlent, c'est par la même raison qu'ils n'inventent et ne perfectionnent rien. S'ils étaient doués de la puissance de réfléchir, même au plus petit degré, ils seraient capables de quelque espèce de progrès ; ils acquerraient plus d'industrie ; les castors d'aujourd'hui bâtiraient avec plus d'art et de solidité que ne bâtissaient les premiers castors ; l'abeille perfectionnerait encore tous les jours la cellule qu'elle habite : car si on suppose que cette cellule est aussi parfaite qu'elle peut l'être, on donne à cet insecte plus d'esprit que nous n'en avons ; on lui accorde une intelligence supérieure à la nôtre, par laquelle il apercevrait tout d'un coup le dernier point de perfection auquel il doit porter son ouvrage, tandis que nous-mêmes nous ne voyons jamais clairement ce point, et qu'il nous faut beaucoup de réflexions, de temps et d'habitude pour perfectionner le moindre de nos arts. Mais d'où peut venir cette uniformité dans tous les ouvrages des animaux ? Pourquoi chaque espèce ne fait-elle jamais que la même chose, de la même façon ? Pourquoi chaque individu ne la fait-il ni mieux ni plus mal qu'un autre individu ? Y a-t-il de plus forte preuve que leurs opérations ne sont que des résultats mécaniques et purement matériels ? Car s'ils avaient la moindre étincelle de la lumière qui nous éclaire, on trouverait au moins de la variété, si l'on ne voyait pas de la perfection, dans leurs ouvrages ; chaque individu de la même espèce ferait quelque chose d'un peu différent de ce qu'aurait fait un autre individu. Mais non, tous travaillent sur le même modèle ; l'ordre de leurs actions est tracé dans l'espèce entière ; il n'appartient point à l'individu ; si l'on voulait attribuer une âme aux animaux, on serait obligé à n'en faire qu'une pour chaque espèce, à laquelle chaque individu participerait également. Cette âme serait donc nécessairement divisible, par conséquent elle serait matérielle et fort différente de la nôtre. Car pourquoi mettons-nous au contraire tant de diversité et de variété dans nos productions et dans nos ouvrages ? Pourquoi l'imitation servile nous coûte-t-elle plus qu'un nouveau dessein ? C'est parce que notre âme est à nous, qu'elle est indépendante de celle d'un autre, et que nous n'avons rien de commun avec notre espèce que la matière de notre corps : mais quelque différence qu'il y ait entre nous et les animaux, on ne peut nier que nous ne leur tenions de fort près par les dernières de nos facultés.

On peut donc dire que quoique les ouvrages du Créateur soient en eux-mêmes tous également parfaits, l'*animal* est, selon notre façon d'apercevoir, l'ouvrage le plus complet ; et que l'homme en est le chef-d'œuvre.

23/ Article « Animal » de l'*Encyclopédie*, t. XV, pp. 71-72.

L'idée de la continuité du monde naturel est caractéristique de l'âge classique, qui ne conçoit qu'un seul mode d'organisation pour le monde vivant, fondé sur les formes et les structures, et non pas sur les fonctions de la vie comme à la fin du XVIIIe siècle, avec Lavoisier et Lamarck.

Pour le XVIIIe siècle, la continuité du vivant était celle des combinaisons de structures, de la plus simple à la plus complexe, dans une hiérarchie linéaire. Pour le XIXe siècle, avec Cuvier, la continuité est fondée sur une même exigence fonctionnelle, mais une scission s'opère entre les êtres et les choses, et entre les groupes d'êtres. La nature est alors conçue comme un ensemble discontinu, avec des sauts et des hiatus. La grande chaîne se rompt entre les mollusques et les vertébrés (*cf.* François Jacob, *La Logique du vivant*, pp. 122-125).

Buffon a une conception statique de la chaîne des êtres, alors que Diderot introduit un élément dynamique qui l'enchante. Du minéral au végétal, il imagine tout un passage des atomes, et un flux des particules par l'assimilation alimentaire. Cette circulation générale des molécules est décrite dans un lyrisme matérialiste, métaphorique et exalté. Michelet sera très sensible à cette thématique du mouvement. A la seule idée du « polype », ce végétal animalisé, la fibre micheletiste s'agite à son tour, et l'historien trouve métaphoriquement, dans le vitalisme, ce qui permet de sortir définitivement de la glaciation médiévale. Les sciences de la vie au XVIIIe siècle opèrent, selon sa vision, une véritable résurrection des morts. En allant au bout de son idée et de son obsession, Michelet trahit la pensée de Diderot qu'il spiritualise, et dont il fait un panthéisme.

> Après la longue mort des trente années dernières du règne de Louis XIV, il y eut un réveil violent de toutes les énergies cachées, *Dieu s'élargit*, on peut le dire, il s'échappa. La vie parut partout. Des lettres aux arts, des arts à la Nature, tout s'anima, tout devint force vive. Il n'y eut plus personne de mort. Tous les êtres voulurent monter.
>
> Du plus profond abîme, les madrépores eux-mêmes, les coraux réclamèrent, dirent qu'ils n'étaient pas simples fleurs, mais de vrais animaux *(Peyssonel)*. Les plantes à leur tour, autant que l'animal, dirent aimer et avoir des sexes *(Vaillant)*.

Les insectes (par *Réaumur*) prouvèrent qu'ils étaient ouvriers, de merveilleux industriels, qui se faisaient chacun des outils pour son art.

Ainsi la Nature tout entière, devant l'Industrie qui naissait, dit qu'elle aussi elle était industrie, un créateur laborieux. Notre Maillet, qui vécut en Egypte, vit, dans la matrice du Nil, surgir l'animal (non oisif), mais persévérant ouvrier, qui va se fabriquant, va montant dans l'échelle de la métamorphose, se diversifiant, tendant vers chaque espèce, selon qu'il développe tel organe ou telle fonction.

Pure machine au temps de Descartes, l'animal s'émancipe au dix-huitième siècle, devient animal vrai, une force animée et active, qui se crée, et qui a sa part du Créateur... Et Dieu n'en rougit pas. Animer tous ces simples, ces innocents, pour lui, c'est *s'élargir*, reprendre sa libre action et rentrer dans la vie divine dont les prêtres et les sophistes, ces impies, l'avaient exilé.

Le vertige me vient à regarder la scène prodigieuse de tant d'êtres, hier morts, aujourd'hui si vivants, créateurs... Cela est beau, grand, Dieu partout !

Démocratie immense !... Plus la compression monarchique du Dieu de fer du Moyen Age fut exagérée jusqu'ici, plus aussi elles brûlent, ces forces délivrées, d'avoir tout leur ressort, de se détendre enfin, de vivre de la vie républicaine. Diderot, leur organe, a un respect si tendre des moindres libertés, des petites activités, qu'il craint de les gêner par un cadre trop fort. Il les relie sans les serrer, les laisse vigoureusement s'épandre en ses systèmes. Il ne les contraint pas, s'efface. Au système du monde, il agit tout à fait de même. Le grand Auteur à peine y paraît.

Il n'est pas nié, mais écarté, ajourné ou voilé.
24/J. MICHELET, *Louis XV (1724-1757)*, « Credo du XVIIIe siècle ».

Le Rêve de d'Alembert de 1769 est composé de trois dialogues entre d'Alembert, Bordeu et Julie de Lespinasse. Alors que la *Lettre sur les aveugles* était centrée sur un mathématicien qui meurt (Saunderson), il s'agit ici d'un mathématicien (d'Alembert) qui rêve et qui, dans son sommeil, éjacule. De la mort au rêve, et à la petite mort sexuelle, une semblable mise en scène solennelle joue sur l'état extatique de la seconde vue, sur le moment génial — au-delà de l'interdit — où l'être se révèle. C'est dans ce cadre très apprêté, et d'une grande complexité polyphonique, que Diderot formule à nouveau les thèmes matérialistes qui lui sont chers et évoque les sujets qui le passionnent, comme la génération, l'embryon, le mouvement et la sensibilité de la matière. Dans le second dialogue, Julie de Lespinasse et Bordeu s'entretiennent et sont interrompus par d'Alembert qui continue à rêver tout haut.

D

Mlle de Lespinasse

Ensuite il s'est mis à marmotter je ne sais quoi de graines, de lambeaux de chair mis en macération dans de l'eau, de différentes races d'animaux successifs qu'il voyait naître et passer. Il avait imité avec sa main droite le tube d'un microscope, et avec sa gauche, je crois, l'orifice d'un vase ; il regardait dans le vase par ce tube ; et il disait : Le Voltaire en plaisantera tant qu'il voudra ; mais l'Anguillard[1] a raison. J'en crois mes yeux. Je les vois. Combien il y en a ! Comme ils vont ! Comme ils viennent ! Comme ils frétillent !

1. Needham.

Le vase où il apercevait tant de générations momentanées, il le comparait à l'univers. Il voyait dans une goutte d'eau l'histoire du monde. Cette idée lui paraissait grande. Il la trouvait tout à fait conforme à la bonne philosophie qui étudie les grands corps dans les petits. Il disait : Dans la goutte d'eau de Needham tout s'exécute et se passe en un clin d'œil. Dans le monde, le même phénomène dure un peu davantage ; mais qu'est-ce que notre durée en comparaison de l'éternité des temps ? Moins que la goutte que j'ai prise avec la pointe d'une aiguille en comparaison de l'espace illimité qui m'environne. Suite indéfinie d'animalcules dans l'atome qui fermente. Même suite indéfinie d'animalcules dans l'autre atome qu'on appelle la terre. Qui sait les races d'animaux qui nous ont précédés ? Qui sait les races d'animaux qui succéderont aux nôtres ? Tout change. Tout passe. Il n'y a que le tout qui reste. Le monde commence et finit sans cesse. Il est à chaque instant à son commencement et à sa fin. Il n'en a jamais eu d'autre et il n'en aura jamais d'autre. Dans cet immense océan de matière, pas une molécule qui ressemble à une molécule ; pas une molécule qui se ressemble à elle-même un instant. *Rerum novus nascitur ordo*, voilà son inscription éternelle... Puis il ajoutait en soupirant : O vanité de nos pensées ! ô pauvreté de la gloire et de nos travaux ! ô misère, ô petitesse de nos vues ! Il n'y a rien de solide, que de boire, manger, vivre, aimer et dormir... Mademoiselle de Lespinasse, où êtes-vous ? — Me voilà... Alors son visage s'est coloré. J'ai voulu lui tâter le pouls ; mais je ne sais où il avait caché sa main. Il paraissait éprouver une convulsion. Sa bouche s'était entrouverte. Son haleine était pressée. Il a poussé un profond soupir ; et puis un soupir plus faible et plus profond encore. Il a retourné sa tête sur son oreiller et s'est endormi. Je le regardais avec attention, et j'étais tout émue sans savoir pourquoi. Le cœur me battait, et ce n'était pas de peur. Au bout de quelques moments, j'ai vu un léger sourire errer sur ses lèvres. Il disait tout bas : Dans une planète où les hommes se multiplieraient à la manière des poissons, où le frai d'un homme pressé sur le frai d'une femme... J'y aurais moins de regret. Il ne faut rien perdre de ce qui peut avoir son utilité. Mademoiselle, si cela pouvait se recueillir, être enfermé dans un flacon et envoyé de grand matin à Needham... (Docteur, et vous n'appelez pas cela de la déraison ?)

Bordeu

Auprès de vous, assurément.

Mlle de Lespinasse

Auprès de moi, loin de moi, c'est tout un, et vous ne savez ce que vous dites. J'avais espéré que le reste de la nuit serait tranquille.

Bordeu

Cela produit ordinairement cet effet.

Mlle de Lespinasse

Point du tout ; sur les deux heures du matin, il en est revenu à sa goutte d'eau qu'il appelait un micro...

Bordeu

Un microcosme.

Mlle de Lespinasse

C'est son mot. Il admirait la sagacité des anciens philosophes. Il disait ou faisait dire à son philosophe, je ne sais lequel des deux : Si lorsque Epicure assurait que la terre contenait les germes de tout, et que l'espèce animale était le produit de la fermentation, il avait proposé de montrer une image en petit, de ce qui s'était fait en grand à l'origine des temps, que lui aurait-on répondu ?... Et vous l'avez sous vos yeux cette image, et elle ne vous apprend rien... Qui sait si la fermentation, et ses produits sont épuisés ? Qui sait à quel instant de la succession de ces générations animales nous en sommes ? Qui sait si ce bipède déformé qui n'a que quatre pieds de hauteur, qu'on appelle encore, dans le voisinage du pôle, un homme, et qui ne tarderait pas à perdre ce nom, en se déformant un peu davantage, n'est pas l'image d'une espèce qui passe ? Qui sait s'il n'en est pas ainsi de toutes les espèces d'animaux ? Qui sait si tout ne tend pas à se réduire à un grand sédiment inerte et immobile ? Qui sait quelle sera la durée de cette inertie ? Qui sait quelle race nouvelle peut résulter derechef d'un amas aussi grand de points sensibles et vivants ? Pourquoi pas un seul animal ? Qu'était l'éléphant dans son origine ? Peut-être l'animal énorme, tel qu'il nous paraît ; peut-être un atome, car tous les deux sont également possibles ; ils ne supposent que le mouvement et les propriétés diverses de la matière... L'éléphant, cette masse énorme, organisée, le produit subit de la fermentation ? Pourquoi non ? Le rapport de ce grand quadrupède à sa matrice première est moindre que celui du vermisseau, à la molécule de farine qui le produit... Mais le vermisseau n'est qu'un vermisseau... C'est-à-dire que la petitesse qui vous dérobe son organisation, lui ôte son merveilleux... Le prodige, c'est la vie ; c'est la sensibilité ; et ce prodige n'en est plus un... Lorsque j'ai vu la matière inerte passer à l'état sensible, rien ne doit plus m'étonner... Quelle comparaison d'un petit nombre d'éléments mis en fermentation dans le creux de ma main, et de ce réservoir immense d'éléments divers, épars dans les entrailles de la terre, à sa surface, au sein des mers, dans le vague des airs... Cependant puisque les mêmes causes subsistent, pourquoi les effets ont-ils cessé ? Pourquoi ne voyons-nous plus le taureau percer la terre de sa corne, appuyer ses pieds contre le sol, et faire effort pour en dégager son corps pesant ?... Laissez passer la race présente des animaux subsistants. Laissez agir le grand sédiment inerte pendant quelques millions de siècles. Peut-être faut-il pour renouveler les espèces dix fois plus de temps qu'il n'est accordé à leur durée. Attendez, et ne vous hâtez pas de prononcer sur le travail de nature. Vous avez deux grands phénomènes, le passage de l'état d'inertie à l'état de sensibilité ; et les générations spontanées ; qu'ils vous suffisent. Tirez-en de justes conséquences ; et dans un ordre de choses où il n'y a ni grand ni petit, ni durable ni passager, absolus, garantissez-vous du sophisme de l'éphémère... (Docteur, qu'est-ce que c'est que le sophisme de l'éphémère.)

Bordeu

C'est celui d'un être passager qui croit à l'immutabilité des choses.

25/ *Le Rêve de d'Alembert*, t. VIII, pp. 88-92.

Diderot mêle les thèmes nouveaux de la biologie depuis 1750, et l'ancienne conception d'Epicure et de Lucrèce. Le cycle anarchique des molécules n'a pas d'histoire, ni d'ordre. L'idée du mouvement de la matière, de son expansion, de son irritabilité, de sa sensibilité, ne suffit pas encore à constituer une hypothèse transformiste. La croyance à la génération spontanée bloque la démarche qui permettrait de penser le lien entre les espèces. Dans le *Discours de la dégénération des animaux* de 1766, Buffon n'envisage la variation que comme dénaturation. Il ne conçoit pas la formation du complexe à partir du simple, dans l'interaction du milieu et des organismes qui s'y adaptent. Jacques Roger (professeur à la Sorbonne, auteur d'une thèse intitulée *Les Sciences de la vie dans la pensée française du XVIIIe siècle* et de nombreux travaux consacrés à l'histoire des sciences) a défini la place de Diderot entre Lucrèce et Lamarck.

> Reste que *Le Rêve de d'Alembert*, où coexistent tant bien que mal une vision mécaniste de la nature, héritée de Lucrèce, et une théorie de la sensibilité qui préfigure le vitalisme, offre des formules surprenantes, qui prêtent à la nature vivante une activité spontanée, dont le mécanisme traditionnel ne saurait rendre compte. Nous avons déjà vu comment la sensibilité permettait de croire que les premiers filaments nerveux organisaient l'embryon. Mais la formule la plus remarquable, c'est l'affirmation brutale de Bordeu : « Les organes produisent les besoins, et réciproquement, les besoins produisent les organes. » Comme on l'a remarqué, la première partie de la formule vient tout droit de Lucrèce : nous regardons parce que nous avons des yeux. Mais la « réciproque » annonce immédiatement Lamarck, et sur un des points les plus controversés de sa doctrine. Il est même frappant de voir Diderot distinguer les deux aspects de cette idée, affirmer d'une part que « la fonction crée l'organe », parce que le besoin entraîne des « efforts continus », et

d'autre part, soutenir plus modestement qu'un organe souvent utilisé se développe tandis qu'un organe non utilisé s'atrophie. Sur le premier point, Bordeu invoque des faits manifestement faux, et convient en effet que le premier est inventé. Le second point est si évident qu'il n'a pas à être prouvé. Mais la formule de Bordeu avec ses deux faces, dont l'une est tournée vers Lucrèce et l'autre vers Lamarck, témoigne de la contradiction interne de la pensée de Diderot dans *Le Rêve*. D'un côté, le mécanisme qui crée l'organe par hasard ; de l'autre l'effort de la sensibilité qui oblige la matière vivante à former l'organe dont l'être ressent le besoin. Lamarck lui-même soulignera la contradiction lorsqu'il écrira : « Ce ne sont pas les organes (...) d'un animal qui ont donné lieu à ses habitudes (...) ; mais ce sont, au contraire, ses habitudes (...) qui ont, avec le temps, constitué la forme de son corps, le nombre et l'état de ses organes. » Diderot n'a pas senti la contradiction ou, s'il l'a sentie, il n'a pas tenté de la résoudre. Entre le mécanisme de sa jeunesse et le vitalisme naissant, il n'a pas su choisir.

Le Rêve de d'Alembert représente la tentative la plus hardie de la philosophie de Diderot ; mais ce n'est pas le terme de sa recherche ni le point d'aboutissement de son évolution. Il serait plus juste de considérer cette œuvre comme le point de départ d'une nouvelle enquête, d'un nouveau cycle de recherches, dont elle posait les bases métaphysiques, dont, en même temps, elle indiquait le but : la connaissance de l'homme. Cette nouvelle enquête ne devait aboutir à aucune œuvre définitive. Nous ne la connaissons que par des témoignages indirects, quelques pages de la *Réfutation d'Helvétius* ou de l'*Essai sur les règnes de Claude et de Néron*, et par les notes de travail rassemblées sous le titre d'*Éléments de physiologie*. Ces documents nous suffisent pour connaître dans ses grandes lignes l'ultime évolution de la pensée de Diderot.

26/ J. Roger, *Les Sciences de la vie dans la pensée française du XVIII*[e] *siècle*, Armand Colin, 1963, pp. 668-669.

François Jacob a indiqué, dans le même sens, qu'on ne peut parler de transformisme dans la seconde partie du XVIIIe siècle. Les espèces composent encore un tableau immuable malgré les secousses de la terre, et son histoire. Le temps n'a pas encore de rôle dans la genèse du vivant, et les êtres ne sont pas rangés dans une série chronologique. On ne les fera dériver les uns des autres qu'avec Lamarck, qui pense la transformation à partir de l'organisation du vivant.

Jusque-là, l'immobilité et la rigidité du monde vivant n'étaient pas mises en question. Il n'était pas concevable que le tableau constitué par la série des formes vivantes ait jamais pu être différent de ce qu'il est aujourd'hui. Avec l'attribution d'une histoire quelque peu mouvementée à la terre, il y a comme une oscillation, comme un tremblement sous le monde vivant. Le socle sur lequel repose ce dernier se met à bouger. Il se pourrait soudain qu'en fait d'êtres organisés, tout ne soit pas immuable, que les espèces puissent changer au cours du temps et les êtres se transformer. On porte souvent au crédit du XVIIIe siècle l'origine de la pensée transformiste. Au fixisme personnifié par Linné, on oppose volontiers un courant évolutionniste dans lequel on range tout aussi bien Benoît de Maillet, Robinet,

Charles Bonnet et Diderot que Buffon et Maupertuis. Pendant toute la seconde moitié du XVIIIe, se serait développée cette tendance évolutionniste que le siècle suivant n'aurait fait que préciser et exploiter. Mais il s'agit alors de savoir la signification qu'on entend donner aux mots de transformisme et d'évolution. Certes, toute une attitude nouvelle se manifeste dans la plupart des textes, vers le milieu du XVIIIe : il peut y avoir passage d'une forme vivante à une autre ; bien des espèces qui vivaient autrefois ont disparu aujourd'hui, ne laissant le plus souvent que des traces difficiles à reconnaître et à déchiffrer ; nul ne peut affirmer que les animaux et les végétaux de maintenant sont stabilisés pour toujours et resteront éternellement les mêmes. Sans aucun doute, il apparaît une incertitude quant au passé des êtres et à leur devenir, comme le résume la phrase de Diderot[1] : « Le vermisseau imperceptible qui s'agite dans la fange s'achemine peut-être à l'état de grand animal ; l'animal énorme qui nous épouvante par sa grandeur s'achemine peut-être à l'état de vermisseau, est peut-être une production particulière momentanée de cette planète. » Même Linné finit par s'enthousiasmer devant l'apparition de certaines plantes aux fleurs jusque-là inconnues et par entrevoir la possibilité d'une « transmutation » des espèces grâce à une sorte d'hybridation contre nature.

Mais l'idée de transformation ne suffit pas à elle seule à définir le transformisme. Ce qui caractérise ce dernier, c'est une poussée venue des êtres eux-mêmes et qui les mène peu à peu du simple au complexe à travers les vicissitudes de la terre ; c'est le produit d'un équilibre toujours

1. *Le Rêve de d'Alembert.*

instable entre les formes vivantes ; c'est un jeu d'interactions entre les organismes et leur milieu ; c'est la dialectique du semblable et du différent dans une histoire unifiée de la nature. Bref, le transformisme constitue une théorie causale de l'apparition des espèces, de leur variété, de leur parenté. Or, un tel ensemble n'est jamais réuni au XVIIIe siècle. Le temps propre aux êtres et celui de la terre s'ignorent mutuellement. Il ne leur arrive qu'exceptionnellement de se rencontrer et d'interférer. Ce qu'on trouve alors, ce sont, épars, isolés, indépendants, certains des éléments que rassemblera le XIXe siècle pour constituer un enchaînement causal des formes vivantes.

27/ F. JACOB, *La logique du vivant*, pp. 149-150.

Dans le premier dialogue qui ouvre *Le Rêve de d'Alembert*, Diderot tâche d'expliquer l'organisation du vivant à son ami mathématicien et physicien. L'œuf est l'exemple le plus spectaculaire du développement de l'embryon et du processus de la différenciation. Tout cela réapparaîtra dans la séquence du rêve proprement dit, où d'Alembert énoncera en « marmottant » quelques propositions visionnaires sur ce problème (c'est ce texte que Lénine cite au début de *Matérialisme et Empiriocriticisme* (1907), en le présentant comme une réfutation des thèses idéalistes de G. Berkeley dans son *Traité sur les principes de la connaissance* de 1710).

D Voyez-vous cet œuf ? c'est avec cela qu'on renverse toutes les écoles de théologie, et tous les temples de la Terre. Qu'est-ce que cet œuf ? une masse insensible, avant que le germe y soit introduit ; et après que le germe y est introduit, qu'est-ce encore ? une masse insensible, car ce germe n'est lui-même qu'un fluide inerte et grossier. Comment cette masse passera-t-elle à une autre organisation, à la sensibilité, à la vie ? Par la chaleur. Qu'y produira la chaleur ? le mouvement. Quels seront les effets successifs du mouvement ? Au lieu de me répondre, asseyez-vous, et suivons-les de l'œil, de moment en moment. D'abord c'est un point qui oscille ; un filet qui s'étend et qui se colore ; de la chair qui se forme ; un bec, des bouts d'ailes, des yeux, des pattes, qui paraissent ; une matière jaunâtre qui se dévide et produit des intestins ; c'est un animal. Cet animal se meut, s'agite, crie. J'entends ses cris à travers la coque ; il se couvre de duvet ; il voit ; la pesanteur de sa tête, qui oscille, porte sans cesse son bec contre la paroi intérieure de sa prison ; la voilà brisée ; il en sort, il marche, il vole, il s'irrite, il fuit, il approche, il se plaint, il souffre, il aime, il désire, il jouit, il a toutes vos affections, toutes vos actions, il les fait. Prétendrez-vous, avec Descartes, que c'est une pure machine imitative ? mais les petits enfants se moqueront de vous ; et les philosophes vous répliqueront que, si c'est là une machine, vous en êtes une autre. Si vous avouez qu'entre l'animal et vous, il n'y a de différence que dans l'organisation, vous montrerez du sens et de la raison — vous serez de bonne foi ; mais on en conclura contre vous qu'avec une matière inerte, disposée d'une certaine manière, imprégnée d'une autre matière inerte, de la chaleur, et du mouvement, on obtient de la sensibilité, de la vie, de la mémoire, de la conscience, des passions, de la pensée.

[...] Ecoutez-vous, et vous aurez pitié de vous-même ; vous sentirez que, pour ne pas admettre une supposition simple qui explique tout, la sensibilité, propriété générale de la matière, ou produit de l'organisation, vous renoncez au sens commun, et vous précipitez dans un abîme de mystères, de contradictions et d'absurdités.

28/ *Le Rêve de d'Alembert*, t. VIII, pp. 67-69.

Récemment, Ilya Prigogine (professeur à l'université libre de Bruxelles, prix Nobel de chimie 1977) et Isabelle Stengers (chimiste et philosophe des sciences) ont commenté ce célèbre passage et replacé Diderot dans le débat entre la vision newtonienne et le discours du vivant.

Nous avons vu deux modèles, celui d'Aristote, puis celui de Galilée, dominer successivement la pensée occidentale. Lequel choisir ? Faut-il, pour comprendre les processus naturels, observer le mouvement des astres, ou bien les êtres vivants qui peuplent la Terre ? Nous avons dit déjà que le développement de la science moderne a été marqué par l'abandon de l'inspiration vitaliste et, en particulier, des causes finales aristotéliciennes. Mais la question de l'organisation vivante reste posée, et Diderot, par exemple, souligne, à l'époque même du triomphe newtonien, qu'elle a en fait été refoulée par la physique : il l'imagine qui hante le sommeil des physiciens incapables désormais de la penser éveillée, c'est-à-dire dans le cadre de leurs théories.

[...] Contre le temple de la mécanique rationnelle, contre tous ceux qui annoncent que la nature matérielle n'est que masse inerte et mouvement, Diderot en appelle ainsi à ce qui fut sans doute l'une des plus anciennes sources d'inspiration de la physique, le spectacle du développement progressif, de la différenciation et de l'organisation apparemment spontanées de l'embryon.

La chair se forme, le bec, les yeux, les intestins ; oui, il y a bien organisation progressive d'un espace proprement biologique, apparition à partir d'un milieu homogène, d'une masse semble-t-il insensible, de formes différenciées, précisément au moment et à l'endroit opportuns, en un processus coordonné et harmonieux.

Comment admettre que la masse inerte, et même la masse newtonienne animée par les forces d'interaction gravitationnelle, puisse fonder l'explication de cette apparition de structures locales organisées et actives ? Car il est vrai que les lois newtoniennes du mouvement décrivent les trajectoires circulaires et elliptiques, qui constituent des formes localisées dans une région limitée de l'espace, mais elles décrivent aussi bien la parabole et l'hyperbole qui filent à l'infini. Le cercle et l'hyperbole sont déterminés par la *même* force, seules varient les conditions initiales de la trajectoire, position et vitesse. Le système newtonien constitue un *système du monde*. La totalité des corps de l'Univers sont en interaction et rien ne privilégie les mouvements restreints à un sous-espace par rapport aux trajectoires sans limites spatiales. Le système newtonien ne donne aucun sens à la différenciation de l'espace, à la constitution de limites naturelles, à l'apparition d'un fonctionnement organisé, bref à aucun des processus qu'implique le développement d'un être vivant.

Mais Diderot ne désespère pas. La science commence seulement, écrit-il, la mécanique rationnelle n'était qu'une première tentative, trop abstraite, et le spectacle de l'œuf suffira à en renverser les prétentions. Déjà les enfants rient et les philosophes répliquent. C'est pourquoi il compare les travaux des grands mécaniciens, les

Euler, Bernoulli, d'Alembert aux pyramides égyptiennes, témoignage grandiose et effrayant du génie de leurs constructeurs mais qui, désormais, ne font plus que subsister, solitaires et abandonnées. La vraie science, vivante et féconde, se poursuivra ailleurs.

Elle existe d'ailleurs déjà, lui semble-t-il, cette science nouvelle, science de la nature vivante et organisée. D'Holbach étudie la chimie, Diderot, la médecine. Dans les deux cas, il s'agit d'opposer à la masse inerte et aux lois universelles de la mécanique, la matière active, capable de s'organiser, de produire les êtres vivants. La matière est sensible, soutient Diderot, même la pierre a de sourdes sensations au sens où les molécules qui la composent recherchent activement certaines combinaisons, en évitent d'autres, sont régies par leurs désirs et leurs aversions. La sensibilité de l'organisme entier n'est que la somme de celles de ses parties, comme l'essaim d'abeilles, au comportement globalement cohérent, est créé par l'interaction locale, de proche en proche, entre les abeilles ; il n'y a pas plus d'âme humaine que d'âme de la ruche.

La protestation vitaliste de Diderot contre la physique et les lois universelles du mouvement a pour origine son refus de tout dualisme spiritualiste. Il faut que la nature matérielle soit décrite de façon telle qu'elle puisse rendre compte sans absurdité de l'existence foncièrement naturelle de l'homme. Faute de quoi, et c'est ce qui arrive avec la mécanique rationnelle, la description scientifique d'une nature automate aura pour corrélat l'automate *doué d'âme*, étranger en cela à la nature.

La double inspiration, chimique et médicale, du naturalisme matérialiste que Diderot oppose à la physique de son époque est très commune au XVIIIe siècle. Alors que les biologistes spéculent sur l'animal-machine, la préexistence des germes et la grande chaîne des vivants, toutes problématiques investies de part en part par la théologie, ce sont parfois les chimistes et les médecins, dans la plupart des cas chimistes-médecins, qui sont directement affrontés à la complexité des processus réels, à leur diversité, à la singularité des comportements de la matière et de la vie.

Du point de vue méthodologique également, la chimie comme la médecine sont, à la fin du XVIIIe siècle, des sciences privilégiées pour ceux qui luttent contre l'« esprit de système » des physiciens pour une science respectueuse de la diversité des processus naturels : un physicien pourrait être un pur esprit ; il pourrait être un enfant, sans expérience mais génial ; un médecin, un chimiste doivent, quant à eux, posséder l'expérience et le savoir-faire, ils doivent déchiffrer les signes, reconnaître les indices. En ce sens, la chimie et la médecine sont des *arts*, ils supposent le « coup d'œil », l'assiduité, l'observation acharnée. La chimie est une passion de fou, conclut Venel dans l'article qu'il écrit pour l'*Encyclopédie* de Diderot, éloquente défense de la chimie contre l'impérialisme abstrait des newtoniens.

29/ I. PRIGOGINE et I. STENGERS, *La Nouvelle Alliance (Métamorphose de la science)*, Gallimard, 1979, pp. 91-94.

Ecrivain et vulgarisateur, Diderot n'était pas en mesure d'opérer une véritable synthèse du savoir de son temps. C'est d'ailleurs en philosophe qu'il s'intéresse à la science, c'est-à-dire d'un point de vue extérieur et non pratique. Pour cette raison aussi, ses intuitions sont souvent encore actuelles, même si la science produit de nouveaux objets, dans un mouvement infini.

Jacques Roger analyse « la science des philosophes » et, chez Diderot, la dialectique du savoir et de la philosophie.

> La philosophie de Diderot n'a pas été une philosophie scientifique, dans la mesure où la science n'a été pour elle qu'un moyen, jamais un point de départ ni une fin en soi. Diderot est naturellement moraliste et métaphysicien, et le centre de sa réflexion, auquel il revient toujours, c'est l'homme, sa nature et sa situation dans l'univers des êtres. L'homme est pour lui « le terme unique d'où il faut partir, et auquel il faut tout ramener ». En ce sens, on a le droit de parler d'un « humanisme » de Diderot. Mais cet homme doit être l'homme véritable. Esclave du Dieu de la superstition, il est mutilé. Objet des attentions d'une Providence prétendue, il est idéalisé. Animé d'un principe spirituel, il est incompréhensible. La première réflexion philosophique dissipe le rêve d'un déisme sentimental et d'une création harmonieuse dont l'homme serait le centre et la fin. L'homme réel n'est qu'un corps vivant et pensant, parmi d'autres corps vivants ou inertes. C'est alors que la science peut intervenir, non pas les mathématiques inutiles, mais la « physique expérimentale ». Science de la nature, construite par l'homme et pour l'homme, la « physique expérimentale » ne devra pas seulement recueillir les faits, mais les organiser et les comprendre. Soumise au réel, mais le dépassant, elle sera faite à l'image de l'homme, animal et pensant. L'enthousiasme contagieux de Buffon

n'empêche pourtant pas Diderot de se poser des questions difficiles. Comment retrouver l'unité de la nature au-delà de la distinction des êtres bruts et des êtres vivants ? Comment, surtout, constituer une science dans un univers en perpétuel mouvement ? La première difficulté sera résolue tant bien que mal par l'hypothèse de la sensibilité universelle ; la seconde ne le sera pas. L'impuissance de Diderot à concevoir une théorie transformiste de la nature vivante symbolise l'échec de sa pensée scientifique.

La cause de cet échec, on peut la chercher d'abord dans sa fidélité excessive à la philosophie d'Epicure. Mais cette fidélité même exprime l'impuissance de Diderot à se libérer des cadres de la métaphysique traditionnelle. Sa science prétend demeurer au niveau des phénomènes, mais sa philosophie s'élève d'un bond jusqu'à une contemplation de l'univers, dans sa totalité et son éternité. Derrière la stabilité provisoire des formes et de l'ordre du monde, sur laquelle une science pourrait se fonder, la pensée de Diderot découvre aussitôt la fluidité des choses, où nul point fixe ne peut servir de base à une construction intellectuelle. Or, aucune science ne peut se dispenser du « sophisme de l'éphémère ». Aucun transformisme ne peut ignorer la fixité relative des espèces, ni l'ordre relatif des formes. Diderot n'a pas su vivre dans le relatif. Sa pensée va d'emblée à l'absolu, et il ne suffisait pas en la circonstance que cet absolu fût la Nature au lieu d'être Dieu. Car finalement, l'homme de Diderot se trouve aussi étranger et démuni, devant la Nature éternelle, que l'homme de Voltaire devant un Dieu uniquement préoccupé de l'harmonie des sphères.

En dépit de lui-même et de toute sa métaphysique, de cette « diable de philosophie » dont il est « empêtré » et dont il « enrage », Diderot croyait à la science comme il croyait à la morale. Sinon, eût-il passé sa vie à interroger l'une et à prêcher l'autre ? Ce besoin d'appuyer sa conception de l'homme et du monde sur les données concrètes de la science est un des aspects profonds de son tempérament philosophique. Et c'est un autre aspect fondamental de ce tempérament que révèle la préférence toujours accordée aux sciences de la vie. L'hypothèse de la sensibilité universelle exprime parfaitement le génie même de Diderot. En retour, la biologie ne lui aura pas été inutile. Même si elle ne lui a pas permis de fonder une théorie de la connaissance, elle aura développé en lui le sens de l'originalité et de la complexité des faits vitaux et psychologiques, elle lui aura montré que, si tout est mécanisme, le mécanisme n'est pas partout le même, et ainsi elle l'aura aidé à éviter les simplifications arbitraires, à chercher « des causes propres à l'homme », et à sauvegarder ainsi, autant qu'il était possible, son humanisme. Enfin, par ses incertitudes mêmes, elle aura contribué à donner à sa pensée son caractère de perpétuelle recherche, elle l'aura empêché de s'enfermer dans un dogmatisme clos, générateur de certitudes faciles. C'est en grande partie à la biologie que Diderot doit d'avoir été à la fois le plus hardi et le plus humble des grands philosophes du XVIIIe siècle.

30/ J. Roger, *Les Sciences de la vie dans la pensée française du XVIIIe siècle*, Armand Colin, 1963, pp. 676-678.

Préoccupation majeure de Diderot jusqu'à la fin, les sciences de la vie lui ont donné une sérénité particulière, qui fait des *Éléments de physiologie*, rédigés à partir de 1778, une œuvre à la fois grave et détachée. Pathétique comme le dernier autoportrait de Chardin, cette écriture a aussi la même passion allègre à scruter le profond mystère de la vie.

D Comment est-il arrivé qu'il n'y a rien de si fou, qui n'ait été dit par quelque philosophe ? Point de songe extravagant, qui n'ait été donné pour la vérité par un sage ? C'est l'ignorance qui ne connaît pas les phénomènes, l'imbécillité qui n'y voit aucune difficulté, l'insouciance qui les prend pour ce qu'ils sont sans en chercher la raison qui sauve les autres hommes de ces écarts.

N'est-il pas bien étonnant de voir des auteurs dont les ouvrages sont remplis de visions, affecter du mépris pour ceux dont l'esprit juste et ferme n'admet que ce qu'il conçoit clairement ? (Parcourez les dernières pages de Needham.) Si l'on juge de la clarté de leurs idées par la manière dont ils s'expriment, que leur tête est ténébreuse !

Pour expliquer ce qu'ils ne peuvent comprendre, ils ont recours à un petit harpeur inintelligible, qui n'est pas même atomique, qui n'a point d'organes, qui n'est pas dans le lieu, qui est essentiellement hétérogène avec l'instrument, qui n'a aucune sorte de toucher, et qui pince des cordes. L'organisation et la vie, voilà l'âme.

Ils accusent les athées de mauvaises mœurs, les athées à qui ils n'ont jamais vu faire d'action malhonnête au milieu de dévots souillés de toutes sortes de crimes.

Ils assurent que l'existence de Dieu est évidente, et Pascal dit expressément de Dieu : *On ne sait ni ce qu'il est, ni s'il est.* L'existence de Dieu évidente ! et l'homme de génie est arrêté par la difficulté d'un enfant, et Leibniz est obligé pour la résoudre de produire, avec des efforts de tête incroyables, un système qui ne résout pas la difficulté, et qui en fait naître mille autres !

Les causes finales, disent les défenseurs de ces causes, ne démontrent-elles pas l'existence de Dieu ? Mais Bacon dit que la cause finale est une vierge consacrée à Dieu, qui n'engendre rien, et qu'il faut rejeter. Voyez l'homme, ajoutent ces défenseurs : de quoi parlent-ils ? Est-ce de l'homme réel, ou de l'homme idéal ? Ce ne peut être de l'homme réel, car il n'y a pas sur toute la surface de la Terre un seul homme parfaitement constitué, parfaitement sain. L'espèce humaine n'est qu'un amas d'individus plus ou moins contrefaits, plus ou moins malades : or, quel éloge peut-on tirer de là en faveur du prétendu créateur ? Ce n'est pas à un éloge, c'est à une apologie qu'il faut penser. Ce que je dis de l'homme, il n'y a pas un seul animal, une seule plante, un seul minéral dont je n'en puisse dire autant. Si le tout actuel est une conséquence de son état antérieur, il n'y a rien à dire. Si l'on veut en faire le chef-d'œuvre d'un être infiniment sage, et tout-puissant, cela n'a pas le sens commun. Que font donc ces préconiseurs ? Ils félicitent la providence de ce qu'elle n'a pas fait : ils supposent que tout est bien, tandis que relativement à nos idées de perfection tout est mal. Pour qu'une machine prouve un ouvrier, faut-il qu'elle soit parfaite ? Assurément, si l'ouvrier est parfait.

Le monde est la maison du plus fort : je ne saurai qu'à la fin ce que j'aurai perdu ou gagné dans ce vaste tripot, où j'aurai passé une soixantaine d'années le cornet à la main *tesseras agitans*.

Felices quibus ante annos secura malorum
Atque ignara sui per ludum elabitur aetas.

Qu'aperçois-je ? des formes, et quoi encore ? des formes. J'ignore la chose. Nous nous promenons entre des ombres, ombres nous-mêmes pour les autres, et pour nous. Si je regarde l'arc-en-ciel tracé sur la nue, je le vois ; pour celui qui regarde sous un autre angle, il n'y a rien.

Une fantaisie assez commune aux vivants, c'est de se supposer morts, d'être debout à côté de leurs cadavres, et de suivre le convoi. C'est un nageur qui regarde son vêtement étendu sur le rivage. Hommes qu'on ne craint plus, qu'avez-vous alors entendu ?

Un autre apprentissage de la mort est la philosophie, méditation habituelle et profonde qui nous enlève à tout ce qui nous environne, et qui nous anéantit. La crainte de la mort, dit le stoïcien, est une anse par laquelle le robuste nous saisit et nous mène où il lui plaît. Rompez l'anse, et trompez la main du robuste.

Il n'y a qu'une vertu, la justice ; qu'un devoir, de se rendre heureux ; qu'un corollaire, de ne pas se surfaire la vie, et de ne pas craindre la mort.

31/ *Éléments de physiologie*, t. XIII, pp. 821-823.

2. Diderot, le corps et le sexe

Fidèle à sa pente matérialiste, antidualiste, Diderot cherche à fonder une science des mœurs sur les sciences de la nature. La leçon sensualiste de Locke et de Condillac est qu'il n'y a pas de « vie de l'âme » dissociable de l'économie animale, ce que Diderot affirme fortement dans la *Lettre à Landois* du 29 juin 1756 (« Il n'y a qu'une sorte de causes, à proprement parler ; ce sont les causes physiques », t. III, p. 13). Loin d'être évacué, le corps, selon lui, doit être l'étude première et obligée dans toute interrogation sur l'homme. Il se moque au passage, dans une lettre à Damilaville du 3 novembre 1760, de la tradition amoureuse idéaliste, de cet « amour en Occident » dont un des plus illustres emblèmes est Céladon (« Il y a un peu de testicule au fond de nos sentiments les plus sublimes et de notre tendresse la plus épurée », t. IX, p. 953). Dans son entreprise de réhabilitation des passions, il découvre progressivement un aspect abominable de la tradition catholique qui, depuis la définition de la concupiscence par saint Jean, prône la mortification, c'est-à-dire la privation des plaisirs, et l'esprit de macération qui consiste à s'infliger des peines. Dans les articles « Macération » et « Voluptueux » de l'*Encyclopédie*, il s'élève contre la doctrine austère qui se fait une fête des ronces et des épines, et plaide, quant à lui, pour le plaisir, le bon vin et les eaux fraîches. Cette attitude claire et vigoureuse en faveur du monde sensuel n'implique pas cependant un immoralisme mécaniste, car le philosophe ne conçoit l'homme que dans l'interdépendance des liens de sociabilité, et tente de définir une vertu laïque.

L'intérêt de Diderot pour le corps n'a rien, dans son

principe, de grivois, et vient d'une curiosité d'abord médicale et physiologique. Il ne s'agit pas de lever le voile sur quelque vilain petit secret, mais de connaître les mécanismes les plus profonds de la vie. N'obéissant pas aux critères communs de la pudeur et de la décence, Bordeu n'hésite pas, pour cette femme éclairée qu'est Julie de Lespinasse, à décrire avec la précision d'une planche encyclopédique, la différence physiologique des sexes.

D

Mlle de Lespinasse

Il me vient une idée bien folle.

Bordeu

Quelle ?

Mlle de Lespinasse

L'homme n'est peut-être que le monstre de la femme, ou la femme le monstre de l'homme.

Bordeu

Cette idée vous serait venue bien plus vite encore, si vous eussiez su que la femme a toutes les parties de l'homme, et que la seule différence qu'il y ait, est celle d'une bourse pendante en dehors, ou d'une bourse retournée en dedans ; qu'un fœtus femelle ressemble, à s'y tromper, à un fœtus mâle ; que la partie qui occasionne l'erreur s'affaisse dans le fœtus femelle à mesure que la bourse intérieure s'étend ; qu'elle ne s'oblitère jamais au point de perdre sa première forme ; qu'elle garde cette forme en petit ; qu'elle est susceptible des mêmes mouvements ; qu'elle est aussi le mobile de la volupté ; qu'elle a son gland ; son prépuce ; et qu'on remarque à son extrémité un point qui paraîtrait avoir été l'orifice d'un canal urinaire qui s'est fermé ; qu'il y a dans l'homme, depuis l'anus jusqu'au scrotum, intervalle qu'on appelle le périnée, et du scrotum jusqu'à l'extrémité de la verge, une couture qui semble être la reprise d'une vulve faufilée ; que les femmes qui ont le clitoris excessif ont de la barbe ; que les eunuques n'en ont point ; que leurs cuisses se fortifient ; que leurs hanches s'évasent ; que leurs genoux s'arrondissent, et qu'en perdant l'organisation caractéristique d'un sexe, ils semblent s'en retourner à la conformation caractéristique de l'autre. Ceux d'entre les Arabes que l'équitation habituelle a châtrés perdent la barbe, prennent une voix grêle, s'habillent en femmes, se rangent parmi elles sur les chariots, s'accroupissent pour pisser, et en affectent les mœurs et les usages...

32/ *Le Rêve de d'Alembert*, t. VIII, pp. 111-112.

Au-delà de la simple description anatomique, Diderot a été constamment préoccupé par les liens variés entre le physique et le psychique. Sur ce point, il a été fasciné par le phénomène de la religion. Dans l'article « Affection » de l'*Encyclopédie* où il envisage l'interaction de l'organique et du psychique, il cite le cas d'une jeune fille dont les règles sont perturbées par une « dévotion outrée », et celui d'un ecclésiastique dont la santé est ravagée par des « frayeurs superstitieuses ». Plus tard, il étudie la conduite des convulsionnaires. *La Religieuse* a été, pour lui, l'occasion de se pencher en détail (avec une grande générosité et un certain trouble) sur ces profondeurs psycho-physiologiques, en prenant comme exemple la dévotion exaspérée des couvents. Au couvent de Longchamp, Suzanne subit les fureurs fanatiques de la mère Sainte-Christine.

D Et à l'instant je leur tendis les bras. Ses compagnes s'en saisirent. On m'arracha mon voile ; on me dépouilla sans pudeur. On trouva sur mon sein un petit portrait de mon ancienne supérieure ; on s'en saisit ; je suppliai qu'on me permît de le baiser encore une fois ; on me refusa. On me jeta une chemise, on m'ôta mes bas, l'on me couvrit d'un sac, et l'on me conduisit, la tête et les pieds nus, à travers les corridors. Je criais, j'appelais à mon secours ; mais on avait sonné la cloche pour avertir que personne ne parût. J'invoquais le ciel, j'étais à terre, et l'on me traînait. Quand j'arrivai au bas des escaliers, j'avais les pieds ensanglantés et les jambes meurtries ; j'étais dans un état à toucher des âmes de bronze. Cependant l'on ouvrit avec de grosses clefs la porte d'un petit lieu souterrain, obscur, où l'on me jeta sur une natte que l'humidité avait à demi pourrie. Là, je trouvai un morceau de pain noir et une cruche d'eau avec quelques vaisseaux nécessaires et grossiers. La natte roulée par un bout formait un oreiller ; il y avait, sur un bloc de pierre, une tête de mort, avec un crucifix de bois... Mon premier mouvement fut de me détruire ; je portai mes mains à ma gorge ; je déchirai mon vêtement avec mes dents ; je poussai des cris affreux ; je hurlai comme une bête féroce ; je me frappai la tête contre les murs ; je me mis toute en sang ; je cherchai à me détruire jusqu'à ce que les forces me manquassent, ce qui ne tarda pas. C'est là que j'ai passé trois jours ; je m'y croyais pour toute ma vie [...].

On en vint jusqu'à me voler, me dépouiller, m'ôter mes chaises, mes couvertures et mes matelas ; on ne me donnait plus de linge blanc ; mes vêtements se déchiraient ; j'étais presque sans bas et sans souliers. J'avais peine à obtenir de l'eau ; j'ai plusieurs fois été obligée d'en aller chercher moi-même au puits, à ce puits dont je vous ai parlé ; on me cassa mes vaisseaux : alors j'en étais réduite à boire l'eau que j'avais tirée, sans en pouvoir emporter. Si je passais sous des fenêtres, j'étais obligée de fuir, ou de m'exposer à recevoir les immondices des cellules. Quelques sœurs m'ont craché au visage. J'étais devenue d'une malpropreté hideuse. Comme on craignait les plaintes que je pouvais faire à nos directeurs, la confession me fut interdite.

33/ *La Religieuse*, t. IV, pp. 554-555, 574.

Ce tableau de roman noir qui fait penser à la Justine de Sade n'est pas une simple charge anticléricale. Henry de Montherlant (dans la préface à *La Religieuse* du Livre de Poche) a témoigné de la « férocité conventuelle » dont il a trouvé maints exemples en lisant les *Vies édifiantes des religieuses de Port-Royal* (« Je fus frappé par la sécheresse de cœur, la cruauté qui y apparaissait souvent... « Elles sont parfois méchantes... », dis-je prudemment au cher abbé Cognet. Il me répondit avec un sourire gourmand : « Méchantes ? Elles sont abominables. ») L'intérêt de Diderot pour la vie religieuse n'est pas anecdotique. C'est pour lui un terrain privilégié d'observation dans son investigation sur l'être. Le discours théologique, en effet, offre le plus extraordinaire ressassement obsessionnel sur le corps et les appétits. Maints traités spécifient, depuis saint Jean, les dangers de la concupiscence (la psychanalyse dirait la libido). Il suffit de lire saint François de Sales ou, dans un style plus augustinien, le *Traité sur la concupiscence* de Bossuet.

Pour connaître encore plus à fond la raison de la défense que nous fait saint Jean, de nous laisser entraîner à la concupiscence de la chair, c'est-à-dire à l'attache au plaisir des sens, il faut entendre que cette attache est en nous un mal qu'il faut ôter, un vice qu'il faut vaincre, une maladie qu'il faut guérir.

Ou l'on cède, et on se livre tout à fait à ce violent amour du plaisir des sens, et on se rend criminel et esclave de la chair et du péché ; ou on combat, ce qu'on ne se croirait pas obligé de faire si elle n'était mauvaise. Et ce qui la rend visiblement telle, c'est qu'elle nous porte au mal, puisqu'elle nous porte à des excès terribles, à la gourmandise, à l'ivrognerie, à toute sorte d'intempérance, ce qui faisait dire à saint Paul : *Je sais que le bien n'habite point en moi*, c'est-à-dire dans ma chair ; et encore : *Je trouve en moi une loi* de rébellion et d'intempérance qui me fait apercevoir, *lorsque je m'efforce à faire le bien, que le mal m'est attaché* et inhérent à mon fond (Rom., VII, 18, 21). Ainsi le mal est en nous et attaché à nos entrailles d'une étrange sorte, soit que nous cédions au plaisir des sens, soit que nous le combattions par une continuelle résistance, puisque, comme le dit saint Augustin, pour ne point tomber dans l'excès, il faut combattre le mal dans son principe ; pour éviter le consentement, qui est le mal consommé, il faut continuellement résister au désir, qui en est le commencement : *Ut non fiat malum excedendi, resistendum est malo concupiscendi.*

Disons donc avec saint Jean à tous les fidèles et à chacun selon l'état où il est : O vous qui vous livrez à la concupiscence de la chair, cessez de vous y laisser captiver ; et vous qui en usez bien dans un chaste mariage, n'y soyez point attaché, et modérez vos désirs ; et vous qui, plus courageux comme plus heureux que tous les autres, ne lui donnez rien du tout et la méprisez tout à fait, persistez dans cette chaste disposition qui vous égale aux anges de Dieu : tous ensemble abattez cette chair rebelle dont la loi impérieuse qui est dans nos membres a tant fait répandre de larmes, tant pousser de gémissements à tous les saints ; à l'exemple de saint Paul, fortifiez-vous contre elle par le jeûne, et, mortifiant votre goût, travaillez à rendre plus facile la victoire des autres appétits plus violents et plus dangereux.

34/ BOSSUET, *Traité sur la concupiscence*, chap. IV, 1694.

Chez les possédés et les mystiques, chez les convulsionnaires, le corps s'exprime violemment. Michel de Certeau (historien, membre de l'Ecole freudienne de Paris, auteur de nombreux ouvrages dont *L'Absent de l'histoire,* 1973, *L'Écriture de l'histoire*, 1975), dans son étude sur la possession de Loudun, a indiqué la conjonction d'un discours religieux et d'un nouveau regard médical.

A Loudun, ce discours du corps prend un caractère obsédant. Une attention aiguë suit les moindres mutations physiologiques chez les possédées. Exorcistes et curieux semblent avoir le regard du médecin avant même qu'il arrive. La description dispose pour ce faire d'un appareil linguistique déjà riche qui vient de recevoir un statut religieux dans la littérature des « spirituels » les plus récents et qui constitue, avec les *émotions* (les mouvements) du cœur, des poumons, de l'estomac, ou de la digestion, un vocabulaire relayant le dictionnaire médiéval de la spiritualité. On en voit les origines avec le passage, à la fin du XVIe siècle, de la mystique à la médecine. Par exemple, l'*Imitation de Jésus-Christ*, cette méditation spirituelle sur le *retour au cœur*, a introduit et conduit Van Helmont vers ses conceptions médicales sur le « centre » biologique de l'organisme humain.

A Loudun, le procès-verbal des possessions ne vise pas un sujet possédant, le diable, ou des sujets perdus, les possédées. Comme le récit se fragmente en noms (propres) et en rôles, il efface la référence à des êtres pour leur substituer une série d'histoires différentes et combinées : celle du pouls, celle de la digestion, celle de la bouche, de la langue ou des jambes. Ce n'est pas pour rien que le « je » conscient de la possédée est éliminé. Il doit l'être. Il est exclu à l'avance par l'analyse qui répartit le constatable selon une topographie de mots diaboliques, et qui classe l'aire du « surnaturel » en histoires d'organes. On peut donc passer indifféremment d'une possédée à l'autre, pour suivre — comme on le fait ailleurs (ou comme on le fera plus tard) pour la mélancolie, le pied, le sexe ou le pollen — les épisodes qui se réfèrent à une « unité » scientifique et inhumaine. Les religieuses sont aliénées par ce regard public, bien plus que par le diable. Ce qui existe — et ce qui les fait exister —, ce sont seulement les avatars de la déglutition, les modalités de l'ingestion, les écarts, les enroulements ou les élévations des jambes, les sautes du pouls, les variations de la sudation, etc.

35/ M. DE CERTEAU, *La Possession de Loudun*, collection Archives, 1970, pp. 69-70.

Conduite dans un troisième et dernier couvent (à Saint-Eutrope), la pauvre Suzanne de Diderot croit passer du jardin des supplices à celui des délices. La Supérieure mène un train de vie très « concupiscent », dans un délicat aménagement saphique de la vie conventuelle. Le portrait de Diderot est un extraordinaire répertoire de symptômes.

D Cette supérieure s'appelle Mme ***. Je ne saurais me refuser à l'envie de vous la peindre avant que d'aller plus loin. C'est une petite femme toute ronde, cependant prompte et vive dans ses mouvements ; sa tête n'est jamais rassise sur ses épaules ; il y a toujours quelque chose qui cloche dans son vêtement ; sa figure est plutôt bien que mal ; ses yeux, dont l'un, c'est le droit, est plus haut et plus grand que l'autre, sont pleins de feu et distraits ; quand elle marche, elle jette ses bras en avant et en arrière. Veut-elle parler, elle ouvre la bouche avant que d'avoir arrangé ses idées ; aussi bégaye-t-elle un peu. Est-elle assise, elle s'agite sur son fauteuil, comme si quelque chose l'incommodait ; elle oublie toute bienséance, elle lève sa guimpe pour se frotter la peau, elle croise ses jambes. Elle vous interroge, vous lui répondez, et elle ne vous écoute pas ; elle vous parle, et elle se perd, s'arrête tout court, ne sait plus où elle en est, se fâche, et vous appelle grosse bête, stupide, imbécile, si vous ne la remettez sur la voie. Elle est tantôt familière jusqu'à tutoyer, tantôt impérieuse et fière jusqu'au dédain ; ses moments de dignité sont courts ; elle est alternativement compatissante et dure. Sa figure décomposée marque tout le décousu de son esprit et toute l'inégalité de son caractère ; aussi l'ordre et le désordre se succédaient-ils dans la maison. Il y avait des jours où tout était confondu, les pensionnaires avec les novices, les novices avec les religieuses ; où l'on courait dans les chambres les unes des autres ; où l'on prenait ensemble du thé, du café, du chocolat, des liqueurs ; où l'office se faisait avec la célérité la plus indécente.

36/ *La Religieuse,* t. IV, p. 613.

L'extraordinaire réussite de ce livre tient à la situation de récit constituée par la mystification. Diderot a fait croire au marquis de Croismare qu'une jeune religieuse était en danger. Toute la tension du livre tient à cette structure d'énonciation préparée par la correspondance mystificatrice, qui devient la préface-annexe du livre définitif. Une jeune infortunée digne d'intérêt fait le tableau touchant de ses malheurs au marquis, qui est un destinataire paternel et une âme sensible. Le roman met en scène un dévoilement œdipien et la solution d'une énigme. Suzanne avoue ce qu'elle ne sait pas elle-même, comme d'Alembert dans son rêve. Elle dit l'interdit sans le reconnaître : l'orgasme de la Supérieure.

D Cependant elle avait levé son linge de cou et elle avait mis une de mes mains sur sa gorge ; elle se taisait, je me taisais aussi ; elle paraissait goûter le plus grand plaisir. Elle m'invitait à lui baiser le front, les joues, les yeux et la bouche, et je lui obéissais : je ne crois pas qu'il y eût du mal à cela. Cependant son plaisir s'accroissait, et comme je ne demandais pas mieux que d'ajouter à son bonheur d'une manière aussi innocente, je lui baisais encore le front, les joues, les yeux et la bouche. La main qu'elle avait posée sur mon genou se promenait sur tous mes vêtements, depuis l'extrémité de mes pieds jusqu'à ma ceinture, me pressant tantôt dans un endroit, tantôt en un autre ; elle m'exhortait en bégayant, et d'une voix altérée et basse, à redoubler mes caresses : je les redoublais ; enfin il vint un moment, je ne sais si ce fut de plaisir ou de peine, où elle devint pâle comme la mort ; ses yeux se fermèrent, tout son corps s'étendit avec violence, ses lèvres se fermèrent d'abord, elles étaient humectées comme d'une mousse légère ; puis sa bouche s'entrouvrit, et elle me parut mourir en poussant un grand soupir. Je me levai brusquement, je crus qu'elle se trouvait mal, je voulais sortir, appeler. Elle entrouvrit faiblement les yeux, et me dit d'une voix éteinte : « Innocente ! ce n'est rien ; qu'allez-vous faire ? Arrêtez... » Je la regardai avec de grands yeux hébétés, incertaine si je resterais ou si je sortirais. Elle rouvrit encore les yeux ; elle ne pouvait plus parler du tout ; elle me fit signe d'approcher et de me replacer sur ses genoux. Je ne sais ce qui se passait en moi ; je craignais, je tremblais, le cœur me palpitait, j'avais de la peine à respirer, je me sentais troublée, oppressée, agitée, j'avais peur, il me semblait que les forces m'abandonnaient et que j'allais défaillir ; cependant je ne saurais dire que ce fût de la peine que je ressentisse. J'allai près d'elle ; elle me fit signe encore de la main de m'asseoir sur ses genoux ; je m'assis. Elle ćtait commc morte, et moi comme si j'allais mourir. Nous demeurâmes assez longtemps l'une et l'autre dans cet état singulier ; si quelque religieuse fût survenue, en vérité elle eût été bien effrayée ; on aurait imaginé ou que nous nous étions trouvées mal, ou que nous nous étions endormies. Cependant cette bonne supérieure, car il est impossible d'être si sensible et de n'être pas bonne, me parut revenir à elle ; elle était toujours renversée sur sa chaise, ses yeux étaient toujours fermés ; mais son visage s'était animé des plus belles couleurs ; elle prenait une de mes mains qu'elle baisait, et moi je lui disais : « Ah ! chère mère, vous m'avez bien fait peur... » Elle sourit doucement, sans ouvrir les yeux. « Mais est-ce que vous n'avez pas souffert ?

— Non.

— Je l'ai cru.

— L'innocente ! Ah ! la chère innocente ! Qu'elle me plaît ! »

37/ *La Religieuse*, t. IV, pp. 629-630.

Robert Mauzi situe *La Religieuse* dans l'œuvre de Diderot. Il définit le projet de l'auteur et la fonction de cette écriture physiologique qu'on retrouve dans d'autres textes.

Il reste vrai pourtant que le dessein profond de Diderot n'a pas été d'écrire contre l'Eglise. Il a voulu seulement composer un roman pathétique, dans le goût de Richardson, évoquant les injustes souffrances d'un être faible, pur et noble. Et, plus encore, construire une expérience imaginaire sur l'homme, répondant à la question : Que devient la nature humaine, lorsqu'on condamne certains individus à se séparer de la société pour vivre dans la retraite ? Toutes ses curiosités, lorsqu'il compose *La Religieuse*, s'organisent visiblement autour de ces deux points : une étude de milieu, une étude de l'influence du corps sur la vie de l'âme. La première est paradoxale puisque Diderot invente ses couvents à mesure qu'il les explore. Ce n'est pas une expérience réelle qui est ici tentée, et les souterrains de Longchamp sont déjà aussi terribles que ceux du marquis de Sade. Mais l'on sait que, pour Diderot, l'imagination et l'expérience ne s'excluent pas, et *La Religieuse* n'est pas la seule de ses œuvres où des visions supportent une doctrine, la nourrissent, l'éprouvent et la fassent progresser.

La thèse de Diderot est que la vie de couvent détruit les sentiments naturels et suspend les « fonctions animales ». Or un être humain en qui sont à la fois perverties les affections propres à l'homme et inhibées ces fonctions générales qui attachent l'homme à l'ensemble des êtres vivants, devient nécessairement une créature monstrueuse. La perversion des sentiments naturels se réduit à des antithèses assez simples, et somme toute conventionnelles : l'amour se change en haine, l'autorité en despotisme, la sympathie des âmes en jalousie... Diderot semble beaucoup plus captivé par le mécanisme des fonctions animales, dont le dérangement, et à plus forte raison l'arrêt, provoque à coup sûr l'aliénation mentale. C'est un des traits essentiels de son humanisme que l'attention extrême qu'il apporte au « corps ». Morale et médecine sont deux sciences jumelles, peut-être même interchangeables. « J'ai remarqué une chose assez singulière, dira le maître de Jacques ; c'est qu'il n'y a guère de maximes de morale dont on ne fît un aphorisme de médecine et réciproquement peu d'aphorismes de médecine dont on ne fît une maxime de morale. » Cette phrase éclaire rétrospectivement l'unité d'inspiration de *La Religieuse*. Est-ce les frustrations et les troubles physiques qui dénaturent dans les couvents tout sentiment humain, ou l'incompatibilité idéale entre la nature de l'homme et la vie du cloître qui détruit l'équilibre du corps ? Pour Diderot, qui a pris parti en faveur de l'unité de l'homme, il n'y a là que deux langages pour une même réalité. D'ailleurs, à supposer que l'homme fût double, ce que l'on sait de lui est encore trop imparfait pour que l'on puisse arrêter le sens de ces échanges mystérieux entre le corps et l'âme.

La Religieuse est une étape importante dans l'exploration, à la fois médicale et morale, que Diderot, tout au long de sa carrière d'écrivain et de philosophe, tente de l'homme. La hantise du corps, la netteté de vision avec laquelle s'imposent les expressions et les gestes, telle est peut-être la véritable originalité du roman et sa plus grande saveur. Aucune œuvre ne pourrait fournir une mimique aussi précise et aussi complète de tous les sentiments profonds et élémentaires : une mimique du désir, une mimique de la haine, une mimique du désespoir. Tout de suite après *La Religieuse*, Diderot se met à écrire *Le Neveu de Rameau*, où l'art du geste s'épanouira encore. De ce point de vue, les deux romans, qui se ressemblent et s'opposent, paraissent complémentaires. La mimique de Rameau est portée au second degré ; elle est celle de l'imitation esthétique et se complique de toute une part de dérision et d'auto-ironie. Les personnages de *La Religieuse* ne disposent que d'une mimique plus élémentaire, mais plus spontanée : celle de l'expression naturelle des sentiments les plus intenses et les plus simples. Dans *Jacques le Fataliste*, le visage et le corps humain n'auront plus la même importance. Peut-être Diderot considérait-il que *La Religieuse* et *Le Neveu* avaient, chacun dans son registre propre, épuisé la reconstitution de la mimique humaine.

Mais dans l'évocation du corps, Diderot va plus loin que la seule apparence. Il ne lui suffit pas de reproduire des cris, des sanglots et des soupirs, de montrer des regards chavirés par la peur ou par la haine, de dessiner des chevelures dénouées, des corps tendus, des bouches crispées, des bras implorants, et jusqu'aux symptômes de l'orgasme. Il suggère une explication en profondeur pour rendre compte de manifestations aussi diverses que le don de voyance, le goût de la persécution et l'obsession homosexuelle. Cette explication, c'est « l'hystérie », notion courante parmi les « psychiatres » du XVIIIe siècle, mais notion vague qui rassemblait au hasard, sous un même terme, la plupart des maladies nerveuses ou mentales de la femme. Peu importe d'ailleurs l'imprécision de la science médicale. On retiendra seulement que Diderot a attribué aux vapeurs mystiques, sadiques ou érotiques la même cause, celle du milieu, et qu'il a au fond rendu illusoire toute hiérarchie morale entre l'élévation d'âme de la mère de Moni, les détestables fureurs de la mère Sainte-Christine et les agitations burlesques de la supérieure de Saint-Eutrope. Les trois personnages appartiennent à trois domaines de la typologie littéraire, et sont destinés à produire trois sortes de pathétique : l'admiration, l'horreur et la pitié. Nous frôlons les catégories et les ressorts dramatiques les plus traditionnels. Mais il faut comprendre que les trois supérieures sont au fond « semblables », et nous toucherons là au noyau le plus secret de l'œuvre.

La Religieuse peut être considérée comme une sorte de répertoire des « névroses » sécrétées par le milieu morbide des cloîtres. Tant de pitoyables créatures sont livrées malgré elles à leur corps, à leurs nerfs, à leurs instincts, à leur révolte. Leur personnalité morale se dissout, des impulsions et des hantises les possèdent. On peut se demander si les trois grands romans de Diderot n'ont pas pour objet de nous présenter chacun une image de l'aliénation humaine : *La Religieuse* nous parlerait de l'aliénation physique, *Le Neveu de*

Rameau de l'aliénation sociale, et *Jacques le Fataliste* de l'aliénation métaphysique. Dans chacune de ces trois œuvres, nous découvririons ainsi l'homme privé de sa liberté.

Mais alors que dans *Le Neveu de Rameau*, et plus encore dans *Jacques le Fataliste*, le thème de l'aliénation humaine est sans cesse contesté et contredit par cette liberté suprême de l'art que symbolise le contrepoint subjectif de la fantaisie, de l'ironie et de l'humour, *La Religieuse*, premier essai romanesque sérieux d'un Diderot sur lequel pèse encore la double influence de Richardson et du drame, conserve comme style propre l'insistance rhétorique et oratoire, qui en est l'aspect le plus discutable, mais aussi la pureté et la violence tragiques qui en font un chef-d'œuvre de l'art visionnaire.

38/ R. MAUZI, « Humour et colère dans *La Religieuse* », Edition de *La Religieuse*, Armand Colin, 1962, repris *in* C.F.L., t. IV, pp. XXI-XXIII.

Il faut mettre en regard la leçon de *La Religieuse* que Diderot tire lui-même au cœur de l'ouvrage, et l'article « Célibat » de l'*Encyclopédie*, où le philosophe, dans un joyeux projet utopique emprunté à l'abbé de Saint-Pierre, propose d'instituer le mariage des prêtres.

D Voilà l'effet de la retraite. L'homme est né pour la société. Séparez-le, isolez-le, ses idées se désuniront, son caractère se tournera, mille affections ridicules s'élèveront dans son cœur, des pensées extravagantes germeront dans son esprit, comme les ronces dans une terre sauvage. Placez un homme dans une forêt, il y deviendra féroce ; dans un cloître, où l'idée de nécessité se joint à celle de servitude, c'est pis encore : on sort d'une forêt, on ne sort plus d'un cloître ; on est libre dans la forêt, on est esclave dans le cloître. Il faut peut-être plus de force d'âme encore pour résister à la solitude qu'à la misère ; la misère avilit, la retraite déprave. Vaut-il mieux vivre dans l'abjection que dans la folie ? C'est ce que je n'oserais décider ; mais il faut éviter l'une et l'autre.

39/ *La Religieuse*, t. IV, p. 627.

D *Avantages du mariage des prêtres.* 1. Si quarante mille curés avaient en France quatre-vingt mille enfants, ces enfants étant sans contredit mieux élevés, l'Etat y gagnerait des sujets et d'honnêtes gens, et l'Eglise des fidèles. 2. Les ecclésiastiques étant par leur état meilleurs maris que les autres hommes, il y aurait quarante mille femmes plus heureuses et plus vertueuses. 3. Il n'y a guère d'hommes pour qui le *célibat* ne soit difficile à observer ; d'où il peut arriver que l'Eglise souffre un grand scandale par un prêtre qui manque à la continence, tandis qu'il ne revient aucune utilité aux autres chrétiens de celui qui vit continent. 4. Un prêtre ne mériterait guère moins devant Dieu en supportant les défauts de sa femme et de ses enfants, qu'en résistant aux tentations de la chair. 5. Les embarras du mariage sont utiles à celui qui les supporte ; et les difficultés du *célibat* ne le sont à personne. 6. Le curé père de famille vertueux serait utile à plus de monde que celui qui pratique le *célibat*. 7. Quelques ecclésiastiques pour qui l'observation du *célibat* est très pénible, ne croiraient pas avoir satisfait à tout, quand ils n'ont rien à se reprocher de ce côté. 8. Cent mille prêtres mariés formeraient cent mille familles ; ce qui donnerait plus de dix mille habitants de plus par an ; quand on n'en compterait que cinq mille, ce calcul produirait encore un million de Français en deux cents ans. D'où il s'ensuit que sans le *célibat* des prêtres, on aurait aujourd'hui quatre millions de catholiques de plus, à prendre seulement depuis François Ier, ce qui formerait une somme considérable d'argent ; s'il est vrai, ainsi qu'un Anglais l'a supputé, qu'un homme vaut à l'Etat plus de neuf livres sterling. 9. Les maisons nobles trouveraient dans les familles des évêques, des rejetons qui prolongeraient leur durée, etc. *Voyez* les ouvrages politiques de M. l'abbé de Saint-Pierre, tome II, page 146.

40/ Article « Célibat » de l'*Encyclopédie*, t. XV, pp. 158-159.

Le dévot qui se tourmente n'est qu'un forcené, et apparaît comme un monstre dans la nature. Contre l'ascétisme et le dogme du péché originel, Diderot affirme qu'il faut s'abandonner aux mouvements naturels des nécessités vitales, et que manger, boire, ainsi que les satisfactions sexuelles, n'ont rien à voir avec la morale, et sont, sur ce plan, indifférentes. Il développe un thème immoraliste, de plus en plus présent dans l'œuvre à partir de 1760, et en même temps constamment équilibré par une morale sociale. Non que Diderot varie, ou se contredise. Simplement, il n'a pas de point de vue véritablement arrêté et constitué en système, et les notables écarts dans ses appréciations tiennent à la structure d'énonciation propre à chaque œuvre (au genre, au destinataire, aux conditions de publication). L'article « Jouissance » de l'*Encyclopédie* est un des textes les plus complexes que Diderot ait consacré à la sexualité et au désir. C'était à l'origine un passage de l'épître dédicatoire du *Père de famille*, dont la princesse de Nassau-Sarrebrück, chaste mère de trente ans, n'a pas accepté d'être la destinataire. Ce texte, considéré comme un « dithyrambe érotique » par Jacques Proust, et traité comme un poème érotique par Léo Spitzer, a été récemment décrit, dans ses replis les plus subtils, par Georges Benrekassa (Revue *Dix-huitième siècle*, n° 12). Au thème chrétien de l'« enfantement dans la douleur », Diderot oppose, dans des accents lucréciens, celui de la volupté. Il indique une généalogie du désir humain depuis le sauvage jusqu'à l'homme civilisé, s'interroge sur la différence des sexes, et fait jouer contradictoirement la jouissance stérile et la paternité, le désir et le leurre, la jouissance et le bonheur.

D JOUISSANCE, s.f. *(Gramm. et Morale).* Jouir, c'est connaître, éprouver, sentir les avantages de posséder : on possède souvent sans jouir. A qui sont ces magnifiques palais ? qui est-ce qui a planté ces jardins immenses ? c'est le souverain : qui est-ce qui en jouit ? c'est moi.

Mais laissons ces palais magnifiques que le souverain a construits pour d'autres que lui, ces jardins enchanteurs où il ne se promène jamais, et arrêtons-nous à la volupté qui perpétue la chaîne des êtres vivants, et à laquelle on a consacré le mot de *jouissance.*

Entre les objets que la nature offre de toutes parts à nos désirs, vous qui avez une âme, dites-moi, y en a-t-il un plus digne de notre poursuite, dont la possession et la *jouissance* puissent nous rendre aussi heureux, que celles de l'être qui pense et sent comme vous, qui a les mêmes idées, qui éprouve la même chaleur, les mêmes transports, qui porte ses bras tendres et délicats vers les vôtres, qui vous enlace, et dont les caresses seront suivies de l'existence d'un nouvel être qui sera semblable à l'un de vous, qui dans ses premiers mouvements vous cherchera pour vous serrer, que vous élèverez à vos côtés, que vous aimerez ensemble, qui vous protégera dans votre vieillesse, qui vous respectera en tout temps, et dont la naissance heureuse a déjà fortifié le lien qui vous unissait ?

Les êtres brutes, insensibles, immobiles, privés de vie, qui nous environnent, peuvent servir à notre bonheur ; mais c'est sans le savoir, et sans le partager : et notre *jouissance* stérile et destructive qui les altère tous, n'en reproduit aucun.

S'il y avait quelque homme pervers qui pût s'offenser de l'éloge que je fais de la plus auguste et la plus générale des passions, j'évoquerais devant lui la nature, je la ferais parler, et elle lui dirait : Pourquoi rougis-tu d'entendre prononcer le nom d'une volupté, dont tu ne rougis pas d'éprouver l'attrait dans l'ombre de la nuit ? Ignores-tu quel est son but et ce que tu lui dois ? Crois-tu que ta mère eût exposé sa vie pour te la donner, si je n'avais pas attaché un charme inexprimable aux embrassements de son époux ? Tais-toi, malheureux, et songe que c'est le plaisir qui t'a tiré du néant.

La propagation des êtres est le plus grand objet de la nature. Elle y sollicite impérieusement les deux sexes, aussitôt qu'ils en ont reçu ce qu'elle leur destinait de force et de beauté. Une inquiétude vague et mélancolique les avertit du moment ; leur état est mêlé de peine et de plaisir. C'est alors qu'ils écoutent leurs sens, et qu'ils portent une attention réfléchie sur eux-mêmes. Un individu se présente-t-il à un individu de la même espèce et d'un sexe différent, le sentiment de tout autre besoin est suspendu ; le cœur palpite ; les membres tressaillent ; des images voluptueuses errent dans le cerveau ; des torrents d'esprits coulent dans les nerfs, les irritent, et vont se rendre au siège d'un nouveau sens qui se déclare et qui tourmente. La vue se trouble, le délire naît ; la raison esclave de l'instinct se borne à le servir, et la nature est satisfaite.

C'est ainsi que les choses se passaient à la naissance du monde, et qu'elles se passent encore au fond de l'antre du sauvage adulte.

Mais lorsque la femme commença à discerner ; lorsqu'elle parut mettre de l'attention dans son choix, et qu'entre plusieurs hommes sur lesquels la passion promenait ses regards, il y en eut un qui les arrêta, qui put se flatter d'être préféré, qui crut porter dans un cœur qu'il estimait, l'estime qu'il faisait de lui-même, et qui regarda le plaisir comme la récompense de quelque mérite. Lorsque les voiles que la pudeur jeta sur les charmes laissèrent à l'imagination enflammée le pouvoir d'en disposer à son gré, les illusions les plus délicates concoururent avec le sens le plus exquis, pour exagérer le bonheur ; l'âme fut saisie d'un enthousiasme presque divin ; deux jeunes cœurs éperdus d'amour se vouèrent l'un à l'autre pour jamais, et le ciel entendit les premiers serments indiscrets.

Combien le jour n'eut-il pas d'instants heureux, avant celui où l'âme tout entière chercha à s'élancer et à se perdre dans l'âme de l'objet aimé ! On eut des *jouissances* du moment où l'on espéra.

Cependant la confiance, le temps, la nature et la liberté des caresses, amenèrent l'oubli de soi-même ; on jura, après avoir éprouvé la dernière ivresse, qu'il n'y en avait aucune autre qu'on pût lui comparer ; et cela se trouva vrai toutes les fois qu'on y apporta des organes sensibles et jeunes, un cœur tendre et une âme innocente qui ne connût ni la méfiance, ni le remords.

41/ Article « Jouissance » de l'*Encyclopédie*, t. XV, pp. 319-321.

Diderot tient à la fois à préserver le mouvement le plus spontané de la nature et à respecter les conventions sociales. Tantôt (comme dans les articles « Chasteté » et « Continence » de l'*Encyclopédie*) il réduit la sexualité à la propagation de l'espèce dans une perspective populationniste, tantôt il accepte tous les écarts et conçoit une sexualité sans tabou. Bordeu, à la fin du *Rêve de d'Alembert*, ne s'en laisse point « imposer par les mots », et proclame à Julie de Lespinasse que « tout ce qui est, ne peut être contre nature ni hors de nature » (t. VIII, p. 158). Il imagine gaiement le mélange des espèces et la conception de chèvre-pieds dissolus et non baptisés. Julie de Lespinasse lui demande d'où « viennent » ces goûts abominables (onanisme, homosexualité) pour lesquels il se montre indulgent, et il répond dans la dernière réplique du dialogue : « Partout d'une pauvreté d'organisation dans les jeunes gens, et de la corruption de la tête dans les vieillards. De l'attrait de la beauté dans Athènes ; de la disette des femmes dans Rome ; de la crainte de la vérole à Paris. Adieu. Adieu. » Bordeu fait surtout l'apologie du plaisir qui est le seul critère des actions indifférentes.

D Oui, mademoiselle, oui ; et par la raison qu'elles sont aussi indifférentes et qu'elles ne sont pas aussi stériles. C'est un besoin ; et quand on n'y serait pas sollicité par le besoin, c'est toujours une chose douce. Je veux qu'on se porte bien. Je le veux absolument, entendez-vous. Je blâme tout excès ; mais dans un état de société, tel que le nôtre ; il y a cent considérations raisonnables pour une, sans compter le tempérament, et les suites funestes d'une continence rigoureuse, surtout pour les jeunes personnes, le peu de fortune, la crainte parmi les hommes d'un repentir cuisant, chez les femmes celle du déshonneur, qui réduisent une malheureuse créature qui périt de langueur et d'ennui, un pauvre diable qui ne sait à qui s'adresser, à s'expédier à la façon du cynique. Caton qui disait à un jeune homme, sur le point d'entrer chez une courtisane : « Courage, mon fils », lui tiendrait-il le même propos aujourd'hui. S'il le surprenait au contraire, seul, en flagrant délit, n'ajouterait-il pas : « Cela est mieux que de corrompre la femme d'autrui, ou que d'exposer son honneur et sa santé. » Et quoi, parce que les circonstances me privent du plus grand bonheur qu'on puisse imaginer, celui de confondre mes sens avec les sens, mon ivresse avec l'ivresse, mon âme avec l'âme d'une compagne que mon cœur se choisirait et de me reproduire en elle et avec elle ; parce que je ne puis consacrer mon action par le sceau de l'utilité, je m'interdirai un instant nécessaire et délicieux. On se fait saigner dans la pléthore ; et qu'importe la nature de l'humeur surabondante, et sa couleur, et la manière de s'en délivrer ? Elle est tout aussi superflue dans une de ces indispositions que dans l'autre ; et si, repompée de ses réservoirs, distribuée dans toute la machine, elle s'évacue par une autre voie plus longue, plus pénible et dangereuse, en sera-t-elle moins perdue ? La nature ne souffre rien d'inutile. Et comment serais-je coupable de l'aider, lorsqu'elle appelle mon secours par les symptômes les moins équivoques ? Ne la provoquons jamais ; mais prêtons-lui la main dans l'occasion. Je ne vois au refus et à l'oisiveté que de la sottise et du plaisir manqué. Vivez sobre, me dira-t-on. Excédez-vous de fatigue. Je vous entends. Que je me prive d'un plaisir ; que je me donne de la peine pour éloigner un autre plaisir. Bien imaginé !

42/ *Le Rêve de d'Alembert*, t. VIII, pp. 154-155.

Diderot, qui a su magnifiquement parler de la fidélité en amour et en amitié, poursuit fréquemment une sorte de rêverie matérialiste sur le mouvement et l'inconstance. Ce thème de prédilection est plutôt traité dans la fable et l'utopie. En contrepoint de l'aventure passionnée de Mme de La Pommeraye, Jacques raconte une fable peu morale.

D Un jour la Gaine et le Coutelet se prirent de querelle. Le Coutelet dit à la Gaine : « Gaine ma mie, vous êtes une friponne, car tous les jours vous recevez de nouveaux coutelets. » La Gaine répondit au Coutelet : « Mon ami Coutelet, vous êtes un fripon, car tous les jours vous changez de gaine. — Gaine, ce n'est pas là ce que vous m'avez promis. — Coutelet, vous m'avez trompée le premier... » Ce débat s'était élevé à table. Cil qui était assis entre la Gaine et le Coutelet, prit la parole et leur dit : « Vous, Gaine, et vous, Coutelet, vous fîtes bien de changer, puisque changement vous duisait, mais vous eûtes tort de vous promettre que vous ne changeriez pas. Coutelet, ne voyais-tu pas que Dieu te fit pour aller à plusieurs gaines, et toi, Gaine, pour recevoir plus d'un coutelet ? Vous regardiez comme fous certains coutelets qui faisaient vœu de se passer à forfait de gaines, et comme folles certaines gaines qui faisaient vœu de se fermer pour tout coutelet, et vous ne pensiez pas que vous étiez presque aussi fous lorsque vous juriez, toi, Gaine, de t'en tenir à un seul coutelet, toi, Coutelet, de t'en tenir à une seule gaine. »

Ici le maître dit à Jacques : « Ta fable n'est pas trop morale, mais elle est gaie. Tu ne sais pas la singulière idée qui me passe par la tête. Je te marie avec notre hôtesse, et je cherche comment un mari aurait fait, lorsqu'il aime à parler, avec une femme qui ne déparle pas. »

43/ *Jacques le Fataliste et son maître*, t. XII, pp. 137-138.

Le même motif se retrouve dans le *Supplément au Voyage de Bougainville*, où Orou, s'adressant à l'aumônier, dénonce la folie du lien catholique du mariage.

D Rien en effet te paraît-il plus insensé qu'un précepte qui proscrit le changement qui est en nous, qui commande une constance qui n'y peut être, et qui viole la nature et la liberté du mâle et de la femelle en les enchaînant pour jamais l'un à l'autre ; qu'une fidélité qui borne la plus capricieuse des jouissances à un même individu ; qu'un serment d'immutabilité de deux êtres de chair, à la face d'un ciel qui n'est pas un instant le même, sous des antres qui menacent ruine, au bas d'une roche qui tombe en poudre, au pied d'un arbre qui se gerce, sur une pierre qui s'ébranle ? Crois-moi, vous avez rendu la condition de l'homme pire que celle de l'animal. Je ne sais ce que c'est que ton grand ouvrier, mais je me réjouis qu'il n'ait point parlé à nos pères...

44/ *Supplément au Voyage de Bougainville*, t. X, p. 216.

Bougainville et Philibert de Commerson avaient d'abord vu en Tahiti une « nouvelle Cythère » où régnait « la franchise de l'âge d'or », mais plus tard, à travers les discours du sauvage Aotourou, ils avaient découvert une société hiérarchisée, sans égalité naturelle et sans commerce sexuel libre. Dans son *Supplément*, Diderot joue de cette « fable » de Tahiti, et oppose encore une fois les méfaits de la religion à la nature.

D L'entretien de l'aumônier et d'Orou

B. Dans la division que les Tahitiens se firent de l'équipage de Bougainville, l'aumônier devint le partage d'Orou. L'aumônier et le Tahitien étaient à peu près de même âge, trente-cinq à trente-six ans. Orou n'avait alors que sa femme et trois filles appelées Asto, Palli et Thia. Elles le déshabillèrent, lui lavèrent le visage, les mains et les pieds, et lui servirent un repas sain et frugal. Lorsqu'il fut sur le point de se coucher, Orou qui s'était absenté avec sa famille, reparut, lui présenta sa femme et ses trois filles nues, et lui dit : « Tu as soupé, tu es jeune, tu te portes bien ; si tu dors seul, tu dormiras mal : l'homme a besoin, la nuit, d'une compagne à son côté. Voilà ma femme, voilà mes filles, choisis celle qui te convient ; mais si tu veux m'obliger tu donneras la préférence à la plus jeune de mes filles qui n'a point encore eu d'enfants. » La mère ajouta : « Hélas ! je n'ai pas à m'en plaindre ; la pauvre Thia, ce n'est pas sa faute. » L'aumônier répondit que sa religion, son état, les bonnes mœurs et l'honnêteté ne lui permettaient pas d'accepter ses offres. Orou répliqua : « Je ne sais ce que c'est que la chose que tu appelles religion ; mais je ne puis qu'en penser mal, puisqu'elle t'empêche de goûter un plaisir innocent auquel nature, la souveraine maîtresse, nous invite tous ; de donner l'existence à un de tes semblables ; de rendre un service que le père, la mère et les enfants te demandent ; de t'acquitter avec un hôte qui t'a fait un bon accueil, et d'enrichir une nation en l'accroissant d'un sujet de plus. Je ne sais ce que c'est que la chose que tu appelles état ; mais ton premier devoir est d'être homme et d'être reconnaissant. Je ne te propose pas de porter dans ton pays les mœurs d'Orou ; mais Orou, ton hôte et ton ami, te supplie de te prêter aux mœurs de Tahiti. Les mœurs de Tahiti sont-elles meilleures ou plus mauvaises que les vôtres ? C'est une question facile à décider. La terre où tu es né n'a-t-elle plus d'hommes qu'elle n'en peut nourrir ? En ce cas tes mœurs ne sont ni pires ni meilleures que les nôtres. En peut-elle nourrir plus qu'elle n'en a ? Nos mœurs sont meilleures que les tiennes. Quant à l'honnêteté que tu m'objectes, je te comprends ; j'avoue que j'ai tort et je t'en demande pardon. Je n'exige pas que tu nuises à ta santé. Si tu es fatigué, il faut que tu te reposes ; mais j'espère que tu ne continueras pas à nous contrister. Vois le souci que tu as répandu sur tous ces visages. Elles craignent que tu n'aies remarqué en elles quelques défauts qui leur attirent ton dédain. Mais quand cela serait, le plaisir d'honorer une de mes filles entres ses compagnes et ses sœurs, et de faire une bonne action, ne te suffirait-il pas ? Sois généreux.

L'aumônier

Ce n'est pas cela. Elles sont toutes quatre également belles ; mais ma religion, mais mon état !

45/ *Supplément au Voyage de Bougainville*, t. X, pp. 211-212.

Sous le prétexte d'évangéliser et de civiliser, l'occidental prive de tous les plaisirs et met au travail les peuples qu'il colonise. Dans son *Supplément au Voyage de Cook*, qui est un pastiche et une reprise de Diderot au théâtre, Jean Giraudoux retrouve les mêmes situations. Mr. Banks refuse les femmes que lui propose Outourou et préfère employer son temps à détailler ce que les Anglais ont à apprendre aux indigènes.

MR. BANKS. Ils vous apprendront les trois devoirs de l'homme, dont je voulais justement te donner cette nuit quelques notions sommaires, à savoir : le travail, la propriété et la moralité. Commençons par le plus pressé, dans ce pays de mollesse, par le travail. Il est, en premier lieu, nécessaire que tous tes camarades donnent à nos marins, non pas l'exemple d'une épidémique et scandaleuse paresse, mais le spectacle d'honnêtes travailleurs.

OUTOUROU. En quoi consiste le travail, Mr. Banks ?

MR. BANKS. A ne pas s'étendre mollement sur le gazon, mais à prendre des outils et à bêcher le sol jusqu'au soir.

OUTOUROU. Ce serait notre mort, Mr. Banks ! Dès que nous bêchons ici, ou labourons le sol, il devient stérile.

MR. BANKS. A se lever dès minuit et à malaxer la farine jusqu'au lever du jour à grands coups de reins et de bras, pour qu'elle devienne notre pain.

OUTOUROU. Mais nous avons l'arbre à pain ! Si nous y touchons, fût-ce pour l'élaguer, il meurt... Mr. Banks, nous avons eu autrefois, dans l'île, un travailleur. Il allait chercher ses coquillages au large, alors que la côte en est tapissée. Il creusait des puits alors que tout ruisselle ici de sources. Il détournait les cochons de notre herbe pour les engraisser avec une bouillie spéciale, et les faisait éclater. Tout dépérissait autour de lui. Nous avons été obligés de le tuer. Il n'y a pas de place ici pour le travail.

MR. BANKS. La grandeur de l'homme est justement qu'il peut trouver à peiner là où une fourmi se reposerait.

OUTOUROU. Et ils restent beaux, ceux qui travaillent ? Ce qui importe dans la vie, c'est d'être beau. Notre travailleur était devenu bossu à labourer, bancal à bêcher, rhumatisant à arroser. Il était le plus laid de l'île. Et il ne sentait pas bon. Un liquide sortait de sa peau, que jamais nous n'avions vu couler d'aucun de nous.

MR. BANKS. C'était la sueur, mon cher Outourou, c'était une sécrétion sacrée. Le plus grand mérite de l'homme, c'est la sueur de son front.

OUTOUROU. Il en sortait de partout, Mr. Banks.

MR. BANKS. Outourou, il est un spectacle émouvant qui s'impose dans ma mémoire à la vue de vos corps oisifs, dormant dans les fleurs ou flottant entre les eaux, et dont je veux que nos marins retrouvent demain ici l'équivalent. C'est la sortie de la mine de nos mineurs. Ils ne sont pas vêtus de vos étoffes éclatantes. Un droguet les couvre, puant et taché. Ils n'ont pas aux bras des chapelets de perles, mais une mauvaise montre-bracelet qui leur a donné chaque minute et chaque seconde de leur journée d'enfer. Ils ne connaissent pas le soleil. Il pleut toujours quand ils sortent, leur sueur n'est lavée que par la pluie, et elle coule d'eux, toute noire, et noir aussi le sang de leurs égratignures. Ils n'ont pas, dans les cheveux, d'insectes qui brillent. Ils n'éteignent la chandelle de la mine que pour allumer la chandelle de la soupe. Ils marchent, hébétés, butant contre le brouillard même, la lèvre amère, et non point seulement parce qu'il a fallu ramasser leurs frères asphyxiés ou pousser le wagonnet dont le cheval s'est rompu la jambe, mais parce qu'ils ont mangé trop de charbon. Ils ignorent qu'ils ont de la chance, que le charbon anglais est d'une qualité hors de pair, qu'il est encore au monde le meilleur charbon à manger. Ils semblent atteints de nausées. Mais ils personnifient le travail à tel point que tous ceux qui croisent leur cortège, les armateurs et les banquiers, les poètes et les pastellistes, se dirigent plus allègres vers les grands feux de houille clairs et purs qui rendent dans chaque club un hommage au minerai et à la sueur anglaise, et y consomment leur roastbeef arrosé de porto d'un cœur plus éclatant d'orgueil. Voilà ce que c'est que le travail, Outourou, c'est magnifique !

46/ J. GIRAUDOUX, *Supplément au Voyage de Cook*, éd. Grasset, acte II, scène IV.

L'opposition du plaisir et du travail développée de Fourier à William Reich et chez Freud est aussi un thème du socialiste Paul Lafargue (disciple et gendre de Karl Marx, 1842-1911) qui se réfère directement en cela à Diderot, et réclame le droit à la paresse.

Alertes et pleins d'ardeur, nous sommes partis en guerre contre la société capitaliste qui écrase l'ouvrier, comme la meule le grain. Les bourgeois, nos maîtres, ces fils dégénérés des Rabelais, des Diderot, prêchent l'abstinence. Leur morale capitaliste, piteuse parodie de la morale divine, a frappé d'anathème les passions humaines ; leur idéal est la transformation du producteur en une machine délivrant du travail sans trêve ni merci. Relevons le drapeau des *matérialistes de la Renaissance et du XVIIIe siècle*, proclamons à la face de tous les cafards, de tous les cou-tords de l'église économique et de l'église chrétienne que la terre ne doit plus être une vallée de larmes pour la classe ouvrière, que dans le milieu social que nous créerons « pacifiquement, s'il est possible, sinon violemment », toutes les passions de l'homme auront libre jeu...

Les matérialistes révolutionnaires du XIXe siècle ont à *recommencer l'œuvre des encyclopédistes*, à crever le ventre de son des poupées de la Religion libérale, comme ils éventrèrent les poupées de la Religion catholique. La Liberté, l'Egalité, la Fraternité, ne doivent pas plus nous imposer que le péché originel, la grâce divine, la présence réelle. Notre critique choquera peut-être quelques-uns de nos amis élevés dans la phraséologie libérale ; qu'ils nous lisent, nous envoient leurs objections, car nous demandons la discussion : pour que nous parvenions à bien nous entendre entre nous et à détruire à tout jamais l'influence pernicieuse des phraseurs, il faut que nous dégagions de toutes ses enveloppes métaphysiques la question révolutionnaire du siècle : l'émancipation du prolétaire du travail salarié.

47/ P. LAFARGUE, cité par R. FAYOLLE, « Les Socialistes français et le matérialisme français du XVIIIe siècle »

(1880-1910) *in Images au XIXe siècle du matérialisme du XVIIIe siècle*, sous la direction d'Olivier Bloch, éd. Desclée, 1980, p. 190-191.

Contre le moralisme proudhonien, Lafargue célèbre « les maîtres qui nous ont enseigné le mépris des morales » :

> Descartes, le géant philosophique du XVIIe siècle. « Toutes les passions, dit-il, sont bonnes de leur nature ; nous n'avons rien à éviter que leurs mauvais usages et leurs excès ». Fourier et Owen, qui donnèrent une portée sociale à la théorie passionnelle de Descartes ; *les encyclopédistes matérialistes du XVIIIe siècle*, les physiologistes et les hygiénistes du XIXe, qui tous rejettent les entraves religieuses, morales et sociales, qui compriment le développement de l'organisme humain et le libre jeu des passions. »

48/ P. Lafargue, 1882, *op. cit.*, p. 191.

Nombreuses sont les œuvres du XXe siècle qui font la critique de l'homme occidental et évoquent avec nostalgie les paradis perdus. Récemment, Michel Tournier dans *Vendredi ou les Limbes du Pacifique*, a renversé les rôles et fait de Vendredi le véritable héros qui initie ce piètre homo oeconomicus qu'est Robinson, au monde « réel » des sens et de la nature. A la fin du cinéma muet, Murnau a montré, dans son chef-d'œuvre *Tabou*, comment l'argent et l'alcool ont détruit le merveilleux équilibre polynésien. Victor Segalen (auteur aussi de *René Leys* publié trois ans après sa mort en 1922), dans *Les Immémoriaux* (1907), retrouve la tradition du XVIIIe siècle et de Diderot, dans un univers poétique très anticatholique. Sous l'influence des « hommes blêmes » (les missionnaires) qui se sont opposés aux « maîtres du jouir », les Tahitiens Maoris (ceux que Gauguin a peints) ont perdu toute mémoire de leurs usages et de leurs dieux. Une morne décadence a fait place à la joie païenne des anciens dieux (« Car tout homme, quand surgit le désir de son corps, et quand il se nourrit, se hausse à la stature des dieux immenses... », p. 43). Parfois, cependant, le prestige des « anciens dires » et des dieux de jadis réveille les secrets désirs réprimés.

> Au même instant, tous les bruits chargés d'inquiétude s'éclaircirent pour son oreille avertie. Ces râles et ces gémissements, c'étaient les milliers de voix de la volupté ! Ha ! l'on pouvait respirer à son aise : rien que des vivants, bien vivants, empressés de joie : la joie le gagnait lui-même : dans son dos, dans tous ses membres, coulait, avec un délice, l'apaisante certitude d'être sauf, et de jouir encore. Il serra plus durement, dans un dernier sursaut, cette épouse de hasard et d'effroi qui gémissait elle-même doucement ; et la relaissa tomber. Puis il s'étaya sur ses poings, dominant la nuit, comme s'il avait, en écrasant les hanches de la femme, dompté sur son corps tout l'obscur et toutes les épouvantes. [...]
>
> Ainsi la femme auprès de Iakoba se cambra, seins tendus, dressant la gorge et tournant la bouche vers le firmament caché : comme ses compagnes elle prononça : « Je te salue, Maria Parété-nia. » Puis, n'entendant point la voix de son tané, elle flaira en lui un douteux compagnon, peut-être un équivoque envoyé des chrétiens... et lui cria dans la figure :
>
> « Dis la prière, aussi, toi ! » Il hésitait, maintenant que rassuré, à partager ces pratiques détes-

tables. Elle se coula sous lui, baissa la tête et lui mordit le flanc. Ses jambes nouèrent la cuisse de Iakoba qui la sentit menaçante, hargneuse, prête à le dénoncer. Il céda :

« Je te salue, Maria Paréténia. »

Elle s'obstinait : « Dis aussi la prière-pour-exterminer-les-Missionnaires : ô Kérito ! donne-nous de chasser les voleurs de ton nom ! de faire périr tous les chrétiens ! » Il répéta : « Donne-nous de chasser les voleurs de ton nom ! de faire périr tous les chrétiens ! » Alors, elle lâcha, en quête d'un nouveau tané.

Lui, retomba. Une faible et pâle lueur vaguait enfin par la vallée. Mais l'esprit de Iakoba restait noir et confus, ses entrailles entremêlées. Autour de lui, des formes à peine discernées s'enlaçaient toujours sans trêve. De nouvelles imprécations s'épandaient sur des modes indécis, chargées de rites et de noms inattendus. L'une d'elles, plus incroyable parce que plus familière à la fois, vieille comme le firmament sans âge, le fit tressaillir :

« Sauvez-moi, sauvez-moi, c'est le soir des dieux ! Veillez près de moi, ô dieu ! près de moi, ô maître... »

« Paofaï Térii-fataü ! » hurla Terii, redevenu, par le prodige des mots et de la nuit, le haèré-po soumis et le fils de ce vieillard qu'il avait, au grand jour, méprisé comme païen. Saisi d'un indicible étonnement, il écoutait la forte voix grave :

« Voici ma parole vers vous, — vous que les hommes au nouveau parler appellent insensés : je suis venu : je vous ai trouvés sages. — Mais gardez-vous, dans vos discours, de mélanger les dieux ! Quand on les convie ensemble, les atua se battent : alors les hommes pâtissent, le corail mange la montagne, les îles meurent, et la mer se tarit ! »

Certains arrêtaient leurs propres supplications. D'autres invoquaient toujours la Paréténia. Paofaï cria plus durement :

« Laissez dans ses nuages le dieu Kérito qui n'est pas bon pour nous. Laissez dans sa lune, qui n'est pas notre Hina, l'autre déesse, que l'on dit Maria ! Elle ne parle point notre langage ; comment nous entendrait-elle ! Mais nos montagnes et nos vents, jusqu'au firmament septième, et nos eaux jusque par-dessous l'abîme, sont pleins de grands dieux secourables qui savent nos parlers, qui mangent nos offrandes, qui fécondent nos terres et nos femmes, qui prévoient tous nos désirs. Chassez les autres ! Brûlez leurs faré-de-prières comme ils ont brûlé nos simulacres... Brûlez, ou bien ils vous dévoreront... »

La foule grondait, indécise. On réentendit de toutes parts :

« Iésu-Kérito, notre père, donne-nous de faire mourir tous les chrétiens ! »

« Hiè ! hiè ! » siffla Paofaï : « Dites : Oro ! dites : Tané ! dites : Ruahatu ! ou bien : dieu-peint-en-rouge ! dieu-peint-en-jaune ! dieu à l'œil-contourné ! Mais ne changez pas de noms, ne changez pas d'atua, ne changez pas... »

49/ V. SEGALEN, *Les Immémoriaux* (1907), édition 10/18, 1966, pp. 219 à 223.

Diderot n'envisage jamais le corps du point de vue du péché, de la morale et de la culpabilité catholique. Il n'y a que des dangers physiques, et (pour reprendre le dernier mot de Bordeu dans *Le Rêve de d'Alembert*), c'est simplement « la crainte de la vérole » qui a éloigné le philosophe des prostituées. (En ce domaine, Rousseau fait preuve d'un semblable réalisme, alors que le libertin Casanova comptabilise allégrement les mauvaises surprises de ses frasques.)

D Peu à peu vous me rappellerez toute ma vie. Tenez, je gagerais cent contre un que mon aversion pour ces sortes de créatures vient moins d'éducation, de goût honnête, de délicatesse naturelle, de bon caractère, que de deux aventures qui me sont arrivées à un âge propre à recevoir des impressions fortes. Je ne sais pourquoi je ne vous en ai jamais dit un mot. Je n'y repense pas sans avoir la chair de poule...

Ah ! que la Vénus des carrefours m'est hideuse !... Une fois je fus invité à souper dans une maison suspecte, mais que je ne connaissais pas sur ce pied. Un des fils de Julien Le Roy en était. Il y avait d'autres hommes et des femmes. Je fus placé à table à côté de la maîtresse de la maison. On fut gai. J'étais jeune et fou. Je plaisais, et je m'en apercevais à des regards et à d'autres signes qui n'étaient pas équivoques. On se sépara tard. Je ne sais comment cela se fit, mais je restai seul avec la maîtresse de la maison ; et ayant, selon toute apparence, à passer la nuit dans un appartement où il n'y avait qu'un lit, j'espérais qu'on m'en offrirait la moitié, car c'était une femme polie. On la délaçait ; j'aidais à la déshabiller, lorsqu'on heurta violemment à la porte. C'était le jeune Le Roy qui revenait à toutes jambes m'apprendre l'état de la personne aimable et facile avec laquelle j'étais, et le péril de ses faveurs. J'étais descendu pour lui parler. Je ne remontai pas...

Voici le second tome. J'avais une petite chambrette au coin de la rue de la Parcheminerie ; je la vois d'ici. Au-dessous de moi logeait une fille entretenue par un officier. Elle s'appelait la Desforges. Son amant partit pour la campagne de 44. Je fis connaissance avec elle. Un jour qu'il faisait chaud, je la trouvai étalée sur une bergère dans le plus grand déshabillé. Je m'approchai des pieds du lit et des siens. Je pris les bords de la gaze qui la couvrait, et je la levai. Elle me laissa faire. Je lui dis qu'elle était belle ; et à ma place et à mon âge, il était trop difficile de ne la pas trouver telle. Je me disposais à appuyer mon éloge, lorsque interposant sa main entre ses charmes et mon désir, elle m'arrêta tout court par ce discours étrange : « Mon ami, voilà qui est fort beau (ou fort bien, je ne sais lequel des deux elle dit). Mais je ne suis pas sûre de moi, ajouta-t-elle, et je ne sais pourquoi je serais désespérée que tu eusses à te plaindre de ma complaisance. Il y a là, de l'autre côté de ma porte, un grand benêt qui me presse. La première fois je le laisserai aller ; et nous saurons si tu peux accepter sans conséquence fâcheuse ce que je ne suis que trop disposée à t'accorder. En attendant, donne-moi ta menotte ; amuse-moi. Je t'amuserai. »

L'expérience se fit. Le grand benêt de voisin en fut malade à mourir ; et j'échappai par une grâce spéciale de la providence, qui ne m'a jamais fait que le bien de me sauver du mal, d'un accident dont les libertins se rient, mais qui me fait frissonner.

Gardez-vous bien de communiquer ces historiettes à Uranie. Vous rempliriez son âme d'un trouble qui ne la quitterait plus. Elle verrait son fils environné des mêmes périls, sans se promettre pour lui le bonheur qui m'en a sauvé.

50/ *Lettre à Sophie Volland* du 20 avril 1762, t. V, pp. 693-695.

3. La postérité du matérialisme de Diderot

L'intérêt de Diderot pour le matérialisme lui valut d'être enfermé au donjon de Vincennes, et honni dès le XVIIIe siècle par quantité de ses contemporains, dont le premier fut Palissot. Ces attaques sont réactivées après la Révolution parce qu'on attribue à Diderot *Le Code de la nature de Morelly* (publié malencontreusement sous son nom en 1773), ouvrage dont se sont réclamés les babouvistes. Au XIXe siècle, l'aspect matérialiste de l'œuvre est dévalué, par censure idéologique et en raison d'un « mythe Diderot » que l'écrivain a lui-même accrédité en affectant le naturel et le négligé. Les enthousiastes et les détracteurs se sont ensuite permis, en invoquant ce prétendu désordre, de faire un tri à leur guise. Tous s'accordent à penser qu'il faut, au nom du goût, exclure le vilain côté et l'enfer de l'œuvre. Cette attitude générale sera celle, entre autres, de Naigeon, Sainte-Beuve, Jules Janin, et Barbey d'Aurevilly.

Dans son *Goethe et Diderot*, de 1880, celui-ci s'attaque au matérialisme de Diderot avec une plume vigoureuse, qui ne fait cependant que reprendre une série stéréotypée de connotations dévaluantes. Dans une sorte de portrait (rappelant le style de Michelet) construit sur une sémio-sociologie des humeurs, il présente un Diderot bouillonnant, apoplectique et indigeste (« Il a du sang dans les veines, et il l'a rouge »). A la différence de Goethe, grande idole creuse, Diderot apparaît bien en chair, et même à l'excès puisqu'il est qualifié d'omelette soufflée, d'esprit turgescent, de satyre intellectuel. A la fois cynique et bonhomme, il est tantôt décrit en saltimbanque ivre, tantôt en petit-bourgeois de Langres peu élégant. A travers Diderot, c'est tout un courant intellectuel du XIXe siècle que vise Barbey d'Aurevilly.

> Le nom de Diderot roulera toujours dans le torrent du siècle impur qui commence à Voltaire, l'auteur de *La Pucelle*, passe par Piron, le poète de l'*Ode à Priape*, et finit par de Sade, l'immonde romancier de *Justine* — de ce siècle dont lui, Diderot, l'auteur des *Bijoux indiscrets*, augmenta, autant qu'il le put, l'impureté ! Impossible d'écrire l'histoire du XVIIIe siècle sans y rencontrer le nom et l'influence de Diderot, de l'infatigable ouvrier de l'*Encyclopédie* qui a entassé la vidange de toutes les erreurs du XVIIIe siècle dans cette infecte *tine* de l'*Encyclopédie*, mais non pas pour les emporter ! en cela inférieur aux autres ouvriers de ces dégoûtantes besognes... Diderot, surfait, grandi pour mille raisons dont j'ai dit quelques-unes et dont la plus forte et la plus actuelle est ce matérialisme qui produit des Littré en philosophie, des Courbet en art, et des Zola en littérature, déjections dernières ! Diderot, mis en statue *d'œuvres complètes* avant d'être mis en statue de place publique comme Voltaire, doit être examiné et *mis* à sa place *juste* dans le rang littéraire, par une Critique impersonnelle et définitive.
>
> 51/ BARBEY D'AUREVILLY, *Goethe et Diderot*, 1880, pp. 141, 147.

Parmi ceux qui ont de la symptahie pour l'aspect matérialiste de l'œuvre, Goethe (comme plus tard Michelet) projette dans sa lecture son univers personnel en transformant la pensée de Diderot, ainsi que le fait remarquer Roland Mortier (professeur à l'université de Bruxelles, auteur de nombreux ouvrages sur le XVIIIe siècle) :

> S'il est vrai que Goethe a lu *Le Rêve*, il a dû en goûter le dynamisme moniste, les réflexions sur la morphologie animale, sur la continuité des êtres, sur la solidarité des phénomènes, sur le flux perpétuel qui brasse les individus et les espèces. Qu'on était éloigné ici du matérialisme statique, mécaniciste du *Système de la nature*, ce bréviaire de l'athéisme triste que Goethe jugeait « si gris, si cimmérien, si cadavéreux » ! Ici la nature reprenait ses droits, et avec elle la vie, le mouvement, les forces intérieures. La froideur des systèmes s'évanouissait devant le contact vivant, palpable et chaud du concret : la sensibilité, l'imagination, la poésie pour tout dire, transformaient la vision cartésienne du monde et substituaient à l'atomisation du réel l'unité organique fondamentale, la continuité infinie de la matière sensible : le mythe de la grappe d'abeilles. C'est là qu'il faut chercher l'explication de certaines parentés spirituelles entre Goethe et Diderot : par leur manière de sentir, par leur goût du vivant, par leur imagination, tous deux appartiennent à une même famille d'esprits, éprise d'unité et de totalité. Il ne faudrait pas pousser l'analogie plus loin : aussitôt que nous passons sur le plan proprement métaphysique, les chemins divergent et l'accord disparaît, car Goethe suppose au-delà du mouvement des phénomènes l'existence d'une volonté supérieure et transcendante, il sauvegarde aussi la part du mystère. Le mot de 1813 : « Dieu sera peut-être » fait songer à Lessing, à Hegel ou à Renan (« et quand l'humanité ne sera plus, Dieu sera »)

bien plus qu'il n'éveille en nous le souvenir de Diderot ; s'il est possible que l'expression ait été tirée du *Rêve*, Goethe n'en a pas moins donné à l'évolutionnisme de Diderot une interprétation dont l'ami du baron d'Holbach, le grand admirateur du *Bon sens*, aurait légitimement pu s'étonner.

52/ R. Mortier, *Diderot et l'Allemagne*, P.U.F., 1954, pp. 369-370.

En 1908, dans l'introduction de *Matérialisme et Empiriocriticisme* (intitulée « Comment certains "marxistes" réfutaient le matérialisme en 1908 et certains idéalistes en 1710), Lénine cite longuement *Le Rêve de d'Alembert*. Diderot restera, dans la tradition politique et universitaire soviétique, une référence importante. Dès 1905, Kogan le définissait comme le chef de l'école matérialiste. Dans une perspective moins directement idéologique, les Editions Sociales ont contribué, en France, à faire connaître l'œuvre de Diderot dans des éditions scientifiques. Jean Varloot (directeur de recherches au C.N.R.S., auteur de nombreux travaux sur l'œuvre de Diderot), dans son édition du *Rêve de d'Alembert*, situe ainsi Diderot dans l'histoire du matérialisme :

> L'originalité philosophique du *Rêve de d'Alembert* dépasse de loin ses aspects antireligieux : elle consiste à exposer de façon conséquente, sous l'apparente fantaisie de la conversation, un monisme matérialiste.
>
> Dans l'Europe chrétienne, le matérialisme ne s'est longtemps heurté qu'à une idéologie *dualiste*, et les objections philosophiques qu'on lui a adressées ont presque toujours porté non sur l'exis-

tence de la matière, mais sur l'impossibilité d'expliquer toute la réalité par la matière seule et ses lois. C'est pourquoi les matérialistes, comme Diderot, ont toujours affirmé qu'ils partaient du *sens commun*. Mais toujours aussi on leur a objecté l'insuffisance des explications scientifiques du monde. Et ils ont été soit tentés de recourir à des hypothèses périmées, aux sciences préscientifiques qu'on appelle *occultes*, soit amenés à proposer des explications provisoires, des suppositions parfois géniales, parfois sans valeur. L'histoire du matérialisme se confond dans l'ensemble avec l'histoire de la science, dans ses progrès et ses reculs. Dans les derniers siècles, le progrès continu de la seconde a solidement assis le premier. Mais la controverse qui continue porte forcément sur la notion même de matière : on objecte habilement au matérialisme une notion de la matière non pas philosophique, mais provisoirement scientifique, ou même déjà périmée et réfutée par les derniers résultats de la science. En ce sens aussi, l'histoire du matérialisme philosophique est l'histoire scientifique de la matière. Quelle est donc la notion de matière qui ressort des textes de Diderot ?

La matière est l'univers, elle en fonde l'unité. Elle n'est pas extérieure au sujet, substance pour soi, chose en soi inconnaissable : l'univers est donc connaissable.

Pour la concevoir, il faut se délivrer du concept faux, vulgaire, négatif de matière brute, inerte, dont sort par inversion, automatiquement, un créateur intelligent. Non ! Comme l'avaient deviné Démocrite et Epicure, la matière est en mouvement, elle est mouvement. Sous ce terme, le philosophe du siècle inclut la *force*, c'est-à-dire ce que nous nommons *énergie*. Le mouvement, ou la force, ou l'énergie, est qualité spécifique de toute matière, de toute particule de matière, jusqu'à la molécule ou atome. La molécule est autodéterminée par son « mouvement » interne, son *nisus*. Elle a ainsi un contenu positif, contrairement à la monade idéaliste. [...]

Les *Principes*[1] et les dialogues consacrent la rupture définitive du matérialisme avec le mécanisme, qui doit dater des années 1765-1767. La matière de Diderot n'est plus continue comme celle de Descartes ou comme la substance de Spinoza. Elle est la totalité des molécules particulières, combinées ou non en corps organisés. Son hétérogénéité est essentielle, qualitative : le « mouvement » interne des atomes est lui-même qualitativement différencié. Ainsi expliquera-t-on les interconnections entre les éléments en apparence discontinus de la matière. Les aspects quantitatif et qualitatif du mouvement sont connexes, ses lois dérivent de la nature même de la matière. Il n'est donc plus seulement *relatif*, comme chez Descartes : la translation n'est qu'un effet, le repos est un équilibre provisoire, le déplacement un vecteur résultant « sur le globe que nous habitons » de la gravité, de la force inhérente et de l'action des autres molécules. « Un atome remue le monde, rien n'est plus vrai : cela l'est autant que l'atome remué par le monde. »

Un tel matérialisme, par opposition au mécanisme, peut être qualifié de *dynamiste*, à condition que ce terme suggère aussi le rapport établi entre matière et sensibilité ; mais étant donné que ce n'est pas *dynamis*, mais *energeia* qui désigne pour Diderot l'activité potentielle de toute ma-

1. *Les Principes philosophiques sur la matière et le mouvement.*

tière, nous préférons l'appeler un matérialisme énergétiste ou énergétique.

53/ J. Varloot, édition du *Rêve de d'Alembert*, pp. XVII-XVIII.

Dans un entretien à propos de son *Diderot à corps perdu* (montage à partir de Diderot, mis en scène par Jean-Louis Barrault en 1979), Elisabeth de Fontenay (philosophe, auteur d'un essai sur Diderot, *Diderot ou le matérialisme enchanté*) plaide pour une lecture matérialiste non ascétique, qui accompagne l'œuvre dans son joyeux mouvement naturel.

Pour en revenir à notre Diderot, quelque chose me semble particulièrement précieux dans les conversations qu'il a mises en scène : le lien érotique ténu que toujours il établit entre ses personnages. On parle de philosophie, de médecine, de morale et de physique, mais cela ne va jamais sans troubler, sans remuer doucement chez le lecteur quelque chose de l'ordre du désir. Et ce trouble éveille un peu plus l'intelligence : car ce n'est pas seulement aux filles qu'ainsi vient l'esprit. Aucun mot, en tout cas pas celui de galanterie, ne désigne convenablement ce va-et-vient délicieux, tout à la fois prodigue et retenu. Le souci de la vérité et celui de la justice ne sont jamais délaissés — ce pour quoi Diderot est un philosophe — mais toujours les idées sont émouvantes, elles ébauchent des mouvements du corps que le corps ne connaît pas encore. Car si quelqu'un a aboli la distinction platonicienne-chrétienne entre le haut du corps qui contemple et le bas du corps qui désire, c'est bien Diderot, et l'entretien, chez lui, constitue la pratique anti-ascétique par excellence, conversation qui n'a plus rien à voir avec cette pédagogie platonicienne de la séduction qui se proposait comme art de l'accouchement, et dont une certaine tradition nous rebat les oreilles parce que la recherche maïeutique garde la fonction d'accréditer l'idée d'une vérité unique, réelle, éternelle. Aucune initiation, chez Diderot, personne ne chuchote dans les coins avec des adolescents à la fois vierges et enceints. Et le mathématicien qui poursuit en toute impunité son rêve érotique-cosmique ne révélera rien au médecin attentif, que ce médecin ne puisse reproduire textuellement, avant même de l'avoir entendu. D'Alembert et Bordeu, à leur tour, n'en savent pas plus sur la matière, sur la vie, sur la femme que cette femme, Lespinasse, compromise avec eux, et non par eux, dans une étrange aventure de l'esprit et des sens. L'égalité et la réciprocité la plus rigoureuse s'établissent entre ces êtres différents, nul d'entre eux ne peut prétendre au privilège de l'accès au vrai car, matérialistes, ils sont travaillés et comme parlés par la même matière exubérante, extravagante. Leur unanimité batailleuse est celle d'un unique grand corps multiple qui fait l'amour avec lui-même. A partir du XIXe siècle, le matérialisme devient ascétique, il perd toute dimension érotique. A quoi bon s'en plaindre, puisqu'il nous reste le plaisir de nous souvenir !

54/ E. DE FONTENAY, *in Cahiers Renault-Barrault*, n° 98, 1979, pp. 49-50.

Troisième partie

La fiction

Comme rédacteur de l'*Encyclopédie,* Diderot honore spécialement les arts mécaniques. Tout en rendant justice aux artisans, qu'une même chaîne continue relie, selon lui, aux artistes, il ne cesse de se passionner pour les arts libéraux. L'esprit des Lumières consiste à vouloir « servir l'humanité » aussi bien par le développement des arts utiles, que par la défense des belles-lettres et des beaux-arts. Il faut que partout s'opère une révolution dans les têtes et dans les mœurs. Le philosophe doit s'intéresser à l'image, et ne pas se confiner dans le domaine verbal et la sécheresse de la raison pure. A Sénèque, qui vante la supériorité de la morale et de la philosophie sur les beaux-arts, Diderot oppose que l'imagerie produite par ceux-ci est plus appropriée à faire des gens de bien, parce qu'elle a une plus grande efficacité sociale :

« ... l'imitation d'une action vertueuse par la peinture, la sculpture, l'éloquence, la poésie et la musique, nous touche, nous enflamme, nous élève, nous porte au bien, nous indigne contre le vice aussi violemment que les leçons les plus insinuantes, les plus vigoureuses, les plus démonstratives de la philosophie. Exposons les tableaux de la vertu, et il se trouvera des copistes. L'espèce d'exhortation qui s'adresse à l'âme par l'entremise des sens, outre sa permanence, est plus à la portée du commun des hommes. Le peuple se sert mieux de ses yeux que de son entendement. Les images prêchent, prêchent sans cesse, et ne blessent point l'amour-propre. » *Essai sur les règnes de Claude et de Néron,* t. II, p. 33.

Par l'image, Diderot espère que pourra s'imposer une nouvelle culture laïque. Il est lui-même constamment en proie à la fiction, traversé par des projets de tableaux, de monuments, de sculptures, de pièces de théâtre, où s'exprime une sensibilité moderne. Les idées essaiment et se transposent d'un art à l'autre dans une contamination générale. Par exemple, la notion de « tableau », si chère à Diderot, lui permet de penser une écriture romanesque et un espace scénique nouveaux. Il ne ressent jamais la fiction comme un mal ou comme le danger d'une perte de soi. C'est au contraire, pour lui, une catégorie existentielle et le dynamisme fécond de son écriture. Il y a chez Diderot une perpétuelle joie des formes, des productions culturelles et du jeu. Dans la projection et le mimétisme qui sont deux de ses postures familières, l'éclipse de soi n'est que momentanée. C'est dans ces biais qu'il se retrouve.

1. Le théâtre

Tout au long de sa vie et de son œuvre, Diderot s'est passionné pour le théâtre. Dès 1748, dans *Les Bijoux indiscrets* (chap. 37 et 38), il fait une première critique globale en attaquant à la fois la complexité des intrigues, la fausseté des dialogues et l'emphase générale qui règne sur la scène française. Dix ans plus tard, il produit un ensemble de textes tout à fait considérable, qui renouvelle l'art dramatique de son temps : en 1757, *Le Fils naturel* et les *Entretiens sur Le Fils naturel*; en 1758, *Le Père de famille* et le *Discours sur la poésie dramatique.* Il est alors, comme rédacteur de l'*Encyclopédie* et dramaturge moderne, le chef de file qui a la hardiesse du nouveau. A l'occasion de la reprise du *Père de famille* à la Comédie-Française en 1769, il poursuit sa réflexion sur le théâtre et achève, entre 1770 et 1777, *Le Paradoxe sur le comédien* (il écrit plusieurs courtes pièces, ainsi que *Est-il bon ? est-il méchant ?*). Il a fréquenté les acteurs de son temps et rêvé d'être comédien, hésitant entre « la Sorbonne et la comédie ». Il sera toujours — au plus profond de son œuvre — celui qui n'a jamais véritablement choisi entre le philosophe et le comédien, mystérieux Janus bifrons, personne indécise entre deux personnages dans le vertigineux tourniquet de deux figures rivales à jamais confondues.

Depuis deux siècles, on ne cesse de parler (selon une formule convenue, tenace comme tout stéréotype) de l'échec de Diderot au théâtre. Le succès relatif de ses pièces est dû, en partie, aux démêlés avec les comédiens et aux résistances de ceux-ci, prisonniers de la tradition. Une pièce de Diderot ne se réduit pas à son texte, qui est, d'une certaine façon, délibérément pauvre et d'une importance secondaire. Elle est indissociable d'une théorie de la mise en scène absolument nouvelle, élaborée en même temps, et qui donne, en quelque sorte, le mode d'emploi. On peut dire qu'à ce jour aucune pièce de Diderot n'a été montée d'après ses souhaits et ses recommandations scéniques. C'est déjà le sens de la vigoureuse réponse de Diderot à Mme Riccoboni le 27 novembre 1758 : « Ma bonne amie, je crois que vous ne m'avez pas bien lu. Ma première et ma seconde pièce forment un système d'action théâtrale dont il ne s'agit pas de chicaner un endroit, mais qu'il faut adopter ou rejeter en entier » (t. III, p. 680). L'apport de Diderot au théâtre va bien au-delà de la définition du drame bourgeois comme genre nouveau. C'est une réflexion totale et un projet de la même envergure et de la même inspiration que le grand appareil encyclopédique. Il s'agit de rétablir le théâtre dans sa fonction sociale et nationale, en référence au modèle antique. Cette entreprise demande une transformation du théâtre dans tous ses aspects : il faut repenser l'architecture et la structure des salles, la formation et le travail du comédien, le contenu des pièces et surtout la mise en scène. On ne peut comprendre l'ambition de Diderot et ses préoccupations, sans évoquer le contexte particulier de la brouille avec Rousseau, en 1757-1758, où les deux amis se sont affrontés précisément à propos du théâtre.

On peut suivre dans la correspondance la dégradation rapide des liens entre les deux philosophes qui se font la morale et s'accusent réciproquement d'ingratitude et de cynisme. La querelle semble porter sur des petits riens quotidiens et anecdotiques (l'attitude de Rousseau envers Thérèse et Mme d'Epinay), mais le débat, en son fond, est déjà ancien. Par son *Discours sur les sciences et les arts* de 1749, et sa « réforme » de 1752, Jean-Jacques a déjà fait le choix de la solitude et d'un destin différent. Diderot le brocarde à ce sujet par une réplique du *Fils naturel* et dans de nombreuses lettres (« Adieu le Citoyen ! C'est pourtant un Citoyen bien singulier qu'un ermite ! », 10 mars 1757). Rousseau répond dans un style de plus en plus pathétique, incongru à nos yeux, mais tout à fait caractéristique de la sensibilité du siècle (« Il se peut que les preuves de son innocence [celle de votre ami, de Rousseau] vous parviennent enfin ; que vous soyez forcé d'honorer sa mémoire et que l'image de votre ami mourant ne vous laisse pas des nuits tranquilles », 2 mars 1758). Sommé de s'expliquer et « d'entrer en éclaircissement », Diderot se lasse, parce qu'il a d'autres tracas plus urgents dont la désertion de d'Alembert comme corédacteur et la révocation du privilège de l'*Encyclopédie* le 10 août 1758. En octobre paraît la *Lettre à d'Alembert sur les spectacles* (de Rousseau) qui marque la rupture publique des deux hommes qui seront, dès lors, des frères ennemis, jusqu'au dernier face à face d'outre-tombe à travers *Les Confessions* et l'*Essai sur les règnes de Claude et de Néron.*

Michelet, dans son *Louis XV* (chap. XX, « Credo du XVIIIe siècle »), commente l'événement avec son sens particulier de l'épique : « De l'article « Genève » qu'a donné d'Alembert, une révolution va sortir, le grand schisme encyclopédique. » La dispute a porté sur le théâtre. C'est sur ce point que Rousseau a choisi de s'émanciper de la solidarité encyclopédique. Dans un passage de l'article « Genève » du tome VII de l'*Encyclopédie,* paru en novembre 1757, d'Alembert proposa de fonder un théâtre à Genève et d'y créer un corps de comédiens tout à fait nouveau qui serait un modèle pour l'Europe.

On ne souffre point à *Genève* de comédie ; ce n'est pas qu'on y désapprouve les spectacles en eux-mêmes ; mais on craint, dit-on, le goût de parure, de dissipation et de libertinage que les troupes de comédiens répandent parmi la jeunesse. Cependant ne serait-il pas possible de remédier à cet inconvénient, par des lois sévères et bien exécutées sur la conduite des comédiens ? Par ce moyen *Genève* aurait des spectacles et des mœurs, et jouirait de l'avantage des uns et des autres : les représentations théâtrales formeraient le goût des citoyens, et leur donneraient une finesse de tact, une délicatesse de sentiment qu'il est très difficile d'acquérir sans ce secours. La littérature en profiterait, sans que le libertinage fît des progrès, et *Genève* réunirait à la sagesse de Lacédémone la politesse d'Athènes. Une autre considération, digne d'une république si sage et si éclairée, devrait peut-être l'engager à permettre les spectacles. Le préjugé barbare contre la profession de comédien, l'espèce d'avilissement où nous avons mis ces hommes si nécessaires au progrès et au soutien des arts, est certainement une des principales causes qui contribue au dérèglement que nous leur reprochons : ils cherchent à se dédommager par les plaisirs, de l'estime que leur état ne peut obtenir. Parmi nous, un comédien qui a des mœurs est doublement respectable, mais à peine lui en savons-nous gré. Le traitant qui insulte à l'indigence publique et qui s'en nourrit, le courtisan qui rampe et qui ne paie point ses dettes, voilà l'espèce d'hommes que nous honorons le plus. Si les comédiens étaient non seulement soufferts à *Genève,* mais contenus d'abord par des règlements sages, protégés ensuite, et même considérés dès qu'ils en seraient dignes, enfin absolument placés sur la même ligne que les autres citoyens, cette ville aurait bientôt l'avantage de posséder ce qu'on croit si rare, et ce qui ne l'est que par notre faute, une troupe de comédiens estimable. Ajoutons que cette troupe deviendrait bientôt la meilleure de l'Europe ; plusieurs personnes pleines de goût et de disposition pour le théâtre, et qui craignent de se déshonorer parmi nous en s'y livrant, accourraient à *Genève* pour cultiver non seulement sans honte, mais même avec estime, un talent si agréable et si peu commun. Le séjour de cette ville, que bien des Français regardent comme triste par la privation des spectacles, deviendrait alors le séjour des plaisirs honnêtes, comme il est celui de la philosophie et de la liberté ; et les étrangers ne seraient plus surpris de voir que dans une ville où les spectacles décents et réguliers sont défendus, on permette des farces grossières et sans esprit, aussi contraires au bon goût qu'aux bonnes mœurs. Ce n'est pas tout : peu à peu l'exemple des comédiens de *Genève,* la régularité de leur conduite, et la considération dont elle les ferait jouir, serviraient de modèle aux comédiens des autres nations, et de leçon à ceux qui les ont traités jusqu'ici avec tant de rigueur, et même d'inconséquence. On ne les verrait pas d'un côté pensionnés par le gouvernement, et de l'autre un objet d'anathème ; nos prêtres perdraient l'habitude de les excommunier, et nos bourgeois de les regarder avec mépris ; et une petite république aurait la gloire d'avoir réformé l'Europe sur ce point, plus important peut-être qu'on ne pense.

55/ D'Alembert, article « Genève » de l'*Encyclopédie.*

Dans sa *Lettre à d'Alembert sur les spectacles* (« sur son article « Genève », et particulièrement sur le projet d'établir un théâtre de comédie en cette ville »), Rousseau le genevois développe une argumentation qui se retrouve, en cette même année 1758, dans les lettres de *La Nouvelle Héloïse* consacrées à l'opéra et au théâtre. Sur la critique du répertoire classique, il s'accorde avec Diderot mais il s'attaque aussi aux pièces nouvelles du drame bourgeois, qui instruisent beaucoup, mais « ennuient encore davantage ». Il nie que le théâtre soit un instrument d'éducation et de rassemblement social, parce que la raison n'y a nul effet. Les Genevois et les « montagnons » d'alentour doivent s'opposer au projet trop parisien des encyclopédistes parce qu'ils se suffisent à eux-mêmes dans les cercles et les veillées qui les réunissent et ne s'ennuient jamais.

> Au premier coup d'œil jeté sur ces institutions, je vois d'abord qu'un spectacle est un amusement ; et s'il est vrai qu'il faille des amusements à l'homme, vous conviendrez au moins qu'ils ne sont permis qu'autant qu'ils sont nécessaires, et que tout amusement inutile est un mal, pour un être dont la vie est si courte et le temps si précieux. L'état d'homme a ses plaisirs, qui dérivent de sa nature, et naissent de ses travaux, de ses rapports, de ses besoins ; et ces plaisirs, d'autant plus doux que celui qui les goûte a l'âme plus saine, rendent quiconque en sait jouir peu sensible à tous les autres. Un père, un fils, un mari, un citoyen, ont des devoirs si chers à remplir, qu'ils ne leur laissent rien à dérober à l'ennui. Le bon emploi du temps rend le temps plus précieux encore, et mieux on le met à profit, moins on en fait trouver à perdre. Aussi voit-on constamment que l'habitude du travail rend l'inaction insupportable, et qu'une bonne conscience éteint le goût des plaisirs frivoles : mais c'est le méconten-

tement de soi-même, c'est le poids de l'oisiveté, c'est l'oubli des goûts simples et naturels, qui rendent si nécessaire un amusement étranger. Je n'aime point qu'on ait besoin d'attacher incessamment son cœur sur la scène, comme s'il était mal à son aise au-dedans de nous. La nature même a dicté la réponse de ce Barbare à qui l'on vantait les magnificences du cirque et des jeux établis à Rome. Les Romains, demanda ce bonhomme, n'ont-ils ni femmes, ni enfants ? Le Barbare avait raison. L'on croit s'assembler au spectacle, et c'est là que chacun s'isole ; c'est là qu'on va oublier ses amis, ses voisins, ses proches, pour s'intéresser à des fables, pour pleurer les malheurs des morts, ou rire aux dépens des vivants. Mais j'aurais dû sentir que ce langage n'est plus de saison dans notre siècle. Tâchons d'en prendre un qui soit mieux entendu.

56/ J.-J. Rousseau, *Lettre à d'Alembert,* édition Garnier-Flammarion, pp. 65-66.

Le théâtre rendrait les Genevois étrangers à eux-mêmes. Rousseau n'en retient que les effets négatifs, qui perturberaient l'équilibre symbolique d'une petite société. Dans le portrait qu'il fait du comédien, il développe des thèmes qui seront ceux de Diderot dans *Le Neveu de Rameau,* mais il pousse sa logique jusqu'à une extravagance radicale dont il est conscient, et qui ne manque pas cependant de rigueur. A Genève, le théâtre sera « un grand objet qui absorbera tout », et les comédiens, à force de s'insinuer partout, finiront par investir totalement l'Etat.

Qu'est-ce que le talent du comédien ? L'art de se contrefaire, de revêtir un autre caractère que le sien, de paraître différent de ce qu'on est, de se passionner de sang-froid, de dire autre chose que ce qu'on pense aussi naturellement que si l'on le pensait réellement, et d'oublier enfin sa propre place à force de prendre celle d'autrui. Qu'est-ce que la profession du comédien ? Un métier par lequel il se donne en représentation pour de l'argent, se soumet à l'ignominie et aux affronts qu'on achète le droit de lui faire, et met publiquement sa personne en vente. J'adjure tout homme sincère de dire s'il ne sent pas au fond de son âme qu'il y a dans ce trafic de soi-même quelque chose de servile et de bas. Vous autres philosophes, qui vous prétendez si fort au-dessus des préjugés, ne mourriez-vous pas tous de honte si, lâchement travestis en rois, il vous fallait aller faire aux yeux du public un rôle différent du vôtre, et exposer vos majestés aux huées de la populace ? Quel est donc, au fond, l'esprit que le comédien reçoit de son état ? Un mélange de bassesse, de fausseté, de ridicule orgueil, et d'indigne avilissement, qui le rend propre à toutes sortes de personnages, hors le plus noble de tous, celui d'homme qu'il abandonne.

Je sais que le jeu du comédien n'est pas celui d'un fourbe qui veut en imposer, qu'il ne prétend pas qu'on le prenne en effet pour la personne qu'il représente, ni qu'on le croie affecté des passions qu'il imite, et qu'en donnant cette imitation pour ce qu'elle est, il la rend tout à fait innocente. Aussi ne l'accusé-je pas d'être précisément un trompeur, mais de cultiver pour tout métier le talent de tromper les hommes, et de s'exercer à des habitudes qui, ne pouvant être innocentes qu'au théâtre, ne servent partout ailleurs qu'à mal faire. Ces hommes si bien parés, si bien exercés au ton de la galanterie et aux accents de la passion, n'abuseront-ils jamais de cet art pour séduire de jeunes personnes ? Ces valets filous, si subtils de la langue et de la main sur la scène, dans les besoins d'un métier plus dispendieux que lucratif, n'auront-ils jamais de distractions utiles ? Ne prendront-ils jamais la bourse d'un fils prodigue ou d'un père avare pour celle de Léandre ou d'Argan ? Partout la tentation de mal faire augmente avec la facilité ; et il faut que les comédiens soient plus vertueux que les autres hommes, s'ils ne sont pas plus corrompus [...].

Je m'appuie toujours sur la supposition qu'ils subsisteront commodément dans une aussi petite ville, et je dis que si nous les honorons, comme vous le prétendez, dans un pays où tous sont à peu près égaux, ils seront les égaux de tout le monde, et auront de plus la faveur publique qui leur est naturellement acquise. Ils ne seront point, comme ailleurs, tenus en respect par les grands dont ils recherchent la bienveillance et dont ils craignent la disgrâce. Les magistrats leur en imposeront : soit. Mais ces magistrats auront été particuliers ; ils auront pu être familiers avec eux ; ils auront des enfants qui le seront encore, des femmes qui aimeront le plaisir. Toutes ces liaisons seront des moyens d'indulgence et de protection, auxquels il sera impossible de résister toujours. Bientôt les comédiens, sûrs de l'impunité, la procureront encore à leurs imitateurs ; c'est par eux qu'aura commencé le désordre, mais on ne voit plus où il pourra s'arrêter. Les femmes, la jeunesse, les riches, les gens oisifs, tout sera pour eux, tout éludera des lois qui les gênent, tout favorisera leur licence : chacun, cherchant à les satisfaire, croira travailler pour ses plaisirs. Quel homme osera s'opposer à ce torrent, si ce n'est peut-être quelque ancien pasteur rigide qu'on n'écoutera point, et dont le sens et la gravité passeront pour pédanterie chez une jeunesse inconsidérée ? Enfin pour peu qu'ils joignent d'art et de manège à leurs succès, je ne leur donne pas trente ans pour être les arbitres de l'Etat. On verra les aspirants aux charges briguer leur faveur pour obtenir les suffrages ; les élections se feront dans les loges des actrices, et les chefs d'un peuple libre seront les créatures d'une bande d'histrions. La plume tombe des mains à cette idée. Qu'on l'écarte tant qu'on voudra, qu'on m'accuse d'outrer la prévoyance, je n'ai plus qu'un mot à dire. Quoi qu'il arrive, il faudra que ces gens-là réforment leurs mœurs parmi nous, ou qu'ils corrompent les nôtres. Quand cette alternative aura cessé de nous effrayer, les comédiens pourront venir ; ils n'auront plus de mal à nous faire.

57/ J.-J. Rousseau, *Lettre à d'Alembert*, pp. 163-164, 228-230.

Contre les salles de théâtre obscures et confinées, Rousseau vante le plein air et le modèle antique, dans les mêmes termes que Diderot dans le *Discours sur la poésie dramatique* (publié la même année que la *Lettre à d'Alembert* que Diderot cependant n'a pas pu lire, à quelques semaines près). Rousseau n'évoque pas le théâtre des Anciens, mais leurs fêtes, et développe, pour la première fois, cette opposition du théâtre et de la fête qu'il reprendra souvent, et qui a eu maintes actualisations jusqu'à nous.

Quoi ! ne faut-il donc aucun spectacle dans une République ? Au contraire, il en faut beaucoup. C'est dans les Républiques qu'ils sont nés, c'est dans leur sein qu'on les voit briller avec un véritable air de fête. A quels peuples convient-il mieux de s'assembler souvent et de former entre eux les doux liens du plaisir et de la joie, qu'à ceux qui ont tant de raisons de s'aimer et de rester à jamais unis ? Nous avons déjà plusieurs de ces fêtes publiques ; ayons-en davantage encore, je n'en serai que plus charmé. Mais n'adoptons point ces spectacles exclusifs qui renferment tristement un petit nombre de gens dans un antre obscur ; qui les tiennent craintifs et immobiles dans le silence et l'inaction ; qui n'offrent aux yeux que cloisons, que pointes de fer, que soldats, qu'affligeantes images de la servitude et de l'inégalité. Non, peuples heureux, ce ne sont pas là vos fêtes ! C'est en plein air, c'est sous le ciel qu'il faut vous rassembler et vous livrer au doux sentiment de votre bonheur.

Que vos plaisirs ne soient efféminés ni mercenaires, que rien de ce qui sent la contrainte et l'intérêt ne les empoisonne, qu'ils soient libres et généreux comme vous, que le soleil éclaire vos innocents spectacles ; vous en formerez un vous-mêmes, le plus digne qu'il puisse éclairer.

58/ J.-J. Rousseau, *Lettre à d'Alembert*, pp. 232-233.

Dans toutes ses thèses sur le théâtre, Rousseau allait à contre-courant des idées nouvelles et ne pouvait apparaître, à première vue, à ses amis philosophes que comme un homme du passé. A propos des comédiens particulièrement, il semblait reprendre à son compte l'ancienne attitude de l'Eglise. On perçoit mieux, aujourd'hui, la profondeur anticipatrice de ses analyses. En dénonçant la passivité du spectateur et le danger de ce que nous appelons l'acculturation, il fait déjà le procès de la culture de masse (des médias et de la télévision). La référence au théâtre, si obsédante dans l'œuvre, est un de ces éléments nécessaires, sur lesquels se fonde et s'organise la pensée de Rousseau. C'est ce que j'avais indiqué, à l'occasion d'un spectacle Rousseau, monté au Petit Odéon par Jean Jourdheuil en 1978.

Dans sa réflexion sur les spectacles, Rousseau n'est pas guidé comme on le pense trop souvent par un plat critère moral dans une attitude réactionnaire simpliste, mais il opère un démontage systématique de l'idéologie des Lumières. Au départ, il y a l'expérience riche que Jean-Jacques a pu faire personnellement du regard, de ce qu'on appelle aujourd'hui « la pulsion scopique ». Exhibitionniste et voyeur, fétichiste de l'image, obsédé de fantasmes et de rêves, engagé dans un rapport constant et essentiel à l'imaginaire, Jean-Jacques a connu tous les modes du regard depuis le regard coupable qui lorgne de biais l'objet interdit au regard calmé du contemplatif. Son extraordinaire réflexion sur le théâtre, frénétique et visionnaire, procède ainsi d'une préoccupation de l'être où le système global de l'œuvre est impliqué. Dans le masque qui fait peur aux enfants, Rousseau voit l'abominable scission de l'être et du paraître par quoi le mal s'introduit dans la société humaine. Dès le *Discours sur les sciences et les arts,* il marque que les arts en développant l'artifice ont corrompu les âmes. Le *Discours sur l'origine de l'inégalité parmi les hommes* fait de ce thème un motif explicatif déterminant. Le premier pas vers l'inégalité s'effectue dans le passage de l'amour de soi à l'amour-propre quand l'homme commence à se projeter imaginairement dans autrui. (« Chacun commença à regarder les autres et à vouloir être regardé soi-même... être et paraître devinrent deux choses tout à fait différentes. ») Apparaissent la concurrence, la vanité et le mépris qui font de la société une scène, un monde d'apparences. C'est alors que germe dans le cerveau du riche une idée de théâtre pour imposer un faux contrat social. Le riche qui est selon Rousseau l'image absolue du Tartuffe, un hypocrite et un comédien grandiose, tient aux pauvres, faciles à abuser, un discours mystificateur, œuvre de ruse et de séduction, imposture pour des dupes. Le théâtre est donc pour Rousseau, fantasmatiquement et selon la stricte logique de son système, à l'origine du mal dans la société et du faux contrat. Quand Rousseau quitte Paris pour sa réforme, il marque en changeant de vêtements qu'il abandonne son rôle sur la scène sociale, dans ce que le neveu de Rameau appelle la « pantomime des gueux ». Saint-Preux qui dans *La Nouvelle Héloïse* fait la satire des mœurs parisiennes commence par s'attaquer à l'opéra et au théâtre, mais il met en cause surtout une société de la dénaturation, qui a subi une hémorragie de l'être, une société de masques entièrement théâtralisée.

59/ J.-C. Bonnet, « Jean-Jacques et les spectacles », *in Le Cahier de l'Odéon* n° 3, pp. 73-74.

La *Lettre à d'Alembert* suscita en 1759 toute une polémique dans la presse, à laquelle participèrent la *Correspondance littéraire* et, par exemple, Marmontel dans *Le Mercure de France*. On vit paraître plusieurs apologies du théâtre. Rousseau avait remis en cause le credo le plus cher à la petite société encyclopédique, l'idée de progrès et celle de la diffusion nécessaire et inéluctable des Lumières. Dans sa réponse, d'Alembert reprend point par point les analyses du Citoyen de Genève. Il plaide pour le divertissement, en estimant que le théâtre peut à la fois instruire et plaire, et retourne contre Rousseau le thème de la solitude.

Solon disait qu'il avait donné aux Athéniens, non les meilleures lois en elles-mêmes, mais les meilleures qu'ils pussent observer. Il en est ainsi des devoirs qu'une saine philosophie prescrit aux hommes, et des plaisirs qu'elle leur permet. Elle doit nous supposer et nous prendre tels que nous sommes, pleins de passions et de faiblesses, mécontents de nous-mêmes et des autres, réunissant à un penchant naturel pour l'oisiveté, l'inquiétude et l'activité dans les désirs. Que reste-t-il à faire à la philosophie, que de pallier à nos yeux, par les distractions qu'elle nous offre, l'agitation qui nous tourmente ou la langueur qui nous consume ? Peu de personnes ont, comme vous, monsieur, la force de chercher leur bonheur dans la triste et uniforme tranquillité de la solitude. Mais cette ressource ne vous manque-t-elle jamais à vous-même ? N'éprouvez-vous jamais au sein du repos, et quelquefois du travail, ces moments de dégoût et d'ennui qui rendent nécessaires les délassements ou les distractions ? La société serait d'ailleurs trop malheureuse, si tous ceux qui peuvent se suffire ainsi que vous, s'en bannissaient par un exil volontaire. Le sage en fuyant les hommes, c'est-à-dire, en évitant de s'y livrer, (car c'est la seule manière dont il doit les fuir), leur est au moins redevable de ses instructions et de son exemple ; c'est au milieu de ses semblables que l'Etre suprême lui a marqué son séjour, et il n'est pas plus permis aux philosophes qu'aux rois d'être hors de chez eux [...].

On va, selon vous, s'isoler au spectacle, on y va oublier ses proches, ses concitoyens et ses amis. Le spectacle est au contraire celui de tous nos plaisirs qui nous rappelle le plus aux autres hommes, par l'image qu'il nous présente de la vie humaine, et par les impressions qu'il nous donne et qu'il nous laisse. Un poète dans son enthousiasme, un géomètre dans ses méditations profondes, sont bien plus isolés qu'on ne l'est au théâtre. Mais quand les plaisirs de la scène nous feraient perdre pour un moment le souvenir de nos semblables, n'est-ce pas l'effet naturel de toute occupation qui nous attache, de tout amusement qui nous entraîne ? Combien de moments dans la vie où l'homme le plus vertueux oublie ses compatriotes et ses amis sans les aimer moins ; et vous-même, monsieur, n'auriez-vous renoncé à vivre avec les vôtres que pour y penser toujours ?

60/ D'Alembert, *Lettre à M. Rousseau, citoyen de Genève, in Mélanges de littérature, d'histoire et de philosophie,* (1770), t. IV, pp. 396, 397, 401.

La défense et la réforme du comédien étaient un sujet d'actualité et, sur ce point, la réplique de d'Alembert était particulièrement aisée.

Après avoir dit tant de mal des spectacles, il ne vous restait plus, Monsieur, qu'à vous déclarer aussi contre les personnes qui les représentent et contre celles qui, selon vous, nous y attirent ; et c'est de quoi vous vous êtes pleinement acquitté par la manière dont vous traitez les comédiens et les femmes. Votre philosophie n'épargne personne, et on pourrait lui appliquer ce passage de l'Ecriture, *et manus ejus contra omnes.*

Selon vous, l'habitude où sont les comédiens de revêtir un caractère qui n'est pas le leur, les accoutume à la fausseté. Je ne saurais croire que ce reproche soit sérieux. Vous feriez le procès sur le même principe, à tous les auteurs de pièces de théâtre, bien plus obligés encore que le comédien, de se transformer dans les personnages qu'ils ont à faire parler sur la scène. Vous ajoutez qu'il est vil de s'exposer aux sifflets pour de l'argent ; qu'en faut-il conclure ? Que l'état de comédien est celui de tous où il est le moins permis d'être médiocre. Mais en récompense, quels applaudissements plus flatteurs que ceux du théâtre ? C'est là où l'amour-propre ne peut se faire illusion ni sur les succès, ni sur les chutes ; et pourquoi refuserions-nous à un acteur accueilli et désiré du public, le droit si juste et si noble de tirer de son talent sa subsistance ? Je ne dis rien de ce que vous ajoutez (pour plaisanter sans doute) que les valets en s'exerçant à voler adroitement sur le théâtre, s'instruisent à voler dans les maisons et dans les rues. [...]

En voilà donc assez, et peut-être trop, sur la partie de votre lettre qui concerne les spectacles en eux-mêmes, et les dangers de toute espèce dont vous les rendez responsables. Rien ne pourra plus leur nuire, si votre esprit n'y réussit pas ; car il faut avouer qu'aucun de nos prédicateurs ne les a combattus avec autant de force et de subtilité que vous. Il est vrai que la supériorité de vos talents ne doit pas seule en avoir l'honneur. La plupart de nos orateurs chrétiens en attaquant la comédie, condamnent ce qu'ils ne connaissent pas ; vous avez au contraire étudié, analysé, composé vous-même (pour en mieux juger les effets) le poison dangereux dont vous cherchez à nous préserver ; et vous décriez nos pièces de théâtre avec l'avantage non seulement d'en avoir vu, mais d'en avoir fait. Néanmoins cet avantage même forme contre vous une objection incommode que vous paraissez avoir sentie en n'osant vous la faire, et à laquelle vous avez indirectement tâché de répondre.

61/ D'Alembert, *Lettre à M. Rousseau,* pp. 430, 441.

Diderot est au centre de ce débat des années 1757-1758. Tout le théâtre de son temps lui semble « faux » et il a la nostalgie des grandes cérémonies antiques (« Il n'y a plus, à proprement parler, de spectacles publics. Quel rapport entre nos assemblées au théâtre dans les jours les plus nombreux, et celles du peuple d'Athènes ou de Rome. Les théâtres anciens recevaient jusqu'à quatre-vingt mille citoyens », *Entretiens sur Le Fils naturel,* t. III, p. 159.) La réforme nécessaire du théâtre consistera d'abord à lui redonner une véritable fonction sociale. Les pièces ne présenteront plus seulement les puissants, mais toutes les conditions, afin que chacun s'y retrouve, et que tous se réconcilient dans une communauté unanime. Toute représentation sera un moment solennel et égalitaire, fait pour des citoyens. Dans un nouvel aménagement des salles, le prince du sang côtoiera le petit-bourgeois, « comme à l'église ». Aussi faut-il supprimer de la scène les banquettes qui l'encombrent encore, et installer des sièges au parterre, afin que plus personne ne soit debout (sur le premier point, le vœu de Diderot sera exaucé en 1759. Pour le second, il faudra attendre 1782).

Contrairement à Rousseau qui nie toute influence du théâtre sur les mœurs, Diderot est convaincu qu'il peut opérer une conversion aux valeurs nouvelles et être l'organe de l'instruction publique (« Tout peuple a des préjugés à détruire, des vices à poursuivre, des ridicules à décrier, et a besoin de spectacles, mais qui lui soient propres. Quel moyen si le gouvernement en sait user et qu'il soit question de préparer le changement d'une loi ou l'abrogation d'un usage ! », *Discours sur la poésie dramatique,* t. III, p. 480). Dans ce grand rite laïque de substitution, les comédiens auront une fonction initiatique et quasi sacerdotale, mais il faut commencer par les réhabiliter, et définitivement reconnaître leur rôle. Dans le style de l'utopie, Diderot se plaît à imaginer qu'à Lampédouse, petite île déserte entre Tunis et Malte, toutes ces réformes seraient aisément mises en pratique. Le rêve de Lampédouse qui est celui d'une société bonne, parce qu'elle serait entièrement théâtralisée avec des comédiens pour guides, est le pendant exact de la vision anxieuse qui obsède Rousseau, d'une Genève en proie au théâtre, et dont celui-ci serait la perte.

D Dorval fit une pause en cet endroit. Ensuite il dit :

« Heureusement une actrice d'un jugement borné, d'une pénétration commune, mais d'une grande sensibilité, saisit sans peine une situation d'âme, et trouve, sans y penser, l'accent qui convient à plusieurs sentiments différents qui se fondent ensemble, et qui constituent cette situation que toute la sagacité du philosophe n'analyserait pas.

« Les poètes, les acteurs, les musiciens, les peintres, les chanteurs du premier ordre, les grands danseurs, les amants tendres, les vrais dévots, toute cette troupe enthousiaste et passionnée sent vivement et réfléchit peu.

« Ce n'est pas le précepte ; c'est autre chose de plus immédiat, de plus intime, de plus obscur, et de plus certain, qui les guide et qui les éclaire. Je ne peux vous dire quel cas je fais d'un grand acteur, d'une grande actrice. Combien je serais vain de ce talent, si je l'avais. Isolé sur la surface de la terre, maître de mon sort, libre de préjugés, j'ai voulu une fois être comédien ; et qu'on me réponde du succès de Quinault-Dufresne, et je le suis demain. Il n'y a que la médiocrité qui donne du dégoût au théâtre ; et dans quelque état que ce soit, que les mauvaises mœurs qui déshonorent. Au-dessous de Racine et de Corneille, c'est Baron, la Desmares, la de Seine, que je vois ; au-dessous de Molière et de Regnard, Quinault l'aîné et sa sœur.

> « J'étais chagrin, quand j'allais aux spectacles, et que je comparais l'utilité des théâtres avec le peu de soin qu'on prend à former les troupes. Alors je m'écriais : « Ah ! mes amis, si nous allons jamais à Lampédouse fonder loin de la terre, au milieu des flots de la mer, un petit peuple d'heureux ! ce seront là nos prédicateurs, et nous les choisirons sans doute selon l'importance de leur ministère. Tous les peuples ont leurs sabbats, et nous aurons aussi les nôtres. Dans ces jours solennels, on représentera une belle tragédie, qui apprenne aux hommes à redouter les passions ; une bonne comédie qui les instruise de leurs devoirs, et qui leur en inspire le goût. »
>
> 62/ *Entretiens sur Le Fils naturel,* t. III, pp. 143-144.

Le théâtre souhaité par Diderot ne se réduit pas à l'aspect sérieux de « l'instruction publique » et à une imagerie plate. C'est au contraire un rêve plein d'excès, parce que « la poésie veut quelque chose d'énorme, de barbare et de sauvage » (*Discours sur la poésie dramatique,* t. III, p. 483). A travers la mise en scène cosmique des *Entretiens sur Le Fils naturel,* avec des aubes et des orages sidérants, Diderot signale que, dans ce démiurgique chaos, s'enfante une dramaturgie nouvelle de l'émotion. Le monde merveilleux, totalement exténué, qui sévit encore sur les scènes, doit faire place à un style neutre, qui n'aura cependant rien de banal, et pourra, au contraire, par sa nouveauté même, produire des cris, des hallucinations et des effets paroxystiques.

D Ce ne sont pas des mots que je veux remporter du théâtre, mais des impressions. Celui qui prononcera d'un drame dont on citera beaucoup de pensées détachées, que c'est un ouvrage médiocre, se trompera rarement. Le poème excellent est celui dont l'effet demeure longtemps en moi.

O poètes dramatiques, l'applaudissement vrai que vous devez vous proposer d'obtenir, ce n'est pas ce battement de mains qui se fait entendre subitement après un vers éclatant, mais ce soupir profond qui part de l'âme après la contrainte d'un long silence, et qui la soulage. Il est une impression plus violente encore, et que vous concevrez, si vous êtes nés pour votre art et si vous en pressentez toute la magie : c'est de mettre un peuple comme à la gêne. Alors les esprits seront troublés, incertains, flottants, éperdus, et vos spectateurs tels que ceux qui dans les tremblements d'une partie du globe, voient les murs de leurs maisons vaciller, et sentent la terre se dérober sous leurs pieds.

63/ *Discours sur la poésie dramatique,* t. III, p. 419.

C'est en ce sens que Jacques Chouillet analyse les effets que Diderot voulait produire au théâtre.

Il s'agit donc moins d'une doctrine que d'un élan révolutionnaire. Ce sont les mêmes arguments et les mêmes postulations que ceux qu'utilisaient, au début du siècle, les partisans des Modernes. Mais il s'y ajoute la volonté de détruire, d'où découle, par une série d'enchaînements assez logiques, tout le programme de réformes proposé par Diderot. Il suffit de prendre le patron de la tragédie et de la comédie classiques, pour obtenir, en négatif, non pas *le* « drame bourgeois », comme on a coutume de le dire, mais les deux genres intermédiaires et complémentaires que sont la « tragédie domestique » (ou bourgeoise) et la « comédie sérieuse ». La modification essentielle porte sur l'adjonction de ces épithètes : « domestique » (synonyme de « bourgeois ») et « sérieux ». Elle signifie que Diderot a voulu rapprocher la condition des héros et celle des spectateurs, non pas dans l'intention d'adoucir les effets magiques ou pathétiques, mais au contraire *pour les augmenter.* C'est un point sur lequel on saute volontiers et sur lequel il y a effectivement méprise. Parce que, dans leur forme popularisée, les théories de Diderot ont produit, non seulement Sedaine, mais encore E. Augier, Dumas fils, parce que Diderot n'a pas su donner libre cours à son génie dramatique, on s'imagine qu'il a voulu édulcorer le genre, alors que c'est tout le contraire. Il faut juger le théoricien d'après ses intentions. Or, il est persuadé qu'en détruisant le caractère sacré, mythique, symbolique de la tragédie, il la rendra plus réellement tragique. Abolir la distance pour retrouver l'émotion perdue et aussi, pour étendre « la sphère de nos plaisirs ». Le besoin d'expansion vient ici renforcer la soif de pathétique.

64/ J. Chouillet, *La Formation des idées esthétiques de Diderot,* Armand Colin, 1973, pp. 439-440.

Pour créer une émotion nouvelle, il est nécessaire de rompre avec la symétrisation générale du théâtre, c'est-à-dire avec les règles et les ficelles en usage, comme les tirades, les morceaux de bravoure, les coups de théâtre, la versification, tout cet appareil qui domine, par exemple, dans l'œuvre dramatique de Voltaire. L'apport révolutionnaire de Diderot est d'avoir inventé la mise en scène, et arraché le théâtre à la déclamation, en accordant une grande importance au mime, au décor, à la musique, et en libérant le corps de l'acteur, son geste, sa voix. Il a construit, à partir de la peinture, un théâtre qui est beaucoup plus pour l'œil que pour l'oreille (« Le geste doit s'écrire souvent à la place du discours » ; il faut « écrire la pantomime toutes les fois qu'elle fait tableau »), et a voulu imposer le silence sur la scène. Pour cela (pour cette intériorisation du théâtre), il fallait d'abord imposer le silence à la salle en éduquant le spectateur, et en bannir le tumulte, si commun au XVIIIe sièclc. Le plus net dans la théorie de Diderot est sa conception des scènes et de l'alternance du verbal et du visuel qui jouent complémentairement, alternance sur laquelle se fondent aujourd'hui le théâtre et le cinéma.

D J'appelle scènes composées celles où plusieurs personnages sont occupés d'une chose, tandis que d'autres personnages sont à une chose différente ou à la même chose, mais à part.

Dans une scène simple, le dialogue se succède sans interruption. Les scènes composées sont ou parlées, ou pantomimes et parlées, ou toutes pantomimes.

Lorsqu'elles sont pantomimes et parlées, le discours se place dans les intervalles de la pantomime, et tout se passe sans confusion. Mais il faut de l'art pour ménager ces jours.

C'est ce que j'ai essayé dans la première scène du second acte du *Père de famille* ; c'est ce que j'aurais pu tenter à la troisième scène du même acte. Mme Hébert, personnage pantomime et muet, aurait pu jeter par intervalles quelques mots qui n'auraient pas nui à l'effet : mais il fallait trouver ces mots. Il en eût été de même de la scène du quatrième acte, où Saint-Albin revoit sa maîtresse en présence de Germeuil et de Cécile. Là un plus habile eût exécuté deux scènes simultanées ; l'une sur le devant, entre Saint-Albin et

Sophie ; l'autre sur le fond, entre Cécile et Germeuil, peut-être en ce moment plus difficiles à peindre que les premiers ; mais des acteurs intelligents sauront bien créer cette scène.

Combien je vois encore de tableaux à exposer, si j'osais, ou plutôt si je réunissais le talent de faire à celui d'imaginer !

Il est difficile au poète d'écrire en même temps ces scènes simultanées : mais comme elles ont des objets distincts, il s'occupera d'abord de la principale. J'appelle la principale celle qui, pantomime ou parlée, doit surtout fixer l'attention du spectateur.

J'ai tâché de séparer tellement les deux scènes simultanées de Cécile et du père de famille, qui commencent le second acte, qu'on pourrait les imprimer à deux colonnes, où l'on verrait la pantomime de l'une correspondre au discours de l'autre, et le discours de celle-ci correspondre alternativement à la pantomime de celle-là. Ce partage serait commode pour celui qui lit et qui n'est pas fait au mélange du discours et du mouvement.

65/ *Discours sur la poésie dramatique,* t. III, pp. 471-472.

La leçon de Diderot a été retenue par Lessing et, en France, par les romantiques. Elle inspire aujourd'hui le théâtre dans ce qu'il a de plus neuf, et la conception que nous avons de la mise en scène. Dès le XVIIIe siècle, Beaumarchais a salué cette importante réflexion en retenant surtout l'innovation du drame bourgeois, car « le véritable intérêt du cœur, sa vraie relation, est toujours d'un homme à un homme, et non d'un homme à un roi » *(Préface d'Eugénie).*

Que me font à moi, sujet paisible d'un Etat monarchique du XVIIIe siècle, les révolutions d'Athènes et de Rome ? Quel véritable intérêt puis-je prendre à la mort d'un tyran du Péloponèse ? au sacrifice d'une jeune princesse en Aulide ? Il n'y a dans tout cela rien à voir pour moi, aucune moralité qui me convienne. Car qu'est-ce que la moralité ? C'est le résultat fructueux et l'application personnelle des réflexions qu'un événement nous arrache. Qu'est-ce que l'intérêt ? C'est le sentiment involontaire par lequel nous nous adaptons cet événement, sentiment qui nous met en la place de celui qui souffre, au milieu de sa situation. Une comparaison prise au hasard dans la nature achèvera de rendre mon idée sensible à tout le monde. Pourquoi la relation du tremblement de terre qui engloutit Lima et ses habitants à trois mille lieues de moi me trouble-t-elle, lorsque celle du meurtre juridique de Charles Ier, commis à Londres, ne fait que m'indigner ? C'est que le volcan ouvert au Pérou pouvait faire son explosion à Paris, m'ensevelir sous ses ruines, et peut-être me menace encore, au lieu que je ne puis jamais appréhender rien d'absolument semblable au malheur inouï du roi d'Angleterre. Ce sentiment est dans le cœur de tous les hommes, il sert de base à ce principe certain de l'art, qu'il n'y a moralité ni intérêt au théâtre sans un secret rapport du sujet dramatique à nous. Il reste donc pour constant que la tragédie héroïque ne nous touche que par le point où elle se rapproche du genre sérieux en nous peignant des hommes, et non des rois, et que les sujets qu'elle met en action étant si loin de nos mœurs, et les personnages si étrangers à notre état civil, l'intérêt en est moins pressant que celui d'un drame sérieux, et la moralité moins directe, plus aride, souvent nulle et perdue pour nous à moins qu'elle ne serve à nous consoler de notre médiocrité, en nous montrant que les grands crimes et les grands malheurs sont l'ordinaire partage de ceux qui se mêlent de gouverner le monde.

Après ce qu'on vient de lire, je ne crois pas avoir besoin de prouver qu'il y a plus d'intérêt dans un drame sérieux que dans une pièce comique. Tout le monde sait que les sujets touchants nous affectent davantage que les sujets plaisants, à égal degré de mérite. Il suffira seulement de développer les causes de cet effet, aussi constant que naturel, et d'examiner l'objet moral dans la comparaison des deux genres.

66/ Beaumarchais, *Préface d'Eugénie, essai sur le genre dramatique sérieux,* Bibliothèque de la Pléiade, pp. 10-11.

La passion de Diderot pour le théâtre s'exprime ailleurs que dans ses pièces ou ses réflexions théoriques. Elle se dissémine dans une écriture constamment polyphonique (dans la critique d'art, la correspondance, les romans et les dialogues). Ecriture par laquelle Diderot dresse partout un petit théâtre, pour une vertigineuse mise en scène de soi, et construit un espace labile de métamorphoses, où la fragmentation délibérée du sujet, semblable à l'éparpillement de la vie même, rejoint les préoccupations scientifiques et l'inspiration matérialiste. Dans une analyse très synthétique, Roger Lewinter (responsable de l'édition des œuvres complètes du Club français du livre (1973), indique que le complexe système des textes de 1757 (*Le Fils naturel* et l'*Entretien sur Le Fils naturel*) apparaît comme une structure permanente de l'œuvre.

Si, au fond, *Le Fils naturel* demeure schématique : primaire dans ses fantasmes, dont l'élaboration ne dépasse pas le clivage en objets partiels, maternel et paternel ; dans sa forme, l'œuvre est d'une singulière complexité. *Le Fils naturel,* en effet, mêle tous les genres : la pièce est précédée d'une introduction où Diderot en personne dialogue avec Dorval, le protagoniste, qui lui permet d'assister à la représentation de ce qu'il affirme être non pas une fiction mais une reconstitution ; elle est complétée par trois *Entretiens,* où Diderot, en personne à nouveau, discute avec Dorval de ce qu'il a vu. Il y a là un récit — la pièce —, et son commentaire — les entretiens — ; l'un montre les personnages en acte ; l'autre, les personnages en réflexion sur leur acte : la pièce est insérée dans une autre pièce qui la réfute comme pièce : la met en question.

C'est là, en puissance, la structure de *Jacques le Fataliste* : l'auteur est présent dans sa création en spectateur et refuse le titre d'auteur — mystificateur qui propose une fiction comme réalité — pour prendre celui de « rapporteur », devenant par là même un mystificateur. Cette duplicité est cependant plus qu'un simple artifice : elle est l'essence de l'art, la condition du jeu.

La qualité d'auteur prend en effet le créateur au piège de sa création en l'identifiant à celle-ci, qui se fige ; la qualité de spectateur, au contraire, par la distance qu'elle instaure, préserve sa liberté en lui permettant d'intervenir dans sa représentation : de la « reprendre » dans la présentation qu'il en fait au lecteur. [...]

Cette structure kaléidoscopique de l'œuvre est celle de l'univers telle qu'elle se dégage déjà de la *Lettre sur les aveugles* : où la réalité — la vie — est faite de « jets » successifs qui s'annulent les uns les autres et où tout, plutôt qu'évolution, est changement perpétuel ; car il n'y a pas de point de vue privilégié qui imprimerait une direction ; pas même celui de l'auteur, dans l'œuvre, qui, comme l'univers et pour le comprendre, est simultanéité contradictoire.

Matière en mouvement, somme d'affirmations qui se nient, l'œuvre est un foyer de convergence dont la réalité est constituée par la multiplicité indéfinie des lectures, regards subjectifs qui sont autant de « jets ». Dans les *Entretiens,* la pièce « évoque » toutes les pièces qu'elle aurait pu être : l'œuvre, tenue « en suspens », réalise la liberté de l'auteur ; récusation de l'engagement, elle les permet tous. Ainsi, l'auteur échappe au partiel, au partial, et accède à l'objectivité totale, qui a pour forme Protée.

67/ R. Lewinter, *Diderot ou les mots de l'absence,* Champ libre, 1974, pp. 28-30.

Le comédien est le secret emblème de l'écriture de Diderot. Capable d'occuper toutes les places, parce qu'il n'en occupe aucune en propre, il est la métaphore de cette structure énonciative particulière, où le sujet de l'énonciation n'a jamais qu'un visage fuyant.

D Le premier

Un grand comédien n'est ni un piano-forte, ni une harpe, ni un clavecin, ni un violon, ni un violoncelle ; il n'a point d'accord qui lui soit propre, mais il prend l'accord et le ton qui conviennent à sa partie, et il sait se prêter à toutes. J'ai une haute idée du talent d'un grand comédien ; cet homme est rare, aussi rare et peut-être plus que le grand poète. Celui qui dans la société se propose et a le malheureux talent de plaire à tous, n'est rien, n'a rien qui lui appartienne, qui le distingue, qui engoue les uns et qui fatigue les autres. Il parle toujours, et toujours bien. C'est un adulateur de profession ; c'est un grand courtisan, c'est un grand comédien.

Le second

Un grand courtisan, accoutumé depuis qu'il respire au rôle d'un pantin merveilleux, prend toutes sortes de formes, au gré de la ficelle qui est entre les mains de son maître.

Le premier

Un grand comédien est un autre pantin merveilleux dont le poète tient la ficelle, et auquel il indique à chaque ligne la véritable forme qu'il doit prendre [...].

Qu'est-ce qui leur chausse le socque ou le cothurne ? Le défaut d'éducation, la misère et le libertinage. Le théâtre est une ressource, jamais un choix. Jamais on ne se fit comédien par goût pour la vertu, par le désir d'être utile dans la société et de servir son pays ou sa famille, par aucun des motifs honnêtes qui pourraient entraîner un esprit droit, un cœur chaud, une âme sensible vers une aussi belle profession. Moi-même, jeune, je balançai entre la Sorbonne et la Comédie. J'allais, en hiver, par la saison la plus rigoureuse, réciter à haute voix des rôles de Molière et de Corneille dans les allées solitaires du Luxembourg. Quel était mon projet ? D'être applaudi ? Peut-être. De vivre familièrement avec les femmes de théâtre que je trouvais infiniment aimables et que je savais très faciles ? Assurément. Je ne sais ce que je n'aurais pas fait pour plaire à la Gaussin qui débutait alors et qui était la beauté personnifiée, à la Dangeville qui avait tant d'attraits sur la scène.

On a dit que les comédiens n'avaient aucun caractère, parce qu'en les jouant tous ils perdaient celui que la nature leur avait donné, qu'ils devenaient faux, comme le médecin, le chirurgien et le boucher deviennent durs. Je crois qu'on a pris la cause pour l'effet, et qu'ils ne sont propres à les jouer tous que parce qu'ils n'en ont point.

68/ *Paradoxe sur le comédien,* t. X, pp. 460-462.

Le Neveu de Rameau résume, en une figure fascinante, le profond désir que Diderot a du théâtre, ainsi que ses conceptions dramatiques et la forte pulsion mimétique qui l'habite. Le Neveu est, à lui seul, un opéra fabuleux, et met à nu, par ses excès, la dialectique de la représentation et de l'irreprésentable.

D Il entassait et brouillait ensemble trente airs, italiens, français, tragiques, comiques, de toutes sortes de caractères ; tantôt avec une voix de basse-taille, il descendait jusqu'aux enfers ; tantôt s'égosillant, et contrefaisant le fausset, il déchirait le haut des airs, imitant de la démarche, du maintien, du geste, les différents personnages chantants ; successivement furieux, radouci, impérieux, ricaneur. Ici, c'est une jeune fille qui pleure et il en rend toute la minauderie ; là il est prêtre, il est roi, il est tyran, il menace, il commande, il s'emporte ; il est esclave, il obéit. Il s'apaise, il se désole, il se plaint, il rit ; jamais hors de ton, de mesure, du sens des paroles et du caractère de l'air. Tous les pousse-bois avaient quitté leurs échiquiers et s'étaient rassemblés autour de lui. Les fenêtres du café étaient occupées, en dehors, par les passants qui s'étaient arrêtés au bruit. On faisait des éclats de rire à entrouvrir le plafond. Lui n'apercevait rien ; il continuait, saisi d'une aliénation d'esprit, d'un enthousiasme si voisin de la folie, qu'il est incertain qu'il en revienne ; s'il ne faudra pas le jeter dans un fiacre, et le mener droit aux Petites-Maisons. En chantant un lambeau des *Lamentations* de Jomelli, il répétait avec une précision, une vérité et une chaleur incroyable, les plus beaux endroits de chaque morceau ; ce beau récitatif obligé où le prophète peint la désolation de Jérusalem, il l'arrosa d'un torrent de larmes qui en arrachèrent de tous les yeux. Tout y était, et la délicatesse du chant, et la force de l'expression ; et la douleur. Il insistait sur les endroits où le musicien s'était particulièrement montré un grand maître ; s'il quittait la partie du chant, c'était pour prendre celle des instruments qu'il laissait subitement, pour revenir à la voix ; entrelaçant l'une à l'autre, de manière à conserver les liaisons, et l'unité du tout ; s'emparant de nos âmes, et les tenant suspendues dans la situation la plus singulière que j'aie jamais éprouvée... Admirais-je ? Oui, j'admirais ! Etais-je touché de pitié ? J'étais touché de pitié ; mais une teinte de ridicule était fondue dans ces sentiments, et les dénaturait.

Mais vous vous seriez échappé en éclats de rire, à la manière dont il contrefaisait les différents instruments. Avec des joues renflées et bouffies, et un son rauque et sombre, il rendait les cors et les bassons ; il prenait un son éclatant et nasillard pour les hautbois ; précipitant sa voix avec une rapidité incroyable, pour les instruments à cordes dont il cherchait les sons les plus approchés ; il sifflait les petites flûtes ; il recoulait les traversières ; criant, chantant, se démenant comme un forcené ; faisant lui seul, les danseurs, les danseuses, les chanteurs, les chanteuses, tout un orchestre, tout un théâtre lyrique, et se divisant en vingt rôles divers, courant, s'arrêtant, avec l'air d'un énergumène, étincelant des yeux, écumant de la bouche. Il faisait une chaleur à périr ; et la sueur qui suivait les plis de son front et la longueur de ses joues, se mêlait à la poudre de ses cheveux, ruisselait, et sillonnait le haut de son habit. Que ne lui vis-je pas faire ? Il pleurait, il riait, il soupirait ; il regardait, ou attendri, ou tranquille, ou furieux ; c'était une femme qui se pâme de douleur ; c'était un malheureux livré à tout son désespoir ; un temple qui s'élève ; des oiseaux qui se taisent au soleil couchant ; des eaux ou qui murmurent dans un lieu solitaire et frais, ou qui descendent en torrent du haut des montagnes ; un orage ; une tempête ; la plainte de ceux qui vont périr, mêlée au sifflement des vents, au fracas du tonnerre ; c'était la nuit, avec ses ténèbres ; c'était l'ombre et le silence ; car le silence même se peint par des sons. Sa tête était tout à fait perdue. Epuisé de fatigue, tel qu'un homme qui sort d'un profond sommeil ou d'une longue distraction ; il resta immobile, stupide, étonné. Il tournait ses regards autour de lui, comme un homme égaré qui cherche à reconnaître le lieu où il se trouve. Il attendait le retour de ses forces et de ses esprits ; il essuyait machinalement son visage.

69/ *Le Neveu de Rameau,* t. X, pp. 384-385.

2. La peinture

Diderot a découvert progressivement la peinture. Dans les articles « Beau » (1752) et « Composition » (1759) de l'*Encyclopédie,* il ne fait que reprendre les thèses classiques sur l'unité et la symétrie. A cette époque, il se consacre manifestement plus aux arts mécaniques qu'aux arts libéraux, tout en étant un amateur éclairé qui fréquente les galeries et lit les grands ouvrages d'esthétique (Léonard de Vinci, Le Brun, Du Bos, Batteux, La Font de Saint-Yenne, etc.). Dans son compte rendu du *Salon* de 1757, Grimm mentionne quelques-unes des réactions de Diderot aux œuvres exposées, avant de lui demander deux ans plus tard de se charger lui-même de la critique d'art, pour les lecteurs choisis de la *Correspondance littéraire.* Pour cette petite entreprise accueillante, à diffusion privée, Diderot écrit ses neuf *Salons,* de 1759 à 1781, ainsi que l'*Essai sur la peinture* (1765), et les *Pensées détachées sur la peinture* (1777). Il s'est intéressé très tôt, à partir du sensualisme, aux problèmes de la perception, dans la *Lettre sur les aveugles* par exemple, et surtout dans la *Lettre sur les sourds et muets.* Il y développe les analyses de Du Bos sur la différence de la poésie et de la peinture. A partir de 1759, il s'engage tout entier dans une confrontation personnelle avec l'art du peintre, qui le fait peu à peu échapper aux premiers schémas et déchiffrer le langage propre de la peinture (« Soyez sûr qu'un peintre se montre dans son ouvrage autant et plus qu'un littérateur dans le sien », *Essai sur la peinture,* t. VI, p. 262). Trop exclusivement préoccupé de dessin au début, il s'interroge ensuite sur le clair-obscur, et la couleur qui lui apparaît comme la matière même du tableau.

Message adressé au spectateur-destinataire, l'œuvre requiert d'être révélée par un regard actif qui l'investisse. Diderot s'emploie, par tous les moyens, à la faire échapper au silence, en dialoguant avec l'artiste, avec Grimm, avec le lecteur, dans une fièvre tantôt enthousiaste, tantôt critique. C'est cette passion analytique qui fonde la critique d'art, et que l'on retrouvera chez Stendhal et Baudelaire.

Dans la lettre à Meister du 27 septembre 1780, où Diderot annonce que la rédaction de *La Religieuse* est achevée, il présente ainsi l'œuvre : « C'est un ouvrage à feuilleter sans cesse par les peintres ; et si la vanité ne s'y opposait, sa véritable épigraphe serait : *Son pittor anch'io.* » Ce « Moi aussi, je suis peintre » n'est pas, à mon avis, l'expression d'une frustration ou d'un dépit, chez le critique coupé de la pratique picturale. Diderot marque fortement que l'initiation à la peinture et la réflexion sur celle-ci ont transformé son écriture, dont la picturalité, déjà claire dans les *Entretiens sur Le Fils naturel,* n'a fait que s'accentuer. C'est en cela, aussi, qu'il est moderne. La technique du peintre l'a fait échapper à cette écriture sèche qui domine, de La Bruyère à Voltaire. Subissant la pression de l'image et des intensités figuratives, le style de Diderot visualise tout, non seulement à travers la théorie du « tableau » ou dans les portraits, mais dans un accueil à ce qu'on appellerait aujourd'hui le scénario, le fantasme, l'illumination, qui constamment le nourrissent.

Diderot dénonce la hiérarchie qui oppose peinture d'histoire et peinture de genre, parce qu'il peut y avoir de la grandeur aussi bien dans l'aspect héroïque de la culture du XVIIIe siècle, que dans les sujets simples tirés du quotidien. Il apprécie à la fois Chardin et Greuze, le premier pour la magie de son imitation, le second pour son talent didactique et son sens du « beau idéal », qui rejoint la peinture d'histoire.

D Les peintres de genre et les peintres d'histoire n'avouent pas nettement le mépris qu'ils se portent réciproquement ; mais on le devine. Ceux-ci regardent les premiers comme des têtes étroites, sans idées, sans poésie, sans grandeur, sans élévation, sans génie, qui vont se traînant servilement d'après la nature qu'ils n'osent perdre un moment de vue. Pauvres copistes, qu'ils compareraient volontiers à notre artisan des Gobelins, qui va choisissant ses brins de laine les uns après les autres, pour en former la vraie nuance du tableau de l'homme sublime qu'il a derrière le dos. A les entendre, ce sont gens à petits sujets mesquins, à petites scènes domestiques prises du coin des rues, à qui l'on ne peut rien accorder au-delà du mécanique du métier, et qui ne sont rien quand ils n'ont pas porté ce mérite au dernier degré. Le peintre de genre, de son côté, regarde la peinture historique comme un genre romanesque, où il n'y a ni vraisemblance ni vérité, où tout est outré, qui n'a rien de commun avec la nature, où la fausseté se décèle, et dans les caractères exagérés qui n'ont existé nulle part, et dans les incidents qui sont tous d'imagination, et dans le sujet entier que l'artiste n'a jamais vu hors de sa tête creuse, et dans les détails qu'il a pris on ne sait où, et dans ce style qu'on appelle grand et sublime, et qui n'a point de modèle en nature, et dans les actions et les mouvements des figures, si loin des actions et des mouvements réels. Vous voyez bien, mon ami, que c'est la querelle de la prose et de la poésie, de l'histoire et du poème épique, de la tragédie héroïque et de la tragédie bourgeoise, de la tragédie bourgeoise et de la comédie gaie.

Il me semble que la division de la peinture, en peinture de genre et peinture d'histoire, est sensée ; mais je voudrais qu'on eût un peu plus consulté la nature des choses dans cette division. On appelle du nom de peintres de genre indistinctement, et ceux qui ne s'occupent que des fleurs, des fruits, des animaux, des bois, des forêts, des montagnes, et ceux qui empruntent leurs scènes de la vie commune et domestique ; Teniers, Wouwermans, Greuze, Chardin, Loutherbourg, Vernet même, sont des peintres de genre. Cependant je proteste que *Le Père qui fait la lecture* à sa famille, *Le Fils ingrat* et *Les Fiançailles,* de Greuze ; que les *Marines* de Vernet, qui m'offrent toutes sortes d'incidents et de scènes, sont autant pour moi des tableaux d'histoire, que *Les Sept Sacrements* du Poussin, *La Famille de Darius* de Le Brun, ou la *Suzanne* de Vanloo.

Voici ce que c'est. La nature a diversifié les êtres en froids, immobiles, non vivants, non sentants, non pensants, et en êtres qui vivent, sentent et pensent. La ligne était tracée de toute éternité : il fallait appeler *peintres de genre,* les imitateurs de la nature brute et morte ; *peintres d'histoire,* les imitateurs de la nature sensible et vivante ; et la querelle était finie.

Mais, en laissant aux mots les acceptions reçues, je vois que la peinture de genre a presque toutes les difficultés de la peinture historique ; qu'elle exige autant d'esprit, d'imagination, de poésie même, égale science du dessin, de la perspective, de la couleur, des ombres, de la lumière, des caractères, des passions, des expressions, des draperies, de la composition, une imitation plus stricte de la nature, des détails plus soignés ; et que, nous montrant des choses plus connues et plus familières, elle a plus de juges et de meilleurs juges.

70/ *Essai sur la peinture,* 1765, t. VI, p. 304.

Plutôt que de donner un aperçu d'ensemble des choix picturaux de Diderot, lisons les textes consacrés à Chardin, dont l'œuvre a joué un rôle déterminant dans cette longue réflexion sur la peinture. Il suffit d'une phrase du *Salon de 1769* (« Chardin n'est pas un peintre d'histoire, mais c'est un grand homme », t. VIII, p. 417) pour remettre en question les critères du beau qui dominent au XVIIIe siècle. Il faut du génie pour l'imitation simple, telle que la pratique Chardin.

D C'est celui-ci qui est un peintre ; c'est celui-ci qui est un coloriste.

Il y a au Salon plusieurs petits tableaux de Chardin ; ils représentent presque tous des fruits avec les accessoires d'un repas. C'est la nature même ; les objets sont hors de la toile et d'une vérité à tromper les yeux.

[...] C'est celui-ci qui entend l'harmonie des couleurs et des reflets. O Chardin ! ce n'est pas du blanc, du rouge, du noir que tu broies sur ta palette : c'est la substance même des objets, c'est l'air et la lumière que tu prends à la pointe de ton pinceau et que tu attaches sur la toile.

Après que mon enfant aurait copié et recopié ce morceau, je l'occuperais sur la *Raie dépouillée* du même maître. L'objet est dégoûtant, mais c'est la chair même du poisson, c'est sa peau, c'est son sang ; l'aspect même de la chose n'affecterait pas autrement. Monsieur Pierre, regardez bien ce morceau, quand vous irez à l'Académie, et apprenez, si vous pouvez, le secret de sauver par le talent le dégoût de certaines natures.

On n'entend rien à cette magie. Ce sont des couches épaisses de couleur appliquées les unes sur les autres et dont l'effet transpire de dessous en dessus. D'autres fois, on dirait que c'est une vapeur qu'on a soufflée sur la toile ; ailleurs, une écume légère qu'on y a jetée. Rubens, Berghem, Greuze, Loutherbourg vous expliqueraient ce faire bien mieux que moi ; tous en feront sentir l'effet à vos yeux. Approchez-vous, tout se brouille, s'aplatit et disparaît ; éloignez-vous, tout se crée et se reproduit.

On m'a dit que Greuze, montant au Salon et apercevant le morceau de Chardin que je viens de décrire, le regarda et passa en poussant un profond soupir. Cet éloge est plus court et vaut mieux que le mien.

71/ *Salon de 1763,* t. V, pp. 431-432.

Jacques Chouillet analyse le tournant du *Salon de 1763,* et particulièrement l'évolution du concept d'imitation qui s'opère à travers Chardin. La peinture, comme tout art, a son propre système de transformation.

En 1763, Diderot découvre vraiment Chardin, et avec Chardin, la loi fondamentale du Beau réel : la « chose », que l'on prend à tort pour un donné brut, est en réalité *un tissu de relations.* Il n'y a pas de vérité sensorielle à l'état pur. Il y a l'accord d'un certain nombre de sensations qui, par leur synthèse, déterminent la perception et, par leur imitation picturale, l'illusion du réel :

« O Chardin ! ce n'est pas du blanc, du rouge, du noir que tu broies sur ta palette : c'est la substance même des objets, c'est l'air et la lumière que tu prends à la pointe de ton pinceau et que tu attaches sur la toile. »

Ainsi, au moment même où Didcrot croit

atteindre ce qu'il appelle « la substance même des choses », il découvre le néant de ce que nous appelons le « réalisme » ; le néant aussi d'une certaine déviation de la philosophie sensualiste, selon laquelle la perception serait la somme de sensations distinctes. Qu'on prenne un phénomène comme l'effet à distance : « Approchez-vous, tout se brouille, s'aplatit et disparaît ; éloignez-vous, tout se crée et se reproduit. » Perception égale organisation. Nous n'avons la perception d'une chose distincte de nous qu'en vertu d'une « harmonie générale » qui lie les sensations et les construit : « tout se crée et se reproduit ». Deuxième point important : les taches lumineuses ont la propriété de s'interpénétrer à distance. C'est ce qui fait qu'un tableau est manqué quand les couleurs « ne participent point les unes dans les autres », il est réussi quand l'accord de l'air et de la lumière « interpose son fluide » entre les objets et nous.

Cet accord un peu théorique dont Diderot rêvait entre l'idée et la chose pourrait donc s'opérer à un plan beaucoup moins élevé que celui où se situait l'esthétique traditionnelle, celle des peintres d'histoire, celle des grandes compositions. La conspiration de l'idée et de la chose se produit dans la représentation même de l'objet. On voit renaître dans les *Salons* et se gonfler de sens les deux termes qui étaient d'usage courant dans le vocabulaire des peintres : le « faire » et la « magie ». Le « faire », désignation élégante du « technique », ou du coup de main, se charge chez Diderot d'une signification thaumaturgique. Il désigne, dans un premier temps de la représentation picturale, la transmutation des couleurs de la palette en la perception d'un simulacre d'objet. Le peintre part d'une collection de substances chimiques, avec lesquelles il réussit à donner l'illusion d'une autre substance :

« C'est que le musicien vous envoie les sons mêmes, et que ce que le peintre broie, ce n'est pas de la chair, de la laine, du sang, la lumière du soleil, l'air de l'atmosphère, mais des terres, des sucs de plantes, des calcinés, des pierres broyées, des chaux métalliques. »

Ce qui implique, toute proportion gardée, un certin nombre de dissonances qu'il va falloir sauver, rattraper, comme si un clavecin manquait d'un certain nombre de touches. La gamme des couleurs que l'on peut obtenir par des moyens chimiques ne recouvre pas exactement la gamme des couleurs qui sont dans la nature. D'où la nécessité de passer à une deuxième opération, à laquelle Diderot donne le nom de « magie ». Elle consiste, suprême adresse, à instituer, entre les couleurs fausses de la palette, des proportions identiques aux proportions vraies de la nature. Il s'agit d'obtenir qu'entre un bleu et un rouge artificiels existe le même rapport qu'entre un bleu et un rouge naturels :

« Il y a des objets qui gagnent, d'autres qui perdent, et la grande magie consiste à approcher tout près de la nature et à faire que tout perde ou gagne proportionnellement ; mais alors ce n'est plus la scène réelle et vraie que l'on voit, ce n'en est pour ainsi dire que la traduction. »

De telles propositions auraient bien pu signifier la mort de l'académisme, si seulement elles avaient été perçues comme révolutionnaires par leur auteur. En réalité ce qu'elles signifient pour Diderot, ce n'est pas le remplacement d'une forme d'art par une autre, c'est simplement le renouvellement du coup d'œil : au lieu de juger uniquement par masses, on juge aussi par touches et par fragments. On voit le peintre au travail, et l'illusion se crée à mesure que la magie opère. On assiste à la transformation des substances chimiques en couleurs, et des couleurs en illusions de choses. C'est cette vue de détail qui est la véritable conquête des trois premiers *Salons.* Mais il importe d'ajouter que cette vue, jamais, ne rattrapera la réalité de la toile exécutée. Condamné à n'être, lui aussi, qu'un traducteur, le commentateur des Salons essaiera comme il pourra de combler par des métaphores l'écart qui le sépare de la peinture visible. Ici s'installe et triomphe la littérature, créatrice de son propre objet, qui est, non plus la toile peinte qu'il s'agit de décrire, mais l'opération par laquelle le traducteur Diderot se représente la toile en train de se faire et entreprend de nous la représenter par des mots.

72/ J. Chouillet, *L'Esthétique des Lumières,* 1974, pp. 122-125.

En 1765, dans le *Salon* et l'*Essai sur la peinture,* la couleur devient la première préoccupation de Diderot. Chardin lui a appris que, si le dessin donne « la forme » aux êtres, « c'est la couleur qui leur donne la vie ». Le grand peintre est d'abord le grand coloriste.

D Vous venez à temps, Chardin, pour récréer mes yeux que votre confrère Challe avait mortellement affligés. Vous revoilà donc, grand magicien, avec vos compositions muettes ! qu'elles parlent éloquemment à l'artiste ! tout ce qu'elles lui disent sur l'imitation de la nature, la science de la couleur, et l'harmonie ! Comme l'air circule autour de ces objets ! La lumière du soleil ne sauve pas mieux les disparates des êtres qu'elle éclaire. C'est celui-là qui ne connaît guère de couleurs amies, de couleurs ennemies !

S'il est vrai, comme le disent les philosophes, qu'il n'y a de réel que nos sensations ; que ni le vide de l'espace, ni la solidité même des corps n'est peut-être rien en elle-même de ce que nous éprouvons ; qu'ils m'apprennent, ces philosophes, quelle différence il y a pour eux à quatre pieds de tes tableaux entre le Créateur et toi.

Chardin est si vrai, si vrai, si harmonieux, que quoiqu'on ne voie sur la toile que la nature inanimée, des vases, des tasses, des bouteilles, du pain, du vin, de l'eau, des raisins, des fruits, des pâtés, il se soutient, et peut-être vous enlève à deux des plus beaux Vernet, à côté desquels il n'a pas balancé de se mettre. C'est, mon ami, comme dans l'univers, où la présence d'un homme, d'un cheval, d'un animal, ne détruit point l'effet d'un bout de roche, d'un arbre, d'un ruisseau. Le ruisseau, l'arbre, le bout de roche, intéressent moins sans doute que l'homme, la femme, le cheval, l'animal ; mais ils sont également vrais. [...]

Le faire de Chardin est particulier. Il a de commun avec la manière heurtée, que de près on ne sait ce que c'est, et qu'à mesure qu'on s'éloigne l'objet se crée, et finit par être celui de la nature. Quelquefois aussi il vous plaît presque également de près et de loin. Cet homme est au-dessus de Greuze de toute la distance de la terre au ciel, mais en ce point seulement. Il n'a point de manière ; je me trompe, il a la sienne. Mais puisqu'il a une manière sienne, il devrait être faux dans quelques circonstances, et il ne l'est jamais. Tâchez, mon ami, de vous expliquer cela. Connaissez-vous en littérature un style propre à tout ?

> Le genre de peinture de Chardin est le plus facile ; mais aucun peintre vivant, pas même Vernet, n'est aussi parfait dans le sien.
>
> 73/ *Salon de 1765*, t. VI, pp. 87, 88, 92.

A travers le monde simple et sensuel de la nature morte, Chardin jette un regard neuf et dépouillé sur les choses, qui est comme le bonheur secret du XVIIIe siècle. Diderot aime décrire cette peinture de genre, dans le moindre détail, de la même façon qu'il s'est consacré, dans l'*Encyclopédie*, à quelques articles concernant l'aliment et la cuisine.

Dans le *Salon de 1769*, paraît le dernier grand texte sur Chardin. Diderot s'identifie à cette certitude calme, à cet harmonieux rapport aux choses, au-delà de toute inquiétude, et reconnaît dans cet art juste cette sagesse qu'il a recueillie lui-même de son travail d'écrivain.

Dans l'œuvre de Diderot, Sainte-Beuve privilégie les *Salons* et, en général, un talent critique fait d'éloquence active et d'identification, dans lequel il se projette et se reconnaît lui-même. Plus qu'un véritable don créateur, Diderot lui paraît avoir un génie particulier du fragment et de la mobilité.

> Mais si Diderot n'était rien moins qu'un poète dramatique, s'il n'était nullement suffisant à ce genre de création souveraine et de transformation tout à fait impersonnelle, il avait en revanche au plus haut degré cette faculté de *demi*-métamorphose, qui est le jeu et le triomphe de la critique, et qui consiste à se mettre à la place de l'auteur et au point de vue du sujet qu'on examine, à lire tout écrit *selon l'esprit qui l'a dicté*. Il excellait à prendre pour un temps et à volonté cet esprit d'autrui, à s'en inspirer et souvent mieux que cet

autre n'avait fait lui-même, à s'en échauffer non seulement de tête, mais de cœur ; et alors il était le grand journaliste moderne, l'Homère du genre, intelligent, chaleureux, expansif, éloquent, jamais chez lui, toujours chez les autres, ou, si c'était chez lui et au sein de sa propre idée qu'il les recevait, le plus ouvert alors, le plus hospitalier des esprits, le plus ami de tous et de toute chose, et donnant à tout son monde, tant lecteurs qu'auteurs ou artistes, non pas une leçon, mais une fête.

Tel il se montre dans ses admirables *Salons de Peinture*. Un jour Grimm, qui écrivait à plusieurs souverains du Nord des nouvelles de la littérature et des beaux-arts, demanda à Diderot de lui faire un compte rendu du Salon de 1761. Diderot s'était occupé jusque-là de bien des choses, mais des beaux-arts en particulier, jamais. Commandé par son ami, il s'avisa, pour la première fois, de regarder, d'examiner ce qu'il n'avait jusque-là que vu en passant ; et du résultat de son observation et de ses réflexions naquirent ces pages de causeries merveilleuses, qui ont véritablement créé en France la critique des beaux-arts.

Je sais une objection qu'on fait d'ordinaire à ces beaux discours sur les arts, et que les *Salons* de Diderot provoquent en particulier. C'est qu'ils sont *à côté* du sujet, c'est qu'ils le traitent au point de vue littéraire, dramatique, qui est le point de vue cher aux Français. Mme Necker écrivait à Diderot : « Je continue à m'amuser infiniment de la lecture de votre *Salon* : *je n'aime la peinture qu'en poésie* ; et c'est ainsi que vous avez su nous traduire tous les ouvrages, même les plus communs, de nos peintres modernes. » Voilà bien l'éloge, et qui, selon quelques gens de goût, est la plus grande critique. « En effet, disent ces derniers, le propre des Français est de tout juger par l'esprit, même les formes et les couleurs. Il est vrai que, comme il n'y a pas de langue qui puisse exprimer les finesses de la forme et la variété des effets de la couleur, du moment qu'on veut en discourir, on est réduit, faute de pouvoir exprimer ce qu'on sent, à décrire d'autres sensations qui peuvent être comprises par tout le monde. » Diderot échappe moins qu'un autre à ce reproche, et les tableaux qu'il voit ne sont le plus souvent qu'un prétexte et un motif à ceux qu'il refait et qu'il imagine. Chaque article de lui se compose presque invariablement de deux parties : dans la première, il décrit le tableau qu'il a sous les yeux ; dans la seconde, il propose le sien. Pourtant de tels discoureurs, quand ils sont comme lui imbus de leur sujet, pénétrés d'un vif sentiment de l'art et des choses dont ils parlent, sont utiles en même temps qu'intéressants : ils vous conduisent, ils vous font faire attention, et tandis qu'on les suit, qu'on les écoute, qu'on en prend avec eux et qu'on en laisse, le sens de la forme et de la couleur, si l'on en est doué, s'éveille en nous, se fait et s'aiguise : on devient insensiblement bon juge à son tour et connaisseur, par des raisons secrètes qu'on ne saurait dire et que la parole n'atteint pas.

74/ SAINTE-BEUVE, *Causeries du lundi, Diderot.*

Sainte-Beuve condamne la sensualité de Diderot et sa façon de chercher, au cœur du tableau, la couleur même de la chair. Aujourd'hui, c'est pourtant cet œil lourd, charnel qui paraît le plus moderne. L'esthétique puritaine de Sainte-Beuve nous permet de mieux mesurer de quoi Diderot a enrichi notre regard.

Il faudrait que l'artiste, comme le critique, pût nous placer devant toute espèce de Nature ou de Tableau, en élevant notre idée du beau, sans troubler les sens, sans exciter en rien la pensée animale. Diderot ne fait pas ainsi. Le sensuel chez Diderot revient toujours à travers l'art : c'est là son côté faible, son côté bas, son côté de satyre.

Il met toujours la main à la gorge ; c'est un mot qu'il écrit avec joie ; et quand il peut en prononcer un autre plus fort, il jubile.

Il a les abattis canaille.

Il y a déjà du Danton dans ce critique débraillé, hérissé.

Il y a de la chaleur, du sang, plutôt que du choix et de la délicatesse.

Ce qui manque à Greuze comme à Diderot pour l'élever au service de l'histoire et de l'art, c'est la sévérité, la dignité et une sorte de sobriété religieuse. Ils ont de l'exagération au besoin, mais ce n'est pas de l'exagération qu'il faut.

Il n'y a pas d'épingles ; les fichus sont ouverts. C'est le bourgeois en belle humeur et qui tâte, palpe, pelote, à la Régnier. C'est là le côté faible, le côté lâché.

75/ SAINTE-BEUVE, manuscrit cité par R. FAYOLLE *Sainte-Beuve et le XVIIIe siècle,* Armand Colin, 1972, p. 286.

Marcel Proust consacre un de ses premiers articles à Chardin, en 1895. Dans un véritable pastiche de Diderot, il imite la technique vivante de celui-ci, en imaginant qu'il doit initier un jeune homme à l'œuvre de Chardin et l'accompagner au Louvre. Cette peinture le retient par sa brillante surface sensuelle, et le fascine surtout par le jeu de la matière et de l'immatériel. L'art apparaît déjà, ici, comme magie et métamorphose, ce qui deviendra, plus tard, le thème majeur de *La Recherche du temps perdu.* Proust a retenu, dans l'élaboration de son œuvre, la double leçon de Chardin et de Diderot.

Dans ces chambres où vous ne voyez rien que l'image de la banalité des autres et le reflet de votre ennui, Chardin entre comme la lumière, donnant à chaque chose sa couleur, évoquant de la nuit éternelle où ils étaient ensevelis tous les êtres de la nature morte ou animée, avec la signification de sa forme si brillante pour le regard, si obscure pour l'esprit. Comme la Princesse réveillée, chacun est rendu à la vie, reprend ses couleurs, se met à causer avec vous, à vivre, à durer. Sur ce buffet où, depuis les plis rapides de la nappe à demi relevée jusqu'au couteau posé de côté, dépassant de toute la lame, tout garde le souvenir de la hâte des domestiques, tout porte le témoignage de la gourmandise des invités. Le compotier aussi glorieux encore et dépouillé déjà qu'un verger d'automne se couronne au sommet de pêches joufflues et roses comme des chérubins, inaccessibles et souriantes comme des immortels. Un chien qui lève la tête ne peut arriver jusqu'à elles et les rend plus désirables d'être vainement désirées. Son œil les goûte et surprend sur le duveté de leur peau qu'elle humecte, la suavité de leur saveur. Transparents comme le jour et désirables comme des sources, des verres où quelques gorgées de vin doux se prélassent comme au fond d'un gosier, sont à côté de verres déjà presque vides, comme à côté des emblèmes de la soif ardente, les emblèmes de la soif apaisée. Incliné comme une corolle flétrie un verre est à demi renversé ; le bonheur de son attitude découvre le fuseau de son pied, la finesse de ses attaches, la transparence de son vitrage, la noblesse de son évasement. A demi fêlé, indépendant désormais des besoins des hommes qu'il ne servira plus, il trouve dans sa grâce inutile la noblesse d'une buire de Venise. Légères comme des coupes nacrées et fraîches comme l'eau de la mer qu'elles nous tendent, des huîtres traînent sur la nappe, comme, sur l'autel de la gourmandise, ses symboles fragiles et charmants.

Dans un seau de l'eau fraîche traîne à terre, toute poussée encore par le pied rapide qui l'a vivement dérangée. Un couteau qu'on y a vivement caché et qui marque la précipitation de la jouissance, soulève les disques d'or des citrons qui semblent posés là par le geste de la gourmandise, complétant l'appareil de la volupté.

Maintenant venez jusqu'à la cuisine dont l'entrée est sévèrement gardée par la tribu des vases de toute grandeur, serviteurs capables et fidèles, race laborieuse et belle. Sur la table les couteaux actifs, qui vont droit au but, reposent dans une oisiveté menaçante et inoffensive. Mais au-dessus de vous un monstre étrange, frais encore comme la mer où il ondoya, une raie est suspendue, dont la vue mêle au désir de la gourmandise le charme curieux du calme ou des tempêtes de la mer dont elle fut le formidable témoin, faisant passer comme un souvenir du Jardin des plantes à travers un goût de restaurant. Elle est ouverte et vous pouvez admirer la beauté de son architecture délicate et vaste, teintée de sang rouge, de nerfs bleus et de muscles blancs, comme la nef d'une cathédrale polychrome. A côté, dans l'abandon de leur mort, des poissons sont tordus en une courbe raide et désespérée, à plat ventre, les yeux sortis. Puis un chat, superposant à cet

> aquarium la vie obscure de ses formes plus savantes et plus conscientes, l'éclat de ses yeux posé sur la raie, fait manœuvrer avec une hâte lente le velours de ses pattes sur les huîtres soulevées et décèle à la fois la prudence de son caractère, la convoitise de son palais et la témérité de son entreprise. L'œil qui aime à jouer avec les autres sens et à reconstitucr à l'aide de quelques couleurs, plus que tout un passé, tout un avenir, sent déjà la fraîcheur des huîtres qui vont mouiller les pattes du chat et on entend déjà, au moment où l'entassement précaire de ces nacres fragiles fléchira sous le poids du chat, le petit cri de leur fêlure et le tonnerre de leur chute.
>
> 76/ M. PROUST, *Chardin et Rembrandt,* Essais et articles, Bibliothèque de la Pléiade, pp. 374-376.

Comme Diderot, Francis Ponge a beaucoup écrit sur la peinture, attentif aussi bien aux ruptures littéraires que picturales, enthousiaste à la fois de Cézanne et de Lautréamont. Cet amoureux des mots qui a pris le parti des choses devait nécessairement s'intéresser à la nature morte. Dans un texte récent sur Braque, ce Chardin du XXe siècle (pour André Malraux, « *La Pourvoyeuse* est un Braque génial... »), Francis Ponge fait une référence claire au mot de Diderot sur Chardin dans le *Salon de 1769* (« Chardin n'est pas un peintre d'histoire, mais c'est un grand homme. ») : « Il ne suffit pas de dire qu'il fut un homme, dans toute l'acception du terme, ni même un homme plus profondément homme qu'aucun autre. Il faut dire qu'il fut un grand homme, un homme doué d'une très exceptionnelle grandeur. Mais cette grandeur ne ressemble, il est vrai, à aucune autre. Chez lui, pas de grandeur affectée, pas de grandeur affichée, par de grandeur recherchée, pas de grandeur se disant telle, pas les mots, pas les signes convenus de la grandeur.

Une grandeur de fait, irrémédiable, irrépressible, naissant de source à propos du moindre de ses desseins. »
Ce thème de la « grandeur », central dans la poétique matérialiste de Ponge est l'axe principal du texte consacré à Chardin en 1963.

Ces pêches, ces noix, cette corbeille d'osier, ces raisins, cette timbale, cette bouteille avec son bouchon de liège, cette fontaine de cuivre, ce mortier de bois, ces harengs saurs,

Il n'y a aucun honneur, aucun mérite à choisir de tels sujets.

Aucun effort, aucune invention ; aucune preuve ici de supériorité d'esprit. Plutôt une preuve de paresse, ou d'indigence.

Partant de si bas, il va falloir dès lors d'autant plus d'attention, de prudence, de talent, de génie pour les rendre intéressants.

Nous risquons à chaque instant la médiocrité, la platitude ; ou la mièvrerie, la préciosité.

Mais certes *leur* façon d'encombrer notre espace, de venir en avant, de se faire (ou de se rendre) plus importants que notre regard,

Le drame (la fête, aussi bien) que constitue leur rencontre,

Leur respect, leur mise en place,

Voilà un des plus grands sujets qui soient.

En quoi cela est-il bourgeois ? — Ce sont les biens proches,

Ce que l'on a, qu'on tient autour de soi.

Ce pot au feu. Cette musique de chambre.

Chardin ne s'en va pas vivre dans un monde de dieux ou de héros des anciennes mythologies ou de la religion.

Quand les anciennes mythologies ne nous sont

plus de rien, *felix culpa !* nous commençons à ressentir religieusement la réalité quotidienne.

Je crois que de plus en plus de reconnaissance sera vouée aux artistes qui auront fait preuve, par silence, par abstention pure et simple des thèmes imposés par l'idéologie de l'époque, — d'une bonne communion avec les non-artistes de leur temps.

Parce qu'ils auront été dans le fonds réellement vivant de ce temps, dans son état d'esprit officieux, — compte non tenu de ses superstructures idéologiques.

Comme on part d'en bas, comme aucun effort n'est donné, ou perdu, à se hausser au niveau d'un propos élevé ou splendide,

Tout ce qui vient en plus, tout ce qu'ajoute le génie de l'artiste apparaît pour transfigurer la manière, change la langue, fait faire des pas à l'esprit, constitue un magnifique *progrès.*

Ainsi, chez Rameau.

Ainsi, chez Chardin, le « sens du vide », par exemple, autour du *toton* ou du *joueur d'osselets* ; ou celui d'une « lumière de rêve », dans le *singe antiquaire.*

Entreprenez de traiter de la façon la plus banale le plus commun des sujets : c'est alors que paraîtra votre génie.

Dans une gavotte de Rameau, toute la France danse, de façon à la fois noble et joyeuse, aristocratique et paysanne, enthousiaste et spirituelle : grave et gracieuse à la fois.

Dans la fontaine de cuivre de Chardin, dans quelques pêches près d'une timbale d'argent, non loin d'un panier de raisins, sous l'échancrure d'un mur de cuisine par où s'aperçoit le petit coin d'un paysage romantique, il y a toutes les cuisses de nymphes, les uniformes des gardes-françaises, toutes les valeurs nobles et délicates du XVIIIe siècle. Et l'enthousiasme des Vestris.

Cela est offert pour ainsi dire dans le creux de la main. Sans avoir l'air d'y toucher. Sans prononcer un mot noble. Sans théâtre, sans affublement.

Rabaissant tranquillement notre regard sur les biens proches, l'âme et l'esprit ainsi se rassérènent, provisoirement.

Mais la grandeur, le drame aussitôt s'y retrouvent (l'enthousiasme et la fête, aussi bien).

L'on retrouve le pas.

La mort n'est-elle pas présente dans la pulsation normale du cœur, dans le *tempo* normal de la respiration ? — Certes, elle y est présente, mais elle y va sans précipitation.

Entre le paisible et le fatal, Chardin tient un méritoire équilibre.

Le fatal, quant à moi, m'est d'autant plus sensible qu'il va d'un pas égal, sans éclats démonstratifs, va de soi.

Voilà donc la « santé ».

Voilà notre beauté.

Quand tout se réordonne, sans endimanchement, dans un éclairage de destin.

Voilà aussi pourquoi la moindre nature morte est un paysage métaphysique.

Peut-être tout vient-il de ce que l'homme, comme tous les individus du règne animal, est en quelque façon *en trop* dans la nature : une sorte de vagabond, qui, le temps de sa vie, cherche le lieu de son repos enfin : de sa mort.

Voilà pourquoi il attache tant d'importance à l'espace, qui est le lieu de son vagabondage, de sa divagation, de son slalom.

Voilà pourquoi le moindre arrangement des choses, dans le moindre fragment d'espace, le fascine :

D'un coup d'œil, il y juge de son slalom, de son destin.

Le moindre arrangement des choses, dis-je, dans le moindre fragment d'espace,

Et non seulement la disposition des entrailles des poulets sacrés, celle des cartes battues puis étalées sur la table, celle du marc de café, celle des dés quand ils viennent d'être jetés.

Les grands signes ne sont pas qu'aux cieux.

Et il n'y a pas d'instant fatal, ou plutôt tout instant est fatal.

Ce n'est pas seulement le dernier matin qu'un homme sensible goûte dans une juste lumière la cigarette ou le verre de rhum.

Il se réveille dans cette disposition chaque jour.

Certes le temps s'écoule, mais pourtant jamais rien n'arrive.

Tout est là.

Tout l'avenir, aussi bien, — dans le moindre fragment d'espace.

Tout y est lisible,

Pour qui veut bien, pour qui sait bien l'y voir.

Pourtant, chez quelques-uns seulement parmi les plus grands artistes, un pas de plus est fait.

L'indifférence est atteinte.

Par un certain adoucissement, ou gommage de la hiératisation,

Il est redit, une seconde fois, que tout est simple ;

Que si le fatal va de soi,

L'inconscience aussi du fatal est fatale ;
Que la tranquillité est de droit.

Ce n'est qu'après ceux-là qu'on peut tirer l'échelle.

77/ F. Ponge, *De la nature morte et de Chardin*, 1963, repris dans *L'Atelier contemporain*, Gallimard, 1977, pp. 232-235.

3. Dialogues et romans

A part *Les Bijoux indiscrets,* tous les textes de fiction (qu'on les classe comme contes, dialogues ou romans) n'ont jamais été édités du vivant de Diderot et ont, dans le meilleur des cas, circulé dans les exemplaires manuscrits de la *Correspondance littéraire.* Cette revue clandestine, dirigée par Grimm puis par Meister, a été envoyée, de 1753 à 1793 (et jusqu'en 1813), à un petit nombre de souverains et de princes éclairés de l'Europe. Diderot, qui s'est voué avec passion à la publication de l'*Encyclopédie,* semble s'être désintéressé du destin de son œuvre personnelle. Tout prouve cependant qu'il attachait une très grande importance à cette part de ses écrits qu'il a portée si longtemps en lui et achevée après de multiples reprises, échelonnées parfois sur vingt ans.

Dans l'*Éloge de Richardson* de 1760, il fait des vœux pour un roman nouveau, qui ne soit pas « un tissu d'événements chimériques et frivoles », et pense manifestement à ce qu'il pourrait faire lui-même en ce domaine (« Et vous, spectres plus doux, Emilie, Charlotte, Pamela, chère Miss Howe, tandis que je converse avec vous, les années du travail et de la moisson des lauriers se passent, et je m'avance vers le dernier terme, sans rien tenter qui puisse me recommander aussi aux temps à venir », t. V, p. 143). Dans cette année où il vient d'achever la première mouture de *La Religieuse* et où il songe pour la première fois à un projet qui donnera, bien plus tard, *Le Neveu de Rameau,* il est dans l'excitation et l'enthousiasme de ce qui n'est encore que virtuel, mais qui s'impose cependant à lui comme un chemin nécessaire. Il va mettre au service d'une écriture romanesque nouvelle, qui doit rehausser la considération dont jouit le genre, toute son expérience du théâtre et de la peinture, qui ont développé en lui une certaine faculté de synthèse. Le génie du romancier tient précisément selon lui à un art du raccourci et des « circonstances fugitives » et, pour le roman (comme pour la peinture ou le théâtre), la fiction est la meilleure voie vers la vérité (« O Richardson ! j'oserai dire que l'histoire la plus vraie est pleine de mensonges et que ton roman est plein de vérités », t. V, p. 137).

A l'exception des textes écrits et publiés rapidement (*Les Bijoux indiscrets,* édité en 1748, et *Ceci n'est pas un conte, Madame de la Carlière,* le *Supplément au voyage de Bougainville,* conçus en 1772-1773 et donnés à la *Correspondance littéraire* en 1773-1774), les œuvres de fiction ont une gestation très longue. La correspondance mystificatrice avec le marquis de Croismare, qui est à l'origine de *La Religieuse* et constitue la préface-annexe dans le livre définitif, a été échangée en 1760 et publiée par Grimm en 1770. Le livre n'est véritablement achevé qu'en 1780 et donné à nouveau à Grimm. Le projet de *Jacques le Fataliste* remonte à 1771. Diderot rassemble les anecdotes éparses en 1775-1776 et revoit le texte en 1778, qui paraît alors dans plusieurs envois de la *Correspondance littéraire. Le Neveu de Rameau* est une des œuvres de Diderot les plus lues aujourd'hui, et aussi celle qui a eu le destin le plus curieux. Ce texte posthume, écrit entre 1760 et 1780, est traduit par Goethe en 1805 d'après une copie de l'Ermitage. La traduction de Goethe est à son tour traduite en français en 1821, et en 1823 paraît la version originale de Diderot, mais ce n'est qu'un texte incomplet, antérieur à l'ultime révision. Il faudra attendre 1891 pour que soit retrouvé par hasard, sur les quais, le manuscrit dans son dernier état.

Ce qui peut apparaître comme une négligence est plutôt le fait d'une attitude réfléchie. C'est sans doute par un choix délibéré que Diderot a voulu s'adresser à un public restreint, ou même faire œuvre posthume. Il avait manifestement le sentiment d'être en avance sur son temps et préférait, pour tous ces ouvrages, s'en remettre à la postérité. Le propre du génie, selon Condillac, étant « d'anticiper », celui-ci doit s'attendre à n'être reconnu que des générations futures, et il est bien vrai qu'il a fallu plusieurs décennies et parfois deux siècles pour que ces textes profonds de Diderot trouvent de « suffisants » lecteurs. (« Malheur à l'homme de génie qui franchit les barrières que l'usage et le temps ont prescrites aux productions des arts et qui foule aux pieds le protocole et ses formules ! Il se passera de longues années après sa mort, avant que la justice qu'il mérite lui soit rendue », *Éloge de Richardson,* t. V, p. 132). Diderot a aussi souhaité que ce secteur particulier de son œuvre soit réservé à une amicale de lecteurs choisis. Il fallait, peut-être, éviter toute publicité afin de préserver un contact intime à l'intérieur d'un petit milieu de *happy few.* Dialogues, contes et romans semblent issus d'une scène privée et réservés à elle, comme s'ils n'étaient que le prolongement secret d'une conversation ou d'une lettre.

Diderot n'a jamais peur que son génie s'épuise et s'abîme dans la conversation, qui représente davantage une ressource qu'un danger d'exténuation. C'est d'elle que tout procède puisqu'il en fait un modèle énonciatif auquel il se tient généralement dans ses œuvres. L'écriture et l'exercice de la pensée ne prennent jamais pour lui un tour muet et monologique, mais impliquent constamment un contexte et une mise en scène polyphoniques, qui imitent une parole multiple. Il aime faire le détail, dans ses lettres, des longues discussions qui ont lieu au Grandval chez le baron d'Holbach ou chez Mme d'Epinay. Il en suit le fil profond (comme celui du rêve ou de la mémoire), fasciné par les mécanismes associatifs où l'être de la pensée se révèle collectivement.

D C'est une chose singulière que la conversation, surtout lorsque la compagnie est un peu nombreuse. Voyez les circuits que nous avons faits. Les rêves d'un malade en délire ne sont pas plus hétéroclites. Cependant, comme il n'y a rien de décousu ni dans la tête d'un homme qui rêve, ni dans celle d'un fou, tout tient aussi dans la conversation ; mais il serait quelquefois bien difficile de retrouver les chaînons imperceptibles qui ont attiré tant d'idées disparates. Un homme jette un mot qu'il détache de ce qui a précédé et suivi dans sa tête ; un autre en fait autant ; et puis attrape qui pourra. Une seule qualité physique peut conduire l'esprit qui s'en occupe à une infinité de choses diverses. Prenons une couleur, le jaune, par exemple. L'or est jaune, la soie est jaune, le souci est jaune, la bile est jaune, la lumière est jaune, la paille est jaune ; à combien d'autres fils ce fil jaune ne répond-il pas ? La folie, le rêve, le décousu de la conversation consistent à passer d'un objet à un autre par l'entremise d'une qualité commune.

Le fou ne s'aperçoit pas qu'il en change. Il tient

un brin de paille jaune et luisante à la main, et il crie qu'il a saisi un rayon du soleil. Combien d'hommes qui ressemblent à ce fou sans s'en douter ; et moi-même peut-être dans ce moment.

78/ *Lettre à Sophie Volland* du 20 octobre 1760, t. IV, pp. 920-921.

Diderot tend dans ses lettres à reproduire et à instaurer la conversation, et ne manque jamais de préciser le cadre dans lequel il écrit. Il accrédite un espace et un temps précis, qui donnent toujours une allure particulière et renouvelée à son inépuisable désir de conter. En écrivant sa lettre à la hâte chez le libraire ou dans une auberge, il invente déjà cet art délié du récit où s'équilibrent génialement les interruptions et l'esprit de suite. Dans une lettre à Sophie expédiée de « Gudmont, près Vignory », il raconte comment, lors de son récent voyage à Langres, il a réconcilié l'abbé et Sœurette, en véritable héros de drame bourgeois. Ce tableau touchant est enchâssé entre deux aperçus sur le brouhaha de l'auberge où il écrit et où il s'interrompt pour manger. Ici opère le même style oral et discontinu, qui est à l'œuvre dans la fiction et, par exemple, dans *Jacques le Fataliste*.

D Oh ! que je suis content. Il est encore de bonne heure, et j'aurai le temps de causer avec vous tout à mon aise. Combien je vais vous dire de choses, tandis que ces bonnes gens me font sans apprêt une fricassée de poulet, qui sera mangée de bon appétit ! Bonnes gens, n'allez pas si vite ; j'ai une faim dévorante, mais j'aime encore mieux causer avec ma Sophie que manger. Que fait-elle ? que dit-elle ? que pense-t-elle ? où me croit-elle ? En quelque lieu du monde qu'elle me suppose, elle m'aime.

J'avais rapproché ce frère et cette sœur. Je m'applaudissais de mon ouvrage. J'en jouissais. Nous nagions tous les trois dans la joie, lorsqu'un événement de rien a pensé tout détruire. Hier, hier au soir, il arrive ; il voit des malles qui se remplissent, il prétend que je n'ai pas même daigné lui annoncer mon départ ; que c'était un arrangement fait entre Sœurette et moi ; que l'on le néglige ; que l'on se cache de lui ; qu'on lui tait tout ; qu'on ne l'aime pas ; qu'il le voit jusque dans les plus petites circonstances ; et puis voilà mon homme qui se désole, qui étouffe, qui ne peut ni boire, ni manger, ni parler ; et moi de lui prendre les mains, de l'embrasser, de lui protester tout ce que je sentais, peut-être plus que je ne sentais. Son état me faisait pitié. Je tremblais pour le sort de Sœurette, qui me disait : « Tenez, voilà la vie qu'il me prépare ; il faudra que je me dérange tous les jours la tête pour rarranger la sienne. »

Et puis voilà que *[sic]* ce propos et quelques autres de la même trempe, qu'elle ne sait que trop bien tenir, qui rallume[nt] l'orage qui commençait à se dissiper ; et mon philosophe qui ne sait plus à quel saint se vouer entre des gens qui se mettent le marché à la main et qui se retirent l'un d'un côté l'autre de l'autre, au grand étonnement des domestiques qui avaient servi le souper, et qui regardaient en silence trois êtres muets, chacun à dix pieds de la table, l'un tristement appuyé sur ses mains, c'était moi ; l'autre renversé sur sa chaise, comme quelqu'un qui a envie de dormir, c'était ma sœur ; le troisième se tourmentant sur sa chaise, cherchant une bonne posture et n'en trouvant point.

Cependant, après avoir éloigné les domestiques, je pris la parole ; je leur rappelai ce qu'ils s'étaient protesté sur le corps de leur père expiré ; je les conjurai, par l'amitié qu'ils avaient pour moi et par la douleur qu'ils me causaient, de finir une situation qui m'accablait ; je pris Sœurette par la main : « Non, mon frère, cet homme a été, est et sera toute sa vie insociable ; je veux m'aller coucher. — Non, chère sœur, vous ne me renverrez pas avec ce chagrin. — Je ne sais avec qui cet homme a vécu ; il est toujours prêt à soupçonner des complots. — Mon frère, laissez-la aller. Vous voyez bien [que], quand nous nous embrasserons, elle ne m'en aimera pas davantage. »

Cependant j'entraînais Sœurette qui se laissait aller en se faisant tirer. Nous arrivâmes enfin jusqu'au prêtre, et je les rapatriai. Nous mangeâmes un souper froid, pendant lequel je leur fis à chacun un très beau sermon. J'étais touché. Je ne sais ce que je leur dis ; mais la fin de tout cela, c'est qu'ils se tendirent les mains d'un côté de la table à l'autre, qu'ils se les saisirent, qu'ils se les serrèrent, qu'ils avaient les larmes aux yeux ; et qu'après s'être avoué bien franchement leurs torts, ils me demandèrent mille pardons et m'accablèrent de caresses. Ce n'étaient pas des discours ; c'étaient des mots entrecoupés, c'étaient les démonstrations les plus douces et les plus expressives.

L'abbé s'est levé de grand matin. Il est venu le premier dans ma chambre et il m'a tenu des propos moitié religion moitié raison, qui n'étaient pas trop mauvais ; et il m'a fait sentir au doigt que quand le cœur était partial, quoiqu'on s'observât, il était impossible qu'il n'y parût pas dans les actions. Que répondre à cela ? que j'avais peu vécu avec lui ; que je ne le connaissais pas autant que Sœurette, et autres forfanteries qu'on tient pour ne pas demeurer court et qui ne trompent que ceux qui nous aiment et qui ont de l'intérêt à les croire. Mais comment faire autrement ? Pour Sœurette, contente d'elle et de moi, elle dormait.

Mais voilà ma fricassée de poulet qui dort ; l'appétit et ma bonne paysanne qui s'impatientent ; allons la manger bien vite pour reprendre et continuer ce que vous ne pourrez peut-être pas lire, mais qu'importe ! je vous écrirai toujours ; ce sera comme le soir que je vous écrivais dans les ténèbres.

Ma fricassée était excellente et l'eau délicieuse. Ah ! ma Sophie, si vous m'aviez vu manger. Mais que je suis bête. Je vous crois attentive à tout ce que je fais. Les pauvres gens sont si honteux de n'avoir point de dessert à me donner, qu'ils n'oseraient presque le dire. Ils me prennent au moins pour quelque gros bénéficier. Il est vrai que j'ai une chaise et des chevaux ; mais point de laquais. Ils n'en savent pas si long, et ils ne m'en respectent pas moins.

A propos, les chats de campagne n'osent pas manger sur des assiettes. Il faut qu'ils soient fripons de leur naturel ; ils ont l'air de voler ce qu'on leur donne. Il y a bien des gens comme cela. Mais où en étais-je ? O la bonne eau ! A votre santé, ma Sophie ! — Madame, permettez-vous ? — Oui.

Voici le moment terrible ; celui des adieux. Ils ont été très tendres. J'ai jeté mes bras autour du cou de l'abbé ; mais j'ai baisé Sœurette cent fois. Je parlais à l'abbé, mais je ne disais mot à Sœurette. En vérité, nous somme très bien nés tous les trois ; mais il est impossible d'être de caractères plus divers. Ah ! s'ils s'aimaient l'un l'autre comme ils m'aiment tous les deux ! S'ils avaient pu me charger la maison entière sur le corps, je vous l'aurais apportée. Nous avons une qualité commune : c'est la sensibilité et le désintéressement. L'abbé ne tient à rien, cela est sûr ; l'argent n'en est pas excepté.

79/ *Lettre à Sophie Volland* du 16 août 1759, t. III, pp. 776-778.

Sainte-Beuve a très bien décrit (y décelant un talent nomade de « journaliste ») cette faculté de métamorphose par laquelle Diderot s'échauffe, dans une sorte de fureur orale où il fait les demandes et les réponses, hospitalier à toutes les voix qu'il capte (« Il n'est jamais lui-même chez lui, mais toujours chez les autres », *in* Roger Fayolle, *op. cit.*, p. 290). Barbey d'Aurevilly, au contraire, censure cette passion de converser où il ne voit qu'une faiblesse trop parisienne et datée.

Mais Diderot était, lui, un talent essentiellement extérieur. Au lieu de se concentrer, il se répandait. Il n'aurait pas attendu, comme Richardson, cinquante ans, derrière un comptoir, avant de lancer une *Clarisse*. Il ne serait pas resté, pendant des heures, silencieusement et pensivement assis à la taverne, comme Fielding pour y observer des filous et des filles. Il était du siècle le plus superficiel. Comme un bourgeois qu'il était — comme un parvenu et un Turcaret de lettres, il raffolait des salons où les grands seigneurs ennuyés l'écoutaient comme un oracle. Sa vanité s'étalait là. Il s'y dépensait effroyablement... Il se dépensait au café, au foyer des théâtres, partout où les hommes étaient rassemblés et où il pouvait ruisseler de paroles... Jamais bavarderie ne fut plus robuste, plus impétueuse et plus continue que la sienne... Il ressemblait à ces fontaines qui dégorgent incessamment et puissamment une eau violente par la bouche de quelque figure de lion rugissante, et toute oreille était pour lui une vasque qu'il inondait et qu'il remplissait... ce déclamateur, improvisateur, prédicateur, car, chose étrange ! il était, de nature, prédicateur ! Ce singulier homme qui, un jour de faim, avait fait dix-huit sermons pour dix-huit louis, avec sa facilité bouillonnante, aurait pu être un magnifique prédicateur, si le diable ne l'avait pas pris à Dieu de bonne heure et ne l'avait pas confisqué... Seulement, il garda le don. Il fut un prédicateur retourné, et prêcha pour la philosophie. Dans ses romans, comme dans ses autres livres, il ne s'oublie jamais, ni lui, ni sa prêcherie... Peintre qui crevait sa peinture pour passer sa tête par le trou de sa toile, afin qu'on le vît bien et qu'on l'entendît bien toujours.

80/ Barbey d'Aurevilly, *Goethe et Diderot,* pp. 175-176.

Ni mise au pillage, ni molle dissipation, ni temps perdu pour l'approfondissement de soi, la conversation est un choix matérialiste de l'extériorité. Parce qu'il n'est pas confiné dans une philosophie du sujet, Diderot tend à se fondre dans le discours commun. Dans ce jeu de relais et de hasard, où les voix se croisent au sein mouvant de la matière du monde, il n'est pas dépossédé de sa propre parole, mais il va d'abord vers la parole des autres, comme l'a montré Jean Starobinski.

Qu'on relise le début du *Neveu de Rameau* : on y verra les pensées du philosophe se transporter métaphoriquement au-dehors, dans la figure objective des « catins » du Palais-Royal ; à celles-ci succèdent les joueurs d'échecs du café de la Régence et leurs « mauvais propos » ; aussitôt après, la singulière figure du Neveu apparaît pour ne plus quitter la scène. Certes, son identité réelle ne fait aucun doute : son existence est aussi indépendante que possible, et tout se passe néanmoins comme si le philosophe l'avait rencontré au bout de ses propres pensées. C'est pourquoi il peut mettre dans la bouche du Neveu sa critique la plus acerbe, ses mauvaises pensées, ses paradoxes les plus hardis. La « scélératesse » ingénue du personnage l'y autorise : ce que Diderot hésite à dire en son nom propre sera dit par la bouche de l'autre, comme si Diderot se laissait voler son être le plus virulent.

Il en va de même, et plus nettement encore, dans les trois entretiens qui constituent *Le Rêve de d'Alembert*. Diderot n'est présent que dans le premier entretien, mais ses idées, accueillies d'abord avec scepticisme par d'Alembert, fermenteront dans le monologue du géomètre rêvant ; les propos de Bordeu en prennent aussitôt le relais, si bien que les propositions initiales de Diderot se diffusent, en son absence, par la voix de plusieurs personnages. Nous assistons à un essaimage, à une dissémination, qui assurent à la parole de Diderot un prolongement indéfini en d'autres bouches. Cette fois, le transfert de la parole obéit à la loi qui veut que le discours de la science puisse être reçu et retransmis par tout esprit juste. L'hypothèse se fraie, littéralement, un chemin, d'un individu à l'autre : elle annonce ainsi son pouvoir d'appartenir à tous. Et si Diderot n'est plus en scène après le premier dialogue, ce n'est pas seulement pour faire tenir par un autre (comme ce fut le cas déjà avec Saunderson dans la *Lettre sur les aveugles*) le dangereux discours visionnaire de l'enthousiasme matérialiste, c'est pour démontrer qu'une certaine vue du monde et des origines de la vie est apte à circuler, à passer de bouche en bouche, à se propager victorieusement. La vérité est un bien commun ; elle est généralisable ; l'énoncer, c'est aussitôt la communiquer, tenter de lui assurer la reconnaissance universelle ; à la limite, elle n'est plus la parole de l'autre, elle devient le discours de tous, dont seule peut se distinguer la voix du *génie* qui le premier aura su en faire la découverte. Diderot ne revendique pas la gloire de l'invention : il n'est qu'un agent de liaison. Il a accueilli l'idée de la sensibilité de la matière, il en développe les conséquences, il cherche à gagner d'Alembert à sa thèse ; celui-ci, dans un sommeil qui n'a endormi que sa prudence, amplifie l'idée jusqu'à lui donner la dimension d'une cosmologie. Bordeu, qui sait reprendre à la perfection le fil du discours du rêveur, lui apporte le complément de physiologie et de morale qu'il impliquait. Ce n'est pas là un *autre* discours, un discours de la contradiction, de l'opposition, mais le *même discours,* repris par un autre...

Or, le passage de voix en voix, le mouvement où la relève peut être prise par l'autre (indéfiniment, on le soupçonne), ont pour thème et contenu la mise en pleine lumière des processus cachés de la vie et de l'organisation. Le discours qui s'oriente vers le dehors a pour finalité d'*extérioriser* les secrets de la nature ; peut-être s'agit-il ici d'une seule et même exigence, que nous pourrions qualifier comme un besoin d'*objectivation* complète. Mettre mon discours dans la bouche de l'autre, c'est l'objectiver ; et, d'autre part, renoncer à l'hypothèse d'une substance inétendue, transférer à la matière sensible ou à l'organisation tous les effets que le dualisme cartésien attribuait à l'âme, c'est inscrire dans les choses, dans un arrangement d'*objets,* les facultés que le spiritualisme déclare inobjectivables. Montrer, exposer au grand jour, divulguer sont chez Diderot des actes privilégiés, qui font aller de pair l'impudeur et la curiosité scientifique, l'indiscrétion et l'audace intellectuelle. On lit dans *De l'interprétation de la nature* : « Il faut révéler et la chose et les moyens »... « Ce n'est pas assez de révéler ; il faut encore que la révélation soit entière et claire »... « Hâtons-nous de rendre la philosophie populaire »... « La nature n'a-t-elle pas assez de son voile, sans la doubler encore de celui du mystère ; n'est-ce pas assez des difficultés de l'art ? » Nous retrouvons ici, conjointement, le principe moteur du projet encyclopédique, et celui de l'exigence d'expressivité, qui caractérise l'esthétique de Diderot. Tout doit être porté au plus haut degré de lisibilité et de visibilité, tout doit être arraché aux ténèbres. Qu'une cause soit d'abord cachée, qu'une conduite soit d'abord simulatrice ou mystificatrice ne fait qu'accentuer l'effet soudain de leur mise à nu. Diderot se plaît, constamment, à rendre manifeste la « réalité » méconnue de la passion, et, derrière celle-ci, le mécanisme de la *fibre,* le jeu des particules organiques. Ainsi devenons-nous soudain spectateurs de l'intimité des corps déshabillés par-delà leur épiderme : la scène se transporte sur un étrange « théâtre anatomique », où nous voyons s'engorger les humeurs, se crisper ou se détendre les « parties irritables ». Les derniers ressorts, les causes les plus « profondes » sont mis sous nos yeux, dans l'enchaînement devenu évident de *choses* vivantes qui se font et se défont.

81/ J. Starobinski, « Diderot et la parole des autres », *in Œuvres complètes de Diderot,* C.F.L., t. XIII, pp. XIII-XV.

C'est cette fulgurante dispersion des voix, réglée de main de maître dans *Jacques le Fataliste* et dans *Le Neveu de Rameau* qui a tant fasciné les écrivains et philosophes allemands, comme Schiller, Goethe, Hegel, Schlegel, Nietzsche. Ils y ont reconnu non seulement la plus grande liberté de l'esprit français, au travail dans le jeu bizarre et décousu de l'arabesque, mais le « festin » énorme d'une satire qui excède la rationalité des Lumières. L'ouverture du *Neveu de Rameau* fait entendre tous les bruits du monde, à la promenade et au café. Dans cet espace public, strictement extérieur, favorable à la conversation, à la prostitution, au jeu, c'est-à-dire à tous les échanges possibles, le Neveu apparaît comme un extraordinaire original du carrefour.

D Qu'il fasse beau, qu'il fasse laid, c'est mon habitude d'aller sur les cinq heures du soir me promener au Palais-Royal. C'est moi qu'on voit, toujours seul, rêvant sur le banc d'Argenson. Je m'entretiens avec moi-même de politique, d'amour, de goût ou de philosophie. J'abandonne mon esprit à tout son libertinage. Je le laisse maître de suivre la première idée sage ou folle qui se présente, comme on voit dans l'allée de Foy nos jeunes dissolus marcher sur les pas d'une courtisane à l'air éventé, au visage riant, à l'œil vif, au nez retroussé, quitter celle-ci pour une autre, les attaquant toutes et ne s'attachant à aucune. Mes pensées, ce sont mes catins. Si le temps est trop froid, ou trop pluvieux, je me réfugie au café de la Régence ; là je m'amuse à voir jouer aux échecs. Paris est l'endroit du monde, et le café de la Régence est l'endroit de Paris où l'on joue le mieux à ce jeu. C'est chez Rey que font assaut Légal le profond, Philidor le subtil, le solide Mayot ; qu'on voit les coups les plus surprenants, et qu'on entend les plus mauvais propos ; car si l'on peut être homme d'esprit et grand joueur d'échecs, comme Légal ; on peut être aussi un grand joueur d'échecs, et un sot, comme Foubert et Mayot. Un après-dîner, j'étais là, regardant beaucoup, parlant peu, et écoutant le moins que je pouvais ; lorsque je fus abordé par un des plus bizarres personnages de ce pays où Dieu n'en a pas laissé manquer. C'est un composé de hauteur et de bassesse, de bon sens et de déraison. Il faut que les notions de l'honnête et du déshonnête soient bien étrangement brouillées dans sa tête ; car il montre ce que la nature lui a donné de bonnes qualités, sans ostentation, et ce qu'il en a reçu de mauvaises, sans pudeur. Au reste il est doué d'une organisation forte, d'une chaleur d'imagination singulière, et d'une vigueur de poumons peu commune. Si vous le rencontrez jamais et que son originalité ne vous arrête pas ; ou vous mettrez vos doigts dans vos oreilles, ou vous vous enfuirez. Dieux, quels terribles poumons. Rien ne dissemble plus de lui que lui-même. Quelquefois, il est maigre et hâve, comme un malade au dernier degré de la consomption ; on compterait ses dents à travers ses joues ; on dirait qu'il a passé plusieurs jours sans manger, ou qu'il sort de la Trappe. Le mois suivant, il est gras et replet, comme s'il n'avait pas quitté la table d'un financier, ou qu'il eût été renfermé dans un couvent de bernardins. Aujourd'hui, en linge sale, en culotte déchirée, couvert de lambeaux, presque sans souliers, il va la tête basse, il se dérobe, on serait tenté de l'appeler, pour lui donner l'aumône. Demain, poudré, chaussé, frisé, bien vêtu, il marche la tête haute, il se montre et vous le prendriez au peu près pour un honnête homme. Il vit au jour la journée. Triste ou gai, selon les circonstances. Son premier soin, le matin, quand il est levé, est de savoir où il dînera ; après dîner, il pense où il ira souper. La nuit amène aussi son inquiétude. Ou il regagne, à pied, un petit grenier qu'il habite, à moins que l'hôtesse ennuyée d'attendre son loyer, ne lui en ait redemandé la clef ; ou il se rabat dans une taverne du faubourg où il attend le jour, entre un morceau de pain et un pot de bière. Quand il n'a pas six sols dans sa poche, ce qui lui arrive quelquefois, il a recours soit à un fiacre de ses amis, soit au cocher d'un grand seigneur qui lui donne un lit sur de la paille, à côté de ses chevaux. Le matin, il a encore une partie de son matelas dans ses cheveux. Si la saison est douce, il arpente toute la nuit, le Cours ou les Champs-Elysées. Il reparaît avec le jour, à la ville, habillé de la veille pour le lendemain, et du lendemain quelquefois pour le reste de la semaine. Je n'estime pas ces originaux-là ; d'autres en font leurs connaissances familières, même leurs amis. Ils m'arrêtent une fois l'an, quand je les rencontre, parce que leur caractère tranche avec celui des autres ; et qu'ils rompent cette fastidieuse uniformité que notre éducation, nos conventions de société, nos bienséances d'usage ont introduite. S'il en paraît un dans une compagnie, c'est un grain de levain qui fermente et qui restitue à chacun une portion de son individualité naturelle. Il secoue, il agite ; il fait approuver ou blâmer ; il fait sortir la vérité ; il fait connaître les gens de bien ; il démasque les coquins ; c'est alors que l'homme de bon sens écoute, et démêle son monde.

82/ *Le Neveu de Rameau,* t. X, pp. 299-301.

Entre Lui et Moi s'engage un entretien assez trouble, parce que le premier séduit le second autant qu'il le scandalise. Son cynisme pervers mêle le faux et le juste, renverse tous les rôles et défait sournoisement les couples bien établis du sage et du fou, du serviteur et du maître.

D Je l'écoutais ; et à mesure qu'il faisait la scène du proxénète et de la jeune fille qu'il séduisait ; l'âme agitée de deux mouvements opposés, je ne savais si je m'abandonnerais à l'envie de rire, ou au transport de l'indignation. Je souffrais. Vingt fois un éclat de rire empêcha ma colère d'éclater ; vingt fois la colère qui s'élevait au fond de mon cœur se termina par un éclat de rire. J'étais confondu de tant de sagacité, et de tant de bassesse ; d'idées si justes et alternativement si fausses ; d'une perversité si générale de sentiments, d'une turpitude si complète, et d'une franchise si peu commune. Il s'aperçut du conflit qui se passait en moi : « Qu'avez-vous ? » me dit-il.

83/ *Le Neveu de Rameau,* t. X, p. 321.

A la demande de Schiller, Goethe a lu *Le Neveu de Rameau* en 1804 et l'a traduit en 1805. Ce profond lecteur perçoit l'ensemble. La forme dialoguée, qui ne lui paraît ni lacunaire ni digressive, le ravit au contraire par la solidité de son fil.

L'ouvrage remarquable que nous soumettons [...] aux lecteurs allemands est sans nul doute une des meilleures productions de Diderot. Le public français et même ses amis admettaient qu'il pouvait écrire de très belles pages, mais le jugeaient incapable de concevoir une grande composition. Ces propos-là se répètent, l'écho les multiplie, et le mérite d'un homme de bien s'en trouve amoindri sans autre examen. Nos aristarques n'avaient probablement pas lu *Jacques le Fataliste.* Le présent écrit témoigne aussi du bonheur avec lequel il savait assembler les éléments de la réalité les plus hétérogènes pour en faire un tout idéal. Au reste, quelle que fût leur opinion sur l'écrivain, ses amis et ses ennemis s'accordaient à dire que nul, dans la conversation, ne le surpassait en vivacité, en force, en esprit, en variété et en grâce. En adoptant pour le présent écrit la forme dialoguée, Diderot s'est placé sur le terrain qui l'avantageait et il a produit un chef-d'œuvre qui suscite d'autant plus d'admiration qu'on le connaît mieux. Son dessein oratoire et moral est multiple. D'abord il consacre toutes les ressources de son esprit à la description des flagorneurs et des parasites dans ce qu'ils ont de plus vil, et il ne ménage pas davantage leurs patrons. En même temps, l'auteur s'efforce de montrer que ses ennemis dans la république des lettres appartiennent aussi à l'espèce des hypocrites et des flatteurs, et il profite de l'occasion pour exprimer son sentiment et ses vues sur la musique française. Aussi hétérogène que puisse paraître ce dernier élément dans la composition, c'est lui pourtant qui donne au tout sa tenue et sa dignité : car s'il est vrai que le personnage du Neveu de Rameau trahit une nature décidément servile, que les influences extérieures peuvent pousser à toutes les perversités, et qui suscite par là notre mépris, voire notre aversion, ces sentiments seront tempérés par le fait qu'il se montre aussi sous les traits d'un musicien qui n'est pas totalement dépourvu de talent, mi-visionnaire, mi-virtuose. Du point de vue de la composition poétique, encore, le talent inné du protagoniste présente un grand avantage : il parle pour tous les flatteurs et tous les esclaves, il représente une espèce entière, mais il n'en est pas moins un individu, un être ayant son caractère particulier, Rameau, le Neveu du grand Rameau, vivant et agissant.

On laissera découvrir au lecteur intelligent — qui sait aussi relire — avec quelle adresse ces fils tendus dès le début sont ensuite entrelacés, quelle variété d'entretiens permet ce tissu, comment cet ensemble où le coquin et l'honnête homme se trouvent confrontés sur le plan le plus général est cependant tout pétri de réalité parisienne. Car le bonheur avec lequel cet ouvrage est conçu et pensé n'a d'égal que celui de son invention. Puisse le propriétaire de l'original français consentir à le communiquer très prochainement au public.

84/ *Rameaus Neffe,* réédition de la traduction et des commentaires originaux par R. MUNNICH, Weimar, 1964, pp. 208-210 (trad. J. et M. Proust), *in Lectures de Diderot,* pp. 42-43.

Face au bohème, dont la conscience se déchire en parcourant les plus grands écarts du bien au mal, Moi incarne le philosophe honnête. Spectateur fasciné au parterre, conscient d'être lui-même incapable de cette vérité que l'autre, de la scène de sa folie, fait paraître, il risque cependant une parole de maître, certaine d'échapper à la vertigineuse dissolution que subit tout ce qui paraît sur le théâtre du monde.

D Moi

Ce qui rend les gens du monde si délicats sur leurs amusements, c'est leur profonde oisiveté.

Lui

Ne croyez pas cela. Ils s'agitent beaucoup.

Moi

Comme ils ne se lassent jamais, ils ne se délassent jamais.

Lui

Ne croyez pas cela. Ils sont sans cesse excédés.

Moi

Le plaisir est toujours une affaire pour eux, et jamais un besoin.

Lui

Tant mieux, le besoin est toujours une peine.

Moi

Ils usent tout. Leur âme s'hébète. L'ennui s'en empare. Celui qui leur ôterait la vie, au milieu de leur abondance accablante, les servirait. C'est qu'ils ne connaissent du bonheur que la partie qui s'émousse le plus vite. Je ne méprise pas les plaisirs des sens. J'ai un palais aussi, et il est flatté d'un mets délicat, ou d'un vin délicieux. J'ai un cœur et des yeux ; et j'aime à voir une jolie femme. J'aime à sentir sous ma main la fermeté et la rondeur de sa gorge ; à presser ses lèvres des miennes ; à puiser la volupté dans ses regards, et à en expirer entre ses bras. Quelquefois avec mes amis, une partie de débauche, même un peu tumultueuse, ne me déplaît pas. Mais je ne vous le dissimulerai pas, il m'est infiniment plus doux encore d'avoir secouru le malheureux, d'avoir terminé une affaire épineuse, donné un conseil salutaire, fait une lecture agréable ; une promenade avec un homme ou une femme chère à mon cœur ; passé quelques heures instructives avec mes enfants, écrit une bonne page, rempli les devoirs de mon état ; dit à celle que j'aime quelques choses tendres et douces qui amènent ses bras autour de mon cou. Je connais telle action que je voudrais avoir faite pour tout ce que je possède. C'est un sublime ouvrage que *Mahomet* ; j'aimerais mieux avoir réhabilité la mémoire des Calas. Un homme de ma connaissance s'était réfugié à Carthagène. C'etait un cadet de famille, dans un pays où la coutume transfère tout le bien aux aînés. Là il apprend que son aîné, enfant gâté, après avoir dépouillé son père et sa mère, trop faciles, de tout ce qu'ils possédaient, les avait expulsés de leur château, et que les bons vieillards languissaient indigents, dans une petite ville de la province. Que fait alors ce cadet qui, traité durement par ses parents, était allé tenter la fortune au loin ; il leur envoie des secours ; il se hâte d'arranger ses affaires. Il revient opulent. Il ramène son père et sa mère dans leur domicile. Il marie ses sœurs. Ah, mon cher Rameau ; cet homme regardait cet intervalle, comme le plus heureux de sa vie. C'est les larmes aux yeux qu'il m'en parlait ; et moi, je sens, en vous faisant ce récit, mon cœur se troubler de joie, et le plaisir me couper la parole.

Lui

Vous êtes des êtres bien singuliers !

Moi

Vous êtes des êtres bien à plaindre, si vous n'imaginez pas qu'on s'est élevé au-dessus du sort, et qu'il est impossible d'être malheureux, à l'abri de deux belles actions, telles que celle-ci.

Lui

Voilà une espèce de félicité avec laquelle j'aurai de la peine à me familiariser, car on la rencontre rarement. Mais à votre compte, il faudrait donc être d'honnêtes gens ?

85/ *Le Neveu de Rameau,* t. X, pp. 341-343.

Pour Jacques Chouillet, *Le Neveu de Rameau* est une œuvre de rupture qui « signale l'avènement de l'ère critique ». Dans cette crise, la volonté utopique de réunir le bon, le vrai et le beau, qui caractérisait l'optimisme des Lumières, fait place à une pensée problématique, émancipée à regret des anciens thèmes heureux de réconciliation.

Ce qui s'est produit à l'époque du *Neveu de Rameau* ressemble fort à la grande rupture de l'année 1749, où la négation de « l'ordre admirable » et la ruine de l'ontologie avaient amené Diderot à entrevoir, dès la *Lettre sur les aveugles,* la libération de l'esthétique et sa constitution en science autonome. Ici c'est l'immense travail de synthèse des années 1753-1758 qui semble remis en cause. Après avoir tenté, à travers Dorval et Ariste, de réconcilier l'attrait de la diversité et l'aspiration à l'unité, après avoir rêvé d'un rapprochement entre l'esthétique et les sciences de la nature, après avoir échafaudé l'utopie d'une civilisation qui réunirait les exigences opposées de la nature et de la culture, voici que le débat des années 1759-1761 semble remettre en cause tous ces grands idéaux entrevus. Ne donnons qu'une importance relative à l'échec du drame, puisqu'il n'a sans doute pas eu la signification qu'on lui attribue. Beaucoup plus grave est la révocation du privilège de l'*Encyclopédie,* avec toutes ses suites morales et sociales : succès de la comédie des *Philosophes,* triomphe du parti anti-philosophique, révélation du désaccord fondamental entre Diderot et son public.

Une deuxième grande rupture se produit, non pas dans les intentions de Diderot, mais dans l'idée qu'il se fait de son rôle public. La révélation qu'il vient d'avoir, c'est celle d'un monde qui refuse les valeurs enseignées par l'*Encyclopédie,* ou bien qui s'en réclame hypocritement pour n'avoir pas à s'y soumettre. Il existe des Bertin prévaricateurs qui se piquent de savoir ce que c'est que « le goût ». Le monde des arts est encombré de gueux qui « se réconcilient à la gamelle ». Des êtres rares comme J.-F. Rameau travaillent à détruire le génie qu'ils portent en eux, parce qu'ils veulent complaire à leurs protecteurs et parce qu'ils s'entendent dire à longueur de journée que l'homme de génie est « bon à jeter au Cagniard ». De tous ces symptômes de décadence, le plus grave est la dissociation qui s'opère, au sein même de l'élite cultivée, à laquelle appartient J.-F. Rameau, entre l'esthétique — valeur saine, rassurante, confortable — et l'éthique, jugée dangereuse pour l'ordre établi. Place au musicien, qui honore ses protecteurs ! Honte au moraliste, qui se mêle de dire la vérité ! A cette dissociation s'ajoute une sorte de confusion du jugement qui tend à substituer aux critères de bonté et d'honnêteté, le critère de la beauté, comme s'il y avait quelque élégance à discuter

« une action horrible, un exécrable forfait, comme un connaisseur en peinture ou en poésie examine les beautés d'un ouvrage de goût ». Au bout de la décadence se profile l'esthétique, refuge des bavards, alibi des coquins. La dissociation de l'esthétique et de l'éthique n'est donc pas, contrairement à ce que semble dire Goethe, une victoire conduisant à la libération de l'esthétique. Diderot l'interprète comme une défaite et tout ce qui, à travers les propos de *Moi,* transparaît des indignations de l'auteur, va dans le sens d'une protestation, et non d'un consentement.

86/ J. Chouillet, *La Formation des idées esthétiques de Diderot,* Armand Colin, 1973, pp. 550-551.

Saltimbanque ivre, Rameau est ce héros paradoxal qui, effaçant la frontière entre l'intérieur et l'extérieur, entre l'être et l'apparence, parvient à restituer toute la vérité du monde, alors que le philosophe, immobile, prétend seul échapper au grand branle de la terre.

D

Moi

Qu'est-ce que des positions ?

Lui

Allez le demander à Noverre. Le monde en offre bien plus que son art n'en peut imiter.

Moi

Et vous voilà, aussi, pour me servir de votre expression, ou de celle de Montaigne *perché sur l'épicycle de Mercure,* et considérant les différentes pantomimes de l'espèce humaine.

Lui

Non, non, vous dis-je. Je suis trop lourd pour

m'élever si haut. J'abandonne aux grues le séjour des brouillards. Je vais terre à terre. Je regarde autour de moi ; et je prends mes positions, ou je m'amuse des positions que je vois prendre aux autres. Je suis excellent pantomime ; comme vous en allez juger.

Puis il se met à sourire, à contrefaire l'homme admirateur, l'homme suppliant, l'homme complaisant ; il a le pied droit en avant, le gauche en arrière, le dos courbé, la tête relevée, le regard comme attaché sur d'autres yeux, la bouche entrouverte, les bras portés vers quelque objet ; il attend un ordre, il le reçoit ; il part comme un trait ; il revient, il est exécuté ; il en rend compte. Il est attentif à tout ; il ramasse ce qui tombe ; il place un oreiller ou un tabouret sous des pieds ; il tient une soucoupe, il approche une chaise, il ouvre une porte ; il ferme une fenêtre ; il tire des rideaux ; il observe le maître et la maîtresse ; il est immobile, les bras pendants ; les jambes parallèles ; il écoute ; il cherche à lire sur des visages ; et il ajoute : « Voilà ma pantomime, à peu près la même que celle des flatteurs, des courtisans, des valets et des gueux. »

Les folies de cet homme, les contes de l'abbé Galiani, les extravagances de Rabelais m'ont quelquefois fait rêver profondément. Ce sont trois magasins où je me suis pourvu de masques ridicules que je place sur le visage des plus graves personnages ; et je vois Pantalon dans un prélat, un satyre dans un président, un pourceau dans un cénobite, une autruche dans un ministre, une oie dans son premier commis.

Moi

Mais à votre compte, dis-je à mon homme, il y a bien des gueux dans ce monde-ci ; et je ne connais personne qui ne sache quelques pas de votre danse.

Lui

Vous avez raison. Il n'y a dans tout un royaume qu'un homme qui marche, c'est le souverain. Tout le reste prend des positions.

Moi

Le souverain ? encore y a-t-il quelque chose à dire ? Et croyez-vous qu'il ne se trouve pas, de temps en temps, à côté de lui, un petit pied, un petit chignon, un petit nez qui lui fasse faire un peu de la pantomime. Quiconque a besoin d'un autre, est indigent et prend une position. Le roi prend une position devant sa maîtresse et devant Dieu ; il fait son pas de pantomime. Le ministre fait le pas de courtisan, de flatteur, de valet ou de gueux devant son roi. La foule des ambitieux dansent vos positions, en cent manières plus viles les unes que les autres, devant le ministre. L'abbé de condition en rabat, et en manteau long, au moins une fois la semaine, devant le dépositaire de la feuille des bénéfices. Ma foi, ce que vous appelez la pantomime des gueux, est le grand branle de la terre. Chacun a sa petite Hus et son Bertin.

Lui

Cela me console.

Mais tandis que je parlais, il contrefaisait à mourir de rire les positions des personnages que je nommais ; par exemple, pour le petit abbé, il tenait son chapeau sous le bras, et son bréviaire de la main gauche ; de la droite, il relevait la queue de son manteau ; il s'avançait la tête un peu penchée sur l'épaule, les yeux baissés, imitant si parfaitement l'hypocrite que je crus voir l'auteur des *Réfutations* devant l'évêque d'Orléans. Aux flatteurs, aux ambitieux, il était ventre à terre. C'était Bouret, au contrôle général.

Moi

Cela est supérieurement exécuté, lui dis-je. Mais il y a pourtant un être dispensé de la pantomime. C'est le philosophe qui n'a rien et qui ne demande rien.

87/ *Le Neveu de Rameau,* t. X, pp. 405-407.

Selon Michel Foucault, « la parole du Neveu » occupe une place bien particulière dans l'histoire de la folie, à égale distance de la nef des fous et d'Antonin Artaud. Figure de transition entre deux mondes, le Neveu est le dernier personnage qui fasse l'épreuve de la déraison sans être condamné à la folie.

Quelle est donc la signification de cette existence déraisonnable que figure le Neveu de Rameau, d'une manière qui est secrète encore pour ses contemporains, mais qui est décisive pour notre regard rétrospectif ?

C'est une existence qui s'enfonce très loin dans le temps — recueillant de très anciennes figures et, entre autres, un profil de bouffonnerie qui rappelle le Moyen Age, annonçant aussi les formes les plus modernes de la déraison, celles qui sont contemporaines de Nerval, de Nietzsche et d'Antonin Artaud. Interroger le Neveu de Rameau dans le paradoxe de son existence si voyante et pourtant inaperçue au XVIIIe siècle, c'est se placer légèrement en retrait par rapport à la chronique de l'évolution ; mais c'est en même temps se permettre d'apercevoir, dans leur forme générale, les grandes structures de la déraison — celles qui sommeillent dans la culture occidentale, un peu au-dessous du temps des historiens. Et peut-être *Le Neveu de Rameau* nous apprendra-t-il hâtivement par les figures bousculées de ses contradictions, ce qu'il y a eu de plus essentiel, dans les bouleversements qui ont renouvelé l'expérience de la déraison à l'âge classique. Il faut l'interroger comme un paradigme raccourci de l'histoire. Et puisque, pendant l'éclair d'un instant, il dessine la grande ligne brisée qui va de la Nef des fous aux dernières paroles de Nietzsche et peut-être jusqu'aux vociférations d'Artaud, tâchons de savoir ce que cache ce personnage, comment se sont affrontées dans le texte de Diderot la raison, la folie et la déraison, quels nouveaux rapports se sont noués entre elles. L'histoire que nous aurons à écrire dans cette dernière partie se loge à l'intérieur de l'espace ouvert par la parole du Neveu ; mais elle sera loin, évidemment, de le couvrir en son entier. Dernier personnage en qui folie et déraison se réunissent, le Neveu de Rameau est celui en qui le moment de la séparation est également préfiguré. [...] Mais c'est seulement dans les derniers textes de Nietzsche ou chez Artaud qu'elle prendra, pour la culture occidentale, ses significations philosophiques et tragiques. [...]

A première vue, on aimerait situer le Neveu de Rameau dans la vieille parenté des fous et des bouffons, et lui restituer tous les pouvoirs d'ironie dont ils avaient été chargés. Ne joue-t-il pas dans la mise à jour de la vérité le rôle d'inattentif opérateur, qui avait été si longtemps le sien au théâtre, et que le classicisme avait profondément oublié ? N'arrive-t-il pas souvent à la vérité de scintiller dans le sillage de son impertinence ? Ces fous « rompent cette fastidieuse uniformité que notre éducation, nos conventions de société, nos bienséances d'usage et de conduite ont introduite. S'il en paraît un dans une compagnie, c'est un grain de levain qui fermente, et qui restitue à chacun une portion de son individualité naturelle. Il secoue, il agite, il fait approuver ou blâmer, il fait sortir la vérité, il fait connaître les gens de bien, il démasque les coquins. »

Mais si la folie se charge ainsi de faire cheminer la vérité à travers le monde, ce n'est plus parce que son aveuglement communique avec l'essentiel par d'étranges savoirs, mais par ceci seulement qu'elle est aveugle ; son pouvoir n'est fait que d'erreur : « Si nous disons quelque chose de bien, c'est, comme des fous ou des philosophes, au hasard. » Ce qui veut dire sans doute que le hasard est le seul lien nécessaire entre la vérité et l'erreur, le seul chemin de paradoxale certitude ; et dans cette mesure la folie, comme exaltation de ce hasard — hasard ni voulu ni cherché, mais livré à lui-même —, apparaît comme la vérité de la vérité, et tout aussi bien comme erreur manifestée ; car l'erreur manifestée, ce sont, portés en pleine lumière du jour, et cet être qu'elle est, et ce non-être qui la fait erreur. Et c'est là que la folie prend, pour le monde moderne, un sens nouveau.

D'un côté la déraison est ce qu'il y a de plus immédiatement proche de l'être, de plus enraciné en lui : tout ce qu'elle peut sacrifier ou abolir de sagesse, de vérité et de raison, rend pur et plus pressant l'être qu'elle manifeste. Tout retard, tout retrait de cet être, toute médiation même lui sont insupportables : « J'aime mieux être et même être impertinent raisonneur que de n'être pas. »

Le Neveu de Rameau a faim et le dit. Ce qu'il y a de vorace et d'éhonté chez le Neveu de Rameau, tout ce qui peut renaître en lui de cynisme, ce n'est pas une hypocrisie qui se décide à livrer ses secrets ; car son secret justement est de ne pouvoir pas être hypocrite ; le Neveu de Rameau n'est pas l'autre côté de Tartuffe ; il manifeste seulement cette immédiate pression de l'être dans la déraison, l'impossibilité de la médiation. Mais dans le même temps, la déraison est livrée au non-être de l'illusion, et elle s'épuise dans la nuit. Si elle se réduit, par l'intérêt, à ce qu'il y a de plus immédiat dans l'être, elle mime également ce qu'il y a de plus lointain, de plus fragile, de moins consistant dans l'apparence. Elle est à la fois l'urgence de l'être et la pantomime du non-être, l'immédiate nécessité, et l'indéfinie réflexion du miroir. « Le pis, c'est la posture contrainte où nous tient le besoin. L'homme nécessiteux ne marche pas comme un autre ; il saute, il rampe, il se tortille, il se traîne ; il passe sa vie à prendre et à exécuter des positions. » Rigueur du besoin et singerie de l'inutile, la déraison est d'un seul mouvement cet égoïsme sans recours ni partage et cette fascination par ce qu'il y a de plus extérieur dans l'inessentiel. Le Neveu de Rameau, c'est cette simultanéité même, cette extravagance poussée, dans une volonté systématique de délire, jusqu'au point de s'effectuer en pleine conscience, et comme expérience totale du monde : « Ma foi, ce que vous appelez la pantomime des gueux est le grand branle de la terre. » Etre soi-même ce bruit, cette musique, ce spectacle, cette comédie, se réaliser comme chose et comme chose illusoire, être par là non seulement chose, mais vide et néant, être le vide absolu de cette absolue plénitude par laquelle on est fasciné de l'extérieur, être finalement le vertige de ce rien et de cet être dans leur cercle volubile, et l'être à la fois jusqu'à l'anéantissement total d'une conscience esclave et jusqu'à la suprême glorification d'une conscience souveraine — tel est sans doute le sens du Neveu de Rameau, qui profère au milieu du XVIIIe siècle, et bien avant que ne soit totalement entendue la parole de Descartes, une leçon bien plus anticartésienne que tout Locke, tout Voltaire ou tout Hume.

Le Neveu de Rameau, dans sa réalité humaine, dans cette frêle vie qui n'échappe à l'anonymat que par un nom qui n'est pas même le sien — ombre d'une ombre — c'est, au-delà et en deçà de toute vérité, le délire, réalisé comme existence, de l'être et du non-être du réel. Quand on songe, en revanche, que le projet de Descartes était de supporter le doute de manière provisoire jusqu'à l'apparition du vrai dans la réalité de l'idée évidente, on voit bien que le non-cartésianisme de la pensée moderne, dans ce qu'il peut avoir de décisif, ne commence pas avec une discussion sur les idées innées, ou l'incrimination de l'argument ontologique, mais bien à ce texte du *Neveu de Rameau,* à cette existence qu'il désigne dans un renversement qui ne pouvait être entendu qu'à l'époque de Hölderlin et de Hegel. Ce qui s'y trouve mis en question, c'est bien encore ce dont il s'agit dans le *Paradoxe sur le comédien* ; mais c'en est aussi l'autre versant : non plus ce qui, de la réalité, doit être promu dans le non-être de la comédie par un cœur froid et une intelligence lucide ; mais ce qui du non-être de l'existence peut s'effectuer dans la vaine plénitude de l'apparence et ceci par l'intermédiaire du délire parvenu à la pointe extrême de la conscience. Il n'est plus nécessaire de traverser courageusement, après

Descartes, toutes les incertitudes du délire, du rêve, des illusions, il n'est plus nécessaire de surmonter pour une fois les périls de la déraison ; c'est du fond même de la déraison qu'on peut s'interroger sur la raison ; et la possibilité se trouve à nouveau ouverte de ressaisir l'essence du monde dans le tournoiement d'un délire qui totalise, en une illusion équivalant à la vérité, l'être et le non-être du réel.

88/ M. Foucault, *Histoire de la folie à l'âge classique,* Gallimard, 2e édition 1972, pp. 365-369.

De même que, dans le dernier des *Chants de Maldoror,* Lautréamont met à nu « les ficelles du conte somnifère », Diderot, avec *Jacques le Fataliste,* révèle les règles du roman. Il en exhibe le code et fait fonctionner tous les schémas, épuisant les différents types de rythmes, de personnages, de répartition des voix. En cela, il intéresse la « narratologie » contemporaine, méthodique à décrire les modalités du récit. Cette entreprise parodique est montée contre le dogmatisme, l'abstraction et les lois communes du romanesque. Il s'agit de mettre en question, après Voltaire, un principe de causalité mécanique, et surtout de faire plus vrai, par un mensonge plus accompli. L'art complexe du fragment et de la discontinuité, très propre à imiter l'inconsistance et la dissolution de tout, est aussi le seul à rendre le profond désordre de la vie et l'inextricable cohésion des choses. C'est à partir d'éléments épars que Diderot dévoile le jeu de l'esprit dans le mouvement du monde et produit un effet de totalité, rare dans le roman de l'âge classique. Le texte feint, dès le début, de ne pas savoir où il va.

D Comment s'étaient-ils rencontrés ? Par hasard, comme tout le monde. Comment s'appelaient-ils ? Que vous importe ? D'où venaient-ils ? Du lieu le plus prochain. Où allaient-ils ? Est-ce que l'on sait où l'on va ? Que disaient-ils ? Le maître ne disait rien, et Jacques disait que son capitaine disait que tout ce qui nous arrive de bien et de mal ici-bas était écrit là-haut.

Le maître

C'est un grand mot que cela.

Jacques

Mon capitaine ajoutait que chaque balle qui partait d'un fusil avait son billet.

Le maître

Et il avait raison.

Après une courte pause, Jacques s'écria : « Que le diable emporte le cabaretier et son cabaret !

Le maître

Pourquoi donner au diable son prochain ? Cela n'est pas chrétien.

Jacques

C'est que tandis que je m'enivre de son mauvais vin, j'oublie de mener nos chevaux à l'abreuvoir. Mon père s'en aperçoit, il se fâche. Je hoche de la tête ; il prend un bâton et m'en frotte un peu durement les épaules. Un régiment passait pour aller au camp devant Fontenoy, de dépit je m'enrôle. Nous arrivons ; la bataille se donne...

Le maître

Et tu reçois la balle à ton adresse.

Jacques

Vous l'avez deviné, un coup de feu au genou ; et Dieu sait les bonnes et mauvaises aventures amenées par ce coup de feu. Elles se tiennent ni plus ni moins que les chaînons d'une gourmette. Sans ce coup de feu, par exemple, je crois que je n'aurais été amoureux de ma vie, ni boiteux.

Le maître

Tu as donc été amoureux ?

Jacques

Si je l'ai été !

Le maître

Et cela par un coup de feu ?

Jacques

Par un coup de feu.

Le maître

Tu ne m'en as jamais dit un mot.

Jacques

Je le crois bien.

Le maître

Et pourquoi cela ?

Jacques

C'est que cela ne pouvait être dit ni plus tôt, ni plus tard.

Le maître

Et le moment d'apprendre ces amours est-il venu ?

Jacques

Qui le sait ?

Le maître

A tout hasard, commence toujours.

Jacques commença l'histoire de ses amours. C'était l'après-dîner ; il faisait un temps lourd, son maître s'endormit. La nuit les surprit au milieu des champs, les voilà fourvoyés. Voilà le maître dans une colère terrible et tombant à grands coups de fouet sur son valet, et le pauvre diable disant à chaque coup : « Celui-là était apparemment encore écrit là-haut... »

Vous voyez, lecteur, que je suis en beau chemin, et qu'il ne tiendrait qu'à moi de vous faire attendre un an, deux ans, trois ans, le récit des amours de Jacques, en le séparant de son maître et en leur faisant courir à chacun tous les hasards qu'il me plairait. Qu'est-ce qui m'empêcherait de marier le maître et de le faire cocu ? d'embarquer Jacques pour les îles ? d'y conduire son maître ? de les ramener tous les deux en France sur le même vaisseau ? Qu'il est facile de faire des contes ! Mais ils en seront quittes l'un et l'autre pour une mauvaise nuit, et vous pour ce délai.

L'aube du jour parut. Les voilà remontés sur leurs bêtes et poursuivant leur chemin. — Et où allaient-ils ? — Voilà la seconde fois que vous me faites cette question, et la seconde fois que je vous réponds : Qu'est-ce que cela vous fait ? Si j'entame le sujet de leur voyage, adieu les amours de Jacques... Ils allèrent quelque temps en silence. Lorsque chacun fut un peu remis de son chagrin, le maître dit à son valet : « Eh bien, Jacques, où en étions-nous de tes amours ? »

89/ *Jacques le Fataliste,* t. XII, pp. 16-18.

Eric Walter (maître-assistant à la faculté d'Amiens, auteur de nombreux travaux sur le XVIIIe siècle) dénonce l'illusion rétrospective et propose de faire une lecture plus historique (que moderniste) de *Jacques le Fataliste.* A cette fin, il replace l'œuvre dans le contexte du roman au XVIIIe siècle.

L'œuvre de Diderot est gratifiée d'une réputation de modernité qui est subtilement récupératrice : sous couleur de la dépoussiérer, on y privilégie ce qui l'apparente aux courants actuels. Et on pratique en même temps cette surenchère aux grands précurseurs qui permet de désamorcer l'un par l'autre les textes explosifs : « Diderot l'avait dit avant Marx, avant Freud, Platon et Montaigne avant Diderot. » L'illusion rétrospective escamote le scandale de la nouveauté. Ainsi, au lieu de s'interroger sur la spécificité de *Jacques* en son temps, on y a cherché un roman réaliste avant la lettre : un tableau de mœurs paysannes, une « physiologie » de l'amour aristocratique ; et si, de nos jours, on met l'accent sur le discours de l'auteur dans le texte, c'est pour annexer *Jacques* à « l'ère du soupçon » (N. Sarraute), pour y lire un anti-roman au sens moderne du terme, le roman d'un roman qui ne peut pas se faire.

Or, *Jacques* n'est ni un roman balzacien ni un récit de Butor ou de Sollers. Replacé, comme il doit l'être, dans l'histoire du roman à l'âge classique (de Cervantès à Richardson), ce livre nous apparaît comme tributaire de tout un héritage qu'il assume et dépasse. Dans *Don Quichotte,* l'ironie réflexive se faisait juge et complice de la folie romanesque : dans *Jacques* s'enchevêtrent les paradoxes d'une déraison féconde et l'ébauche d'une nouvelle logique du récit qui, par-delà

> Richardson et Rousseau, ouvre la voie à une transformation du roman. Que *Jacques* procure un plaisir de modernité, tant mieux ! Mais n'y cherchons pas tout le roman moderne contenu à l'état de germe ! Si ce roman en rupture avec le romanesque nous fascine toujours, c'est surtout qu'il est traversé par des interrogations qui sont encore les nôtres : que peut le roman sur lui-même ? que peut le roman sur le réel ? pour qui écrit-on et comment est-on lu ?
>
> 90/ E. Walter, *Jacques le Fataliste,* Poche critique, 1975, pp. 4-5.

Le romantisme allemand a su reconnaître en Diderot le plus illustre représentant de cette fantaisie spirituelle qui caractérise les Lumières. Friedrich Schlegel, dont la réflexion théorique ne s'énonce que sur le mode du fragment (dialogue, entretien, lettre), a perçu dans *Jacques le Fataliste* cette force du « Witz », qui reproduit l'esprit de la satire antique défini par Ernst Robert Curtius à propos du *Neveu de Rameau.* Le parti pris hétérogène et l'art du mélange permettent la synthèse la plus haute.

> Vous y découvrirez des trésors de *Witz* pur de toute addition sentimentale. Il est construit avec intelligence et conduit d'une main sûre. J'ose sans exagération l'appeler une œuvre d'art. A vrai dire ce n'est pas de la haute poésie, mais seulement une arabesque. Et c'est précisément pourquoi ce n'est pas à mes yeux une œuvre sans grandeur : car je tiens l'arabesque pour une forme ou pour un mode d'expression tout à fait déterminé et essentiel de la poésie.
>
> Voici comment je vois la chose. La poésie est si profondément enracinée en l'homme que même

dans les conditions les plus ingrates elle continue néanmoins à donner de temps à autre des pousses sauvages. De même que presque chaque peuple a son cortège de chants et d'histoires et pratique un quelconque mode de spectacle, si grossier soit-il : de même jusque dans notre siècle si dépourvu de fantaisie, dans les milieux proprement prosaïques — je veux parler des prétendus érudits et des gens cultivés —, quelques isolés ont senti en eux une fantaisie d'une originalité singulière et l'ont exprimée, bien qu'ils fussent par là encore fort éloignés de l'art proprement dit. L'humour d'un Swift, d'un Sterne est, me semble-t-il, la poésie naturelle de l'élite de notre époque.

Je suis bien loin de les placer au rang des plus grands, mais vous m'accorderez que celui qui a du goût pour eux, pour Diderot, est en passe de comprendre le *Witz* divin, la fantaisie d'un Arioste, d'un Cervantès, d'un Shakespeare, bien plus que celui qui n'a pas même atteint ce stade. Nous ne sommes pas en droit d'en exiger trop sur le chapitre des hommes de ce temps, et ce qui a poussé dans un climat si maladif ne peut naturellement être lui-même que maladif. Mais j'y verrais plutôt une supériorité pour autant que l'arabesque n'est pas une œuvre d'art mais seulement un produit naturel ; et je place donc Richter au-dessus de Sterne pour cette raison aussi que sa fantaisie est bien plus maladive et donc bien plus étrange et plus fantastique. Relisez donc Sterne pour voir. Il y a déjà longtemps que vous ne l'avez pas lu et je pense qu'il vous apparaîtra sous un jour un peu différent. Comparez-lui ensuite nos Allemands. Il a effectivement plus de *Witz,* tout au moins pour celui qui l'accueille avec *Witz* : car de lui-même il pourrait ne pas se rendre justice. Et grâce à cette supériorité, même sa sentimentalité dépasse la sphère de la sensibilité anglaise.

91/ F. Schlegel, *Entretien sur la poésie (Lettre sur les romans),* paru en 1800 dans l'*Athenaeum,* cité par Ph. Lacoue-Labarthe et J.-L. Nancy *in L'Absolu littéraire,* collection *Poétique,* 1978, pp. 322-324.

Dans son apparente entreprise de frustration du lecteur, la plus grande malice de Diderot consiste à faire une pause somptueuse, qui fait tableau, comme *La Religieuse.* L'art d'impatienter et de faire attendre finit par se retourner dans la surprise d'un récit presque ininterrompu, ou qui l'est seulement par le détail douillet d'une mise en scène favorable à son bon déroulement (auberge, mauvais temps, feu de bois, vin, hôtesse bavarde, oreilles attentives). Voici l'histoire terrible d'une femme délaissée qui se venge. Malgré son génie de l'action et l'impeccable rigueur de son plan, Mme de la Pommeraye échoue finalement parce que le marquis pardonne et se convertit à la vertu bourgeoise. L'aventure culmine dans une scène de désespoir sublime, où Mlle d'Aisnon est « suffoquée par la douleur et par la joie ». Par cette fin touchante (magnifiquement traitée au cinéma par Robert Bresson dans *Les Dames du bois de Boulogne*), Diderot met en pratique dans le roman sa théorie du tableau si longuement élaborée à travers ses réflexions sur le théâtre et la peinture. Mme de la Pommeraye a monté une terrible machination qui consiste à rendre le marquis amoureux d'une pauvre jeune fille payée par elle et à la lui faire épouser, mais l'amour et la vertu triomphent.

D A son retour, le marquis s'enferma dans son cabinet et écrivit deux lettres, l'une à sa femme, l'autre à sa belle-mère. Celle-ci partit dans la même journée et se rendit au couvent des Carmélites de la ville prochaine, où elle est morte il y a quelques jours. Sa fille s'habilla et se traîna dans l'appartement de son mari où il lui avait apparemment enjoint de venir. Dès la porte elle se jeta à genoux. « Levez-vous », lui dit le marquis. Au lieu de se lever, elle s'avança vers lui sur ses genoux ; elle tremblait de tous ses membres, elle était échevelée, elle avait le corps un peu penché, les bras portés de son côté, la tête relevée, le regard attaché sur ses yeux et le visage inondé de pleurs. « Il me semble, lui dit-elle, un sanglot séparant chacun de ses mots, que votre cœur justement irrité s'est radouci, et que peut-être avec le temps j'obtiendrai miséricorde. Monsieur, de grâce, ne vous hâtez point de me pardonner. Tant de filles honnêtes sont devenues de malhonnêtes femmes, que peut-être serai-je un exemple contraire. Je ne suis pas encore digne que vous vous rapprochiez de moi ; attendez, laissez-moi seulement l'espoir du pardon. Tenez-moi loin de vous, vous verrez ma conduite, vous la jugerez : trop heureuse mille fois, trop heureuse si vous daignez quelquefois m'appeler ! Marquez-moi le recoin obscur de votre maison où vous permettrez que j'habite, j'y resterai sans murmure. Ah ! si je pouvais m'arracher le nom et le titre qu'on m'a fait usurper, et mourir après, à l'instant vous seriez satisfait. Je me suis laissé conduire par faiblesse, par séduction, par autorité, par menaces à une action infâme, mais ne croyez pas, monsieur, que je sois méchante, je ne le suis pas, puisque je n'ai pas balancé à paraître devant vous quand vous m'avez appelée, et que j'ose à présent lever les yeux sur vous et vous parler. Ah ! si vous pouviez lire au fond de mon cœur et voir combien mes fautes passées sont loin de moi, combien les mœurs de mes pareilles me sont étrangères ! La corruption s'est posée sur moi, mais elle ne s'y est point attachée. Je me connais, et une justice que je me rends, c'est que par mes goûts, par mes sentiments, par mon caractère, j'étais née digne de l'honneur de vous appartenir. Ah ! s'il m'eût été libre de vous voir, il n'y avait qu'un mot à dire, et je crois que j'en aurais eu le courage. Monsieur, disposez de moi comme il vous plaira ; faites entrer vos gens, qu'ils me dépouillent, qu'ils me jettent la nuit dans la rue, je souscris à tout. Quel que soit le sort que vous me préparez, je m'y soumets : le fond d'une campagne, l'obscurité d'un cloître peut me dérober pour jamais à vos yeux, parlez et j'y vais. Votre bonheur n'est point perdu sans ressource, et vous pourrez m'oublier... — Levez-vous, lui dit doucement le marquis, je vous ai pardonné ; au moment même de l'injure j'ai respecté ma femme en vous, il n'est pas sorti de ma bouche une parole qui l'ait humiliée, ou du moins je m'en repens, et je proteste qu'elle n'en entendra plus aucune qui l'humilie, si elle se souvient qu'on ne peut rendre son époux malheureux sans le devenir. Soyez honnête, soyez heureuse, et faites que je le sois. Levez-vous, je vous en prie, ma femme, levez-vous et embrassez-moi ; madame la marquise, levez-vous, vous n'êtes pas à votre place ; madame des Arcis, levez-vous... » Pendant qu'il parlait ainsi elle était restée le visage caché dans ses mains et la tête appuyée sur les genoux du marquis ; mais au mot de ma femme, au mot de madame des Arcis, elle se leva brusquement et se précipita sur le marquis ; elle le tenait embrassé à moitié suffoquée par la douleur et par la joie ; puis elle se séparait de lui, se jetait à terre et lui baisait les pieds. « Ah ! lui disait le marquis, je vous ai pardonnée, je vous l'ai dit, et je vois que vous n'en croyez rien. — Il faut, lui répondait-elle, que cela soit et que je ne le croie jamais. » Le marquis ajoutait : « En vérité, je crois que je ne me repens de rien, et que cette Pommeraye, au lieu de se venger, m'aura rendu un grand service. Ma femme, allez vous habiller tandis qu'on s'occupera à faire vos malles. Nous partons pour ma terre où nous resterons jusqu'à ce que nous puissions reparaître ici sans conséquence pour vous et pour moi. » Ils passèrent presque trois ans de suite absents de la capitale.

92/ *Jacques le Fataliste,* t. XII, pp. 182-184.

Quatrième partie

La pensée économique et politique

La pensée économique et politique de Diderot n'apparaît pas dans un ensemble cohérent de textes qui font système. Elle est éclectique. La réflexion politique a constamment intéressé le philosophe, sans prendre jamais la forme d'une obsession. Ce n'est pas pour lui un domaine privilégié coiffant l'ensemble de ses préoccupations, et l'on chercherait en vain, sur ce point, des principes fermes et définitifs. Là encore, Diderot a une démarche discontinue et procède par fragments. Il fait jouer un certain nombre de thèmes qu'il transforme et corrige d'après l'expérience du moment. Il varie. Rien de tel chez Rousseau qui se retranche, dans un geste solennel, et conçoit, sous le coup d'une illumination, une œuvre politique radicale où tout se tient. Le second *Discours sur l'origine de l'inégalité* est une arme politique dont la profondeur est confondante. Sur ce terrain, Diderot n'est pas de taille. Sa rigueur dialectique est moindre, parce qu'il n'est pas animé du même zèle, et qu'il a choisi un rôle différent, moins expiatoire et plus protégé. La longue discussion des deux amis sur la théorie politique tourne définitivement au dialogue de sourds en 1756 :

« Les voies de Diderot et de Rousseau, maintenant, se séparent. Elles ne se recouperont plus. Les motifs d'animosité personnelle, la brouille de La Chevrette, ne feront qu'aggraver un conflit latent, dont la cause profonde n'est pas d'ordre caractériel, mais d'ordre politique et social » (Jacques Proust, *Diderot et l'Encyclopédie*, p. 393).

Alors que l'entreprise de Rousseau se fonde sur une image du peuple à laquelle il s'identifie, Diderot est lié au petit groupe plus historiquement défini de la « bourgeoisie » encyclopédique. C'est après 1770 qu'il écrit véritablement son œuvre politique, mais il ne faut pas pour autant opposer un Diderot « bourgeois » du début à la fougue dernière, anticoloniale et anti-despotique. Les accents révolutionnaires de la fin ne sont pas l'effet inopiné d'une ultime conversion. Il s'agit simplement d'une pensée qui a fait l'épreuve du réel historique. Au retour de son voyage à Langres en 1770, pendant lequel il a été épouvanté par l'extrême tension sociale et le risque des émeutes frumentaires, Diderot écrit l'*Apologie de l'abbé Galiani* où il abandonne les thèses physiocrates sur la libre circulation des grains. De l'expérience russe à Saint-Pétersbourg (octobre 1773 - mars 1774), sortira l'ensemble des grands textes politiques : *Observations sur le Nakaz* (1774), *Voyage en Hollande* (1774-1775), *Réfutation d'Helvétius* (commencée en 1773), *Principes de politique des souverains* (1774). C'est dans ce contexte qu'il faut replacer la participation de Diderot à l'*Histoire des Deux Indes* de l'abbé Raynal (de 1772 à 1781), et surtout l'*Essai sur les règnes de Claude et de Néron*, trop méconnu, où, à travers l'image de Sénèque, Diderot poursuit avec Rousseau un dialogue d'outre-tombe. C'est dans ce grand ouvrage politique qu'il publie, sous son nom, l'*Apostrophe aux Insurgents d'Amérique* (déjà présente dans l'*Essai sur la vie de Sénèque* de 1778).

1. La pensée économique et politique au temps de l'Encyclopédie

Les articles de Diderot consacrés à la théorie politique peuvent décevoir parce qu'ils sont trop sages, et beaucoup moins révolutionnaires que ceux du baron d'Holbach ou du marquis de Saint-Lambert. Ils sont cependant, comme le remarque Jacques Proust, les fondements de l'œuvre politique ultérieure.

On aurait tort pourtant de mépriser la partie proprement politique de la contribution donnée par Diderot au dictionnaire encyclopédique. Car sous les théories absolutistes qu'il partage avec presque tous ses collaborateurs, — l'idée que l'efficacité politique exige l'unité du commandement, l'utopie du monarque que la seule évidence de la Raison, appuyée des représentations de l'opinion éclairée, oblige à dire et à respecter la

Loi juste, et ainsi de suite —, se discernent déjà très bien les linéaments d'une doctrine ferme de la souveraineté nationale et de la démocratie politique. Il en est un peu de la politique comme nous avons vu qu'il en fut de la philosophie, mais avec un décalage très notable dans le temps. Au matérialisme systématique et abstrait d'avant 1750 correspond assez bien la politique abstraite et systématique de 1750-1760. Avec l'*Encyclopédie*, le matérialisme de Diderot s'assouplit, il s'ouvre, il devient un moyen d'informer et d'interpréter le réel. En politique au contraire le Diderot des années 1750 ne savait rien. Ce qu'il a appris, c'est Rousseau qui le lui a enseigné, entre 1749 et 1755, au cours d'un passionnant dialogue qu'esquissa jadis René Hubert, et plus récemment Antoine Adam ; un dialogue où l'*Inégalité* de Jean-Jacques répond à l'*Autorité politique* de Diderot, où au *Droit naturel* de Diderot répond l'*Économie politique* de Jean-Jacques, et ainsi de suite, jusqu'à la première ébauche du *Contrat social* qu'il est convenu d'appeler le « Manuscrit de Genève ». Savoir livresque donc, et tout théorique, qui explique assez bien le caractère abstrait et schématique de la première Politique élaborée par le Philosophe. C'est plus tard, après l'*Encyclopédie*, que la théorie se modifiera à l'épreuve des faits, que le dogmatisme le cédera au réalisme, sans pour autant se dégrader en pragmatisme. Mais pour qui sait les lire, il n'est rien de ce futur dont ne soient déjà gros les articles politiques de l'encyclopédiste.

93/ J. Proust, « L'*Encyclopédie* dans la pensée et dans la vie de Diderot », Revue *Europe*, février 1963, p. 16.

Quand il essaie de penser philosophiquement l'histoire de l'humanité, Diderot la replace dans la longue aventure de la matière organisée, et l'incessante lutte pour la vie qui caractérise la vie animale. Selon cette vision aristotélicienne du monde, l'ordre est inscrit dans le mouvement de la matière. Le monde humain est organisé sur le même modèle que le monde animal. Des assemblages d'éléments forment des collections d'êtres emboîtés : « Dans un Etat bien ordonné, une cité peut être regardée comme une seule personne, et la réunion des cités comme une personne, et cette dernière personne comme soumise à une autorité qui réside dans un individu physique ou dans un être moral souverain, à qui il appartient de veiller au bien des cités en général et en particulier. » (Article « Cité », t. XV, p. 184). Le corps social est ainsi défini comme une fourmilière ou un essaim, et le genre humain comme un être collectif concret, homogène comme la matière décrite par d'Alembert.

D — Mlle de Lespinasse

Je continue. Il a ajouté, en s'apostrophant lui-même : Mon ami, d'Alembert, prenez-y garde ; vous ne supposez que de la contiguïté où il y a continuité... Oui... il est assez malin pour me dire cela... Et la formation de cette continuité ?... Elle ne l'embarrassera guère... Comme une goutte de mercure se fond dans une autre goutte de mercure, une molécule sensible et vivante se fond dans une molécule sensible et vivante... D'abord, il y avait deux gouttes ; après le contact, il n'y en a plus qu'une... Avant l'assimilation il y avait deux molécules ; après l'assimilation, il n'y en a plus qu'une... La sensibilité devient commune à la masse commune... En effet, pourquoi non ?... Je distinguerai, par la pensée sur la longueur de la fibre animale tant de parties qu'il me plaira ; mais la fibre sera continue, une... Oui, une... Le contact de deux molécules homogènes, parfaitement homogènes forme la continuité... Et c'est le cas de l'union, de la cohésion, de la combinaison, de l'identité, la plus complète qu'on puisse imaginer... Oui, philosophe, si ces molécules sont élémentaires et simples ; mais si ce sont des agrégats ; si ce sont des composés... La combinaison ne s'en fera pas moins, et en conséquence l'identité, la continuité... Et puis l'action et la réaction habituelles... Il est certain que le contact de deux molécules vivantes est tout autre chose que la contiguïté de deux masses inertes... Passons, passons... On pourrait peut-être vous chicaner ; mais je ne m'en soucie pas. Je n'épilogue jamais... Cependant, reprenons... Un fil d'or très pur. Je m'en souviens ; c'est une comparaison qu'il m'a faite. Un réseau homogène, entre les molécules duquel d'autres s'interposent et forment peut-être un autre réseau homogène ; un tissu de matière sensible ; un contact qui assimile ; de la sensibilité, active ici, inerte là, qui se communique comme le mouvement ; sans compter, comme il l'a très bien dit, qu'il doit y avoir de la différence entre le contact de deux molécules sensibles, et le contact de deux molécules qui ne le seraient pas ; et cette différence ? quelle peut-elle être ?... Une action, une réaction habituelles... Et cette action et cette réaction avec un caractère particulier... Tout concourt donc à produire une sorte d'unité qui n'existe que dans l'animal... Ma foi, si ce n'est pas là de la vérité, cela y ressemble fort... (Vous riez, docteur ; est-ce que vous trouvez du sens à cela ?)

94/ *Le Rêve de d'Alembert*, t. VIII, p. 81.

De l'affinité des molécules qui se regroupent spontanément, Diderot déduit sa thèse de la sociabilité naturelle. Le monde humain est, lui aussi, continu et réuni par l'intérêt général de la sensibilité et du besoin. Pour Rousseau, au contraire, les hommes sont d'abord errants, sans liaisons, et la nature n'a pas préparé leur sociabilité. A la conception naturaliste de Diderot fondée sur la continuité, il oppose une histoire sociale de l'écart et du saut.

> Quoi qu'il en soit de ces origines, on voit du moins, au peu de soin qu'a pris la Nature de rapprocher les hommes par des besoins mutuels, et de leur faciliter l'usage de la parole, combien elle a peu préparé leur sociabilité, et combien elle a peu mis du sien dans tout ce qu'ils ont fait, pour en établir les liens. En effet, il est impossible d'imaginer pourquoi dans cet état primitif un homme aurait plutôt besoin d'un autre homme qu'un singe ou un loup de son semblable, ni, ce besoin supposé, quel motif pourrait engager l'autre à y pourvoir, ni même, en ce dernier cas, comment ils pourraient convenir entre eux des conditions. Je sais qu'on nous répète sans cesse que rien n'eût été si misérable que l'homme dans cet état ; et s'il est vrai, comme je crois l'avoir prouvé, qu'il n'eût pu, qu'après bien des siècles, avoir le désir, et l'occasion d'en sortir, ce serait un procès à faire à la Nature, et non à celui qu'elle aurait ainsi constitué. Mais, si j'entends bien ce terme de *misérable*, c'est un mot qui n'a aucun sens, ou qui ne signifie qu'une privation douloureuse et la souffrance du corps ou de l'âme : Or je voudrais bien qu'on m'expliquât quel peut être le genre de misère d'un être libre, dont le cœur est en paix, et le corps en santé. Je

demande laquelle, de la vie civile ou naturelle, est la plus sujette à devenir insupportable à ceux qui en jouissent ? Nous ne voyons presque autour de nous que des gens qui se plaignent de leur existence ; plusieurs même qui s'en privent autant qu'il est en eux, et la réunion des lois divine et humaine suffit à peine pour arrêter ce désordre : Je demande si jamais on a ouï dire qu'un sauvage en liberté ait seulement songé à se plaindre de la vie et à se donner la mort ? Qu'on juge donc avec moins d'orgueil de quel côté est la véritable misère. Rien au contraire n'eût été si misérable que l'homme sauvage, ébloui par des lumières, tourmenté par des passions, et raisonnant sur un état différent du sien. Ce fut par une providence très sage, que les facultés qu'il avait en puissance ne devaient se développer qu'avec les occasions de les exercer, afin qu'elles ne lui fussent ni superflues et à charge avant le temps, ni tardives, et inutiles au besoin. Il avait dans le seul instinct tout ce qu'il lui fallait pour vivre dans l'état de nature, il n'a dans une raison cultivée que ce qu'il lui faut pour vivre en société.

95/ J.-J. ROUSSEAU, *Discours sur l'origine de l'inégalité*, première partie, Bibliothèque de la Pléiade, pp. 151-152.

Pour Diderot, le pacte social liant les hommes à l'origine est une convention raisonnable, qui permet d'établir une égalité de principe en évitant le règne du plus fort. Rousseau, au contraire, y voit un coup de force du riche, qui séduit les autres par un discours spécieux et mystificateur. L'analyse de Diderot repose sur les notions de souveraineté nationale et de volonté générale définies dans une série d'articles (« Droit naturel », « Autorité politique », « Citoyen »). Le Roi ne l'est pas de droit divin, mais par la grâce de ses sujets qui lui remettent l'autorité en dépôt. Dans son exercice du pouvoir, il n'est que le délégué et le représentant d'une souveraineté qui, dans le principe, est tout entière entre les mains du peuple. Diderot admet que le monarque exprime la volonté générale.

D Si vous méditez donc attentivement tout ce qui précède, vous resterez convaincu, 1. que l'homme qui n'écoute que sa volonté particulière, est l'ennemi du genre humain ; 2. que la volonté générale est dans chaque individu un acte pur de l'entendement qui raisonne dans le silence des passions sur ce que l'homme peut exiger de son semblable, et sur ce que son semblable est en droit d'exiger de lui ; 3. que cette considération de la volonté générale de l'espèce et du désir commun, est la règle de la conduite relative d'un particulier à un particulier dans la même société ; d'un particulier envers la société dont il est membre, et de la société dont il est membre, envers les autres sociétés ; 4. que la soumission à la volonté générale est le lien de toutes les sociétés, sans en excepter celles qui sont formées par le crime. Hélas ! la vertu est si belle, que les voleurs en respectent l'image dans le fond même de leurs cavernes ! 5. que les lois doivent être faites pour tous, et non pour un ; [...] 6. que, puisque des deux volontés, l'une générale, et l'autre particulière, la volonté générale n'erre jamais, il n'est pas difficile de voir à laquelle il faudrait pour le bonheur du genre humain que la puissance législative appartînt, et quelle vénération l'on doit aux mortels augustes dont la volonté particulière réunit et l'autorité et l'infaillibilité de la volonté générale ; 7. que quand on supposerait la notion des espèces dans un flux perpétuel, la nature du *droit naturel* ne changerait pas, puisqu'elle serait toujours relative à la volonté générale et au désir commun de l'espèce entière ; 8. que l'équité est à la justice comme la cause est à son effet, ou que la justice ne peut être autre chose que l'équité déclarée ; 9. enfin que toutes ces conséquences sont évidentes pour celui qui raisonne, et que celui qui ne veut pas raisonner, renonçant à la qualité d'homme, doit être traité comme un être dénaturé.

96/ Article « Droit naturel », 1755, t. XV, p. 234.

Rousseau a donné dans *Le Contrat social* (première version), une définition précise de la souveraineté. Elle est inaliénable. C'est la volonté générale dirigeant l'emploi de la force publique.

Il y a donc dans l'Etat une force commune qui le soutient, une volonté générale qui dirige cette force et c'est l'application de l'une à l'autre qui constitue la souveraineté. Par où l'on voit que le souverain n'est par sa nature qu'une personne morale, qu'il n'a qu'une existence abstraite et collective, et que l'idée qu'on attache à ce mot ne peut être unie à celle d'un simple individu, mais comme c'est ici une proposition des plus importantes en matière de droit politique, tâchons de la mieux éclaircir.

Je crois pouvoir poser pour une maxime incontestable, que la volonté générale peut seule diriger les forces de l'Etat selon la fin de son institution, qui est le bien commun : car si l'opposition des intérêts particuliers a rendu nécessaire l'établissement des sociétés civiles, c'est l'accord de ces mêmes intérêts qui l'a rendu possible. C'est ce qu'il y a de commun dans ces différents intérêts qui forme le lien social, et s'il n'y avait pas quelque point dans lequel tous les intérêts s'accordent, la société ne saurait exister. Or comme la volonté tend toujours au bien de l'être qui veut, que la volonté particulière a toujours pour objet l'intérêt privé, et la volonté générale l'intérêt commun, il s'ensuit que cette dernière est ou doit être seule le vrai mobile du corps social.

97/ J.-J. Rousseau, *Le Contrat social*, (première version), bibliothèque de la Pléiade, chap. IV, pp. 294-295.

Pour Diderot, tant que le roi est légitimé par le respect de la succession dynastique, tant qu'il n'est pas un tyran usurpateur, le peuple n'a aucune raison de lui reprendre le pouvoir qu'il lui délègue. Le citoyen est lié par un contrat à la personne transcendante du monarque, qui devient seulement un despote quand il essaie d'imposer son bon plaisir au lieu de représenter la volonté générale. Diderot partage avec les philosophes, et en général tous ceux qui n'ont pas faim, une grande peur de l'anarchie et de la rupture de la cohésion sociale. L'attentat de Damiens en 1757 a montré comment l'opinion a été traumatisée par le régicide (voir à ce sujet *L'Attentat de Damiens* sous la direction de Pierre Rétat, Editions du C.N.R.S., Lyon, 1979). Comme les physiocrates, Diderot est partisan d'un pouvoir fort, non partagé par les corps intermédiaires : « On pourrait dire que la théorie du despotisme légal n'est que l'aspect politique du monisme matérialiste de Diderot : en se soumettant au monarque absolu, le sujet ne se fait pas l'esclave d'un homme mais de la loi ; et si cette loi est vraiment l'expression de la volonté générale du corps politique, elle ne peut être qu'une application particulière de la loi universelle qui régit le monde moral comme le monde matériel. C'est même la raison pour laquelle un souverain légitime peut gouverner à la rigueur sans consulter son peuple : il suffit que ses actes soient conformes à la loi universelle pour qu'il soit sûr d'interpréter la volonté générale » (Jacques Proust, *Diderot et l'Encyclopédie*, p. 434). Le citoyen doit s'opposer à la subversion du pouvoir légitime : « Dans les temps de troubles, le citoyen s'attachera au parti qui est pour le système établi ; dans les dissolutions de systèmes, il suivra le parti de sa cité, s'il est unanime ; et s'il y a division dans la cité, il embrassera celui qui sera pour l'égalité des membres et la liberté de tous » (Article « Citoyen », 1753, t. XV, p. 189).

L'absolutisme politique, en évitant le désordre, permet le libre jeu des lois « naturelles » du développement économique et favorise les hommes utiles chantés par l'*Encyclopédie*. Diderot n'adhère pas au thème du despote éclairé, mais il demande à la monarchie de réaliser un idéal démocratique. En Catherine II, il cherchera désespérément Henri IV. Dans une lettre à Sophie de 1762 on voit combien le mythe du bon roi l'affecte. Il s'attendrit au scénario touchant d'une réconciliation générale (de même que Mme de Staël en 1789 s'évanouira de bonheur au balcon de l'Hôtel de Ville, lors de l'Apothéose de Necker).

D Suard nous présenta un Français tout frais débarqué de Copenhague. Cet homme nous débita des choses incroyables de l'amour des peuples pour leur souverain, et de l'amour du souverain pour les peuples. C'est chez le Danois que le patriotisme s'est réfugié. Voici une scène dont il a été témoin, et que vous voudriez bien avoir vue. C'était à l'installation de la statue équestre du roi sur une des places publiques de la capitale. Le concours du peuple était immense. Le monarque était venu accompagné de toute sa Cour. A peine avait-il paru, que voilà tout à coup cinq à six cent mille voix qui s'élèvent et qui crient à la fois : « Vive notre roi ! Vive notre bon roi ! Vive notre maître, notre ami, notre père ! » Et le souverain, partageant aussi tout à coup le transport de son peuple, d'ouvrir la portière de son carrosse, de s'élancer dans la foule, de jeter son chapeau en l'air et de s'écrier : « Vive mon peuple ! Vivent mes sujets ! Vivent mes amis ! Vivent mes enfants ! » et d'embrasser tous ceux qui se présentaient à lui.

Ah ! mon amie, que cela est rare et beau. L'idée de ce spectacle me fait tressaillir de joie ; mon cœur en palpite, et je sens les larmes en tourner dans mes yeux. Ce récit nous a tous également attendris.

Je relis cet endroit de ma lettre, et il m'attendrit encore. Convenez que ce chapeau jeté en l'air marque une âme bien enivrée. Quel est d'entre ces sujets le fortuné qui est resté possesseur de ce chapeau ? Si c'était moi, on m'en donnerait sa forme toute pleine d'or que je n'échangerais pas. Quel plaisir j'aurais de le montrer à mes enfants, mes enfants aux leurs et ainsi de suite jusqu'à ce que la famille s'éteignît. Combien l'heureux moment qui m'en aurait rendu possesseur serait répété. Combien je raconterais de fois la chose avant que de mourir. Croyez-vous que quelqu'un osât jamais le mettre sur sa tête ? Cet effet ne serait-il pas mille fois plus précieux que l'épée de César Borgia, où l'on voit encore des gouttes de sang ? L'histoire de cette journée fera verser des larmes de joie dans cent ans, dans mille ans d'ici. Qu'elle fut belle pour le monarque ! qu'elle fut belle pour ses sujets ! Voilà le bonheur que j'envie aux maîtres de la Terre. Causer l'ivresse d'un peuple immense, la voir, la partager, c'est pour en mourir de plaisir. Au milieu de cette allégresse publique, il fallait avoir perdu son père, ou avoir été trahi de sa maîtresse pour être triste.

98/ *Lettre à Sophie Volland* du 25 juillet 1762, t. V, p. 686.

La communication entre le roi et la volonté de la nation ne doit pas, selon Diderot, seulement s'opérer dans de semblables moments privilégiés et très hypothétiques, mais par un organe et presque une institution qu'on appelle déjà au XVIIIᵉ siècle l'opinion. Ce n'est pas une catégorie floue. Le mot désigne l'infrastructure des Lumières, un personnel regroupé dans les académies et des instruments (presse, édition). L'entreprise encyclopédique, très proche dans son inspiration des thèses de Quesnay et de Turgot sur l'information et l'éducation de la nation, a consisté à réunir tout ce qui pense dans l'Etat et à constituer l'opinion au moyen d'un livre monumental qui en soit l'assise. Dans son *Mémoire sur la liberté de la presse* de 1763 (« liberté de la presse » signifie liberté d'imprimer, qu'il s'agisse de journaux ou de livres), Diderot défend les droits des auteurs parce que, s'il n'y a plus de « penseurs » dans un Etat, le « ministère » (c'est-à-dire le pouvoir et le roi) ne sera plus « qu'un pâtre qui mène des bestiaux ».

D Les productions de l'esprit rendent déjà si peu ; si elles rendent encore moins, qui est-cc qui voudra penser ? Ceux que la nature y a condamnés, par un instinct insurmontable qui leur fait braver la misère. Mais ce nombre d'enthousiastes heureux d'avoir le jour du pain et de l'eau, la nuit une lampe qui les éclaire est-il bien grand ! Est-ce au ministère à les réduire à ce sort ! S'il s'y résout, aura-t-il beaucoup de penseurs ; s'il n'a plus de penseurs, quelle différence y aura-t-il entre lui et un pâtre qui mène des bestiaux !

Il y a peu de contrées en Europe où les lettres soient plus honorées, plus récompensées qu'en France. Le nombre des places destinées aux gens de lettres y est très grand. Heureux si c'était toujours le mérite qui y conduisît. Mais si je ne craignais d'être satirique, je dirais qu'il y en a où l'on exige plus scrupuleusement un habit de velours qu'un bon livre. Les productions littéraires ont été distinguées par le législateur des autres possessions. La loi a pensé à en assurer la jouissance à l'auteur. L'arrêt du 21 mars 1749 les déclare non saisissables. Que devient cette prérogative, si les vues nouvelles prévalent ? Quoi, un particulier aliène à perpétuité un fonds, une maison, un champ ; il en prive ses héritiers, sans que l'autorité publique lui demande compte de sa conduite. Il en tire toute la valeur, se l'applique à lui-même comme il lui plaît, et un littérateur n'aura pas le même droit. Il s'adressera à la protection du souverain pour être maintenu dans la plus légitime des possessions, et le roi qui ne la refuse pas au moindre de ses sujets, quand elle ne préjudicie à personne, la limitera à un certain intervalle de temps, à l'expiration duquel un ouvrage qui aura consumé son bien, sa santé, sa vie et qui sera compté au nombre des monuments de la nation, s'échappera de son héritage, de ses propres mains pour devenir un effet commun. Et qui est-ce qui voudra languir dans l'indigence pendant les années les plus belles de sa vie et pâlir sur des livres à cette condition ? Quittons le cabinet, mes amis ; brisons les plumes ; et prenons les instruments des arts mécaniques, si le génie est sans honneur et sans liberté.

99/ *Mémoire sur la liberté de la presse*, édité par J. Proust aux Editions sociales, pp. 65-66.

Jacques Proust situe le *Mémoire sur la liberté de la presse* dans l'ensemble de l'œuvre et marque nettement l'importance de ce débat qui, loin d'être particulier, occupe une place essentielle dans la philosophie politique de Diderot.

Pour Diderot, philosophe et homme de lettres, la nécessité de laisser la presse libre découle de l'idée même qu'il se fait du progrès de l'esprit humain. Les sciences, les techniques, les beaux-arts, la connaissance générale que l'homme a de lui-même et du monde ne progressent que s'il réinvente perpétuellement les principes, les moyens, les méthodes. Mais cette réinvention n'est possible que si les idées, les hypothèses, les informations circulent incessamment d'un homme, d'un pays, d'un siècle à l'autre. L'existence de l'*Encyclopédie* et son succès témoignent assez de la justesse de cette idée.

D'ailleurs Diderot ne justifie pas seulement son point de vue par des raisons qui tiennent à la structure de l'esprit humain et à son fonctionnement. Pour des raisons tactiques, étant donné que les hommes de lettres et les éditeurs avaient pour un temps des intérêts communs, mais aussi pour des raisons de fond, parce que le libéralisme était en France, au milieu du XVIIIe siècle, la seule voie du progrès économique, Diderot a surtout montré dans son mémoire que la liberté de la presse était naturellement impliquée par la liberté du commerce en général. A cet égard, la *Lettre sur le commerce de la librairie* ne se distingue pas des traités physiocratiques du temps, si ce n'est que les livres y tiennent la place des grains. Sur ce point, on retrouve d'ailleurs chez Diderot une des principales contradictions du système physiocratique, et peut-être de toute doctrine économique libérale : Diderot, comme Quesnay, comme les tenants actuels du libéralisme économique, n'est pour la liberté « absolue » que dans la mesure et pour le temps où elle favorise l'expansion des entreprises et l'accroissement de leurs profits. Il est contre la liberté, et plus précisément pour une intervention autoritaire de l'Etat, dès que l'expansion et les profits sont menacés par la concurrence étrangère, par exemple :

« Soutenez votre légitime commerçant de toute votre autorité, écrivait-il à Sartine, et abandonnez le reste à sa vigilance et à son industrie. »

A la différence des raisons précédentes, dont la portée est universelle, ces raisons sont trop mercantiles, elles portent trop la marque de leur temps et d'une classe particulière pour que le lecteur moderne y soit sensible. Mais Diderot en avait d'une troisième sorte encore, politiques celles-là, aussi actuelles aujourd'hui qu'elles l'étaient à l'automne 1763.

En effet, l'idéal de démocratie centralisée, à forme monarchique, que Diderot propose dans ses articles de l'*Encyclopédie*, n'est concevable que dans un Etat où l'opinion publique est organisée et, à la lettre, *souveraine*. Monarchiste par tradition, et par commodité, absolutiste par souci d'efficacité ; méfiant, comme la plupart des philosophes, comme Rousseau lui-même, à l'égard des corps intermédiaires et en particulier de ceux qui avaient la prétention de *représenter* la nation, Diderot imaginait ce système simple, grandiose, et parfaitement utopique : la nation souveraine en droit ; la volonté générale résumée en quelques lois très simples ; un roi juste et bon qui fût à la fois le représentant de la nation consentante, le dépositaire de son pouvoir, l'agent d'exécution de la Loi. Système conservateur en apparence, et même réactionnaire si on l'identifie avec le despotisme éclairé tel que le conçurent Frédéric II, Catherine de Russie, ou même Voltaire. En fait, même au temps de l'*Encyclopédie*, Diderot n'a *jamais* été partisan du despotisme éclairé. Car il n'a jamais cru qu'un *despote* pourrait avoir assez de philosophie pour se retenir d'être un *tyran*. Aussi bien son sytème n'est-il théoriquement viable qu'à cette double condition : que la nation entière puisse à tout moment représenter sa volonté au prince, par l'intermédiaire de ses philosophes, de ses journaux, de tous ceux qui pensent et s'expriment, et que le prince, soumis par définition à la Loi, qui est la volonté générale, soit toujours attentif à la voix de l'*opinion*. C'est dire que cette liberté de la presse, qui est le vrai sujet du mémoire de 1763, est, non pas la simple conséquence des principes de philosophie politique élaborés par Diderot pour l'*Encyclopédie*, mais bien la clef de voûte de cette philosophie.

100/ J. PROUST, édition du *Mémoire sur la liberté de la presse*, Editions Sociales, pp. 30-32.

Dans le *Mémoire sur la liberté de la presse,* Diderot explicite, pour la première fois, son point de vue sur le droit de propriété. Il choisit de le faire à partir de son expérience personnelle, et du cas particulier du livre, considéré ici (cela est absolument nouveau à l'époque) comme une marchandise appartenant à l'auteur. Diderot qui a accepté d'être un salarié des libraires pour l'*Encyclopédie*, afin de doter sa fille et de vivre plus bourgeoisement, est parfaitement au fait du commerce de la librairie.

D Heureusement pour moi, monsieur, et pour vous, j'ai à peu près exercé la double profession d'auteur et de libraire. J'ai écrit et j'ai plusieurs fois imprimé pour mon compte. Et je puis vous assurer, chemin faisant, que rien ne s'accorde plus mal que la vie active du commerçant et la vie sédentaire de l'homme de lettres. Incapables que nous sommes d'une infinité de petits soins, sur cent auteurs qui voudront débiter eux-mêmes leurs ouvrages, il y en a quatre-vingt-dix-neuf qui s'en trouveront mal et s'en dégoûteront. Le libraire peu scrupuleux croit que l'auteur court sur ses brisées. Lui qui jette les hauts cris quand on le contrefait, qui se tiendrait pour malhonnête homme, s'il contrefaisait son confrère ; se rappelle son état et ses charges que le littérateur ne partage point, et finit par le contrefaire. Les correspondants des provinces nous pillent impunément. Le commerçant de la capitale n'est pas assez intéressé au débit de notre ouvrage pour le pousser. Si la remise qu'on lui accorde est forte, le profit de l'auteur s'évanouit. Et puis tenir des livres de recette et de dépense, répondre, échanger, recevoir, envoyer, quelles occupations pour un disciple d'Homère ou de Platon !

Aux connaissances de la librairie que je dois à ma propre expérience, j'ai réuni celles que je tiens d'une longue habitude avec les libraires. Je les ai vus. Je les ai écoutés. Et quoique ces commerçants, ainsi que tous les autres, aient aussi leurs petits mystères, ils laissent échapper dans une occasion ce qu'ils retiennent dans une autre ; et vous pouvez attendre de moi sinon des résultats rigoureux, du moins la sorte de précision qui vous est nécessaire. Il n'est pas question ici de partager un écu en deux.

101/ *Mémoire sur la liberté de la presse*, Editions Sociales, pp. 44-45.

La propriété littéraire doit être respectée au même titre que tout autre bien dans la société.

D En effet quel est le bien qui puisse appartenir à un homme, si un ouvrage d'esprit, le fruit unique de son éducation, de ses études, de ses veilles, de son temps, de ses recherches, de ses observations ; si les plus belles heures, les plus beaux moments de sa vie ; si ses propres pensées, les sentiments de son cœur ; la portion de lui-même la plus précieuse, celle qui ne périt point ; celle qui l'immortalise ne lui appartient pas. Quelle comparaison entre l'homme, la substance même de l'homme, son âme, et le champ, le pré, l'arbre ou la vigne que la nature offrait dans le commencement également à tous et que le particulier ne s'est approprié que par la culture, le premier moyen légitime de possession. Qui est plus en droit que l'auteur de disposer de sa chose par don ou par vente ?

Or le droit du propriétaire est la vraie mesure du droit de l'acquéreur.

Si je laissais à mes enfants le privilège de mes ouvrages, qui oserait les en spolier ? Si forcé par leurs besoins ou par les miens d'aliéner ce privilège, je substituais un autre propriétaire à ma place, qui pourrait, sans ébranler tous les principes de la justice, lui contester sa propriété ? Sans cela, quelle serait la vile et misérable condition d'un littérateur, toujours en tutelle, on le traiterait comme un enfant imbécile dont la minorité ne cesse jamais. On sait bien que l'abeille ne fait pas le miel pour elle ; mais l'homme a-t-il le droit d'en user avec l'homme, comme il en use avec l'insecte qui fait le miel ?

Je le répète, l'auteur est maître de son ouvrage, ou personne dans la société n'est maître de son bien. Le libraire le possède comme il était possédé par l'auteur. Il a le droit incontestable d'en tirer tel parti qui lui conviendra par des éditions réitérées. Il serait aussi insensé de l'en empêcher que de condamner un agriculteur à laisser son terrain en friche, ou un propriétaire de maison à laisser ses appartements vides.

102/ *Mémoire sur la liberté de la presse*, Editions Sociales, pp. 41-42.

La première fonction de la société est manifestement, pour Diderot, de garantir la possession des choses. Le monarque doit respecter la loi fondamentale de propriété inscrite dans le droit naturel. Son rôle (là est la limite de son autorité) est de protéger les biens sans jamais leur porter atteinte. Diderot s'élève une seule fois contre ces principes, quand il propose la confiscation par la nation des biens du clergé qui sont, à ses yeux, usurpés. Sinon, il défend le mode d'appropriation bourgeois fondé sur le travail et accepte aussi, dans une certaine mesure, le droit du premier occupant qui caractérise la propriété féodale. Le bon contrat de l'origine, d'où sont issues les notions du juste et de l'injuste, entretient et reconduit l'inégalité sociale.

D Si la justice n'est pas la fidélité à tenir les conventions établies, qu'est-elle donc ? la définition que vous en donnez ne lui convient pas plus qu'à toutes les autres vertus qui sont également une conformité à la volonté de Dieu. Mais, dites-vous, la justice ne peut pas être la fidélité à observer les conventions ou les lois, puisque les lois elles-mêmes ont été faites sur la justice. Les hommes, avant de faire les lois, avaient-ils en effet des notions de justice, et est-ce sur ces notions que les lois ont été faites ? Pour résoudre cette question, examinons comment les premières lois durent être formées. C'est la propriété acquise par le travail, ou par droit de premier occupant qui fit sentir le premier besoin des lois. Deux hommes qui semèrent chacun un champ, ou qui entourèrent un terrain d'un fossé et qui se dirent réciproquement : Ne touche pas à mes grains ou à mes fruits et je ne toucherai pas aux tiens, furent les premiers législateurs. Ces conventions supposent-elles en eux aucune notion de justice ? et avaient-ils besoin pour les faire d'autre connaissance que celle de leur intérêt commun ? Il ne paraît pas. Comment donc acquirent-ils les idées du juste et de l'injuste ? Elles se formèrent dans leur esprit de l'observation et de l'inobservation des conventions, l'une fut désignée par le nom de justice, l'autre par celui d'injustice et les actes de ces deux relations opposées s'appelèrent justes et injustes. J'insiste donc et je dis que la justice ne peut être autre chose que l'observation des lois.

103/ *Introduction aux grands principes,* 1762, t. V, p. 222.

Pour le baron d'Holbach, ami de Diderot et rédacteur de l'*Encyclopédie*, le brevet de citoyennеté ne s'acquiert que par l'avoir foncier (« L'homme qui n'a rien dans un Etat ne tient par aucuns liens à la Société »). Seuls ceux qui possèdent des terres sont de vrais citoyens et des soutiens de l'Etat.

Par le mot *Peuple*, on ne désigne point ici une populace imbécile qui, privée de lumières et de bon sens, peut à chaque instant devenir l'instrument et la complice des démagogues turbulents qui voudraient troubler la Société. Tout homme qui a de quoi subsister honnêtement du fruit de sa possession, tout père de famille qui a des terres dans un pays, doit être regardé comme un citoyen. L'artisan, le marchand, le mercenaire doivent être protégés par l'Etat qu'ils servent utilement à leur manière, mais ils n'en sont de vrais membres que, lorsque par leur travail et leur industrie, ils y ont acquis des biens-fonds. C'est le sol, c'est la glèbe qui fait le citoyen ; un Politique moderne a dit avec raison que *la terre constitue la base physique et politique d'un Etat.*

104/ D'HOLBACH, *Le Système de la nature* (1770), II, chap. 2.

Voltaire conçoit la propriété comme le principal ressort de la société nouvelle. C'est le seul véritable moyen, selon lui, de mettre les citoyens au travail et de faire prospérer l'Etat.

Liberty and property, c'est le cri anglais. Il vaut mieux que « Saint George et mon droit », « Saint Denys et Mont-joie » : c'est le cri de la nature.

De la Suisse à la Chine les paysans possèdent des terres en propre. Le droit seul de conquête a pu dans quelques pays dépouiller les hommes d'un droit si naturel.

L'avantage général d'une nation est celui du souverain, du magistrat et du peuple, pendant la paix et pendant la guerre. Cette possession des terres accordées aux paysans est-elle également utile au trône et aux sujets dans tous les temps ? Pour qu'elle le soit au trône, il faut qu'elle puisse produire un revenu plus considérable et plus de soldats.

Il faut donc voir si le commerce et la population augmenteront. Il est certain que le possesseur d'un terrain cultivera beaucoup mieux son héritage que celui d'autrui. L'esprit de propriété double la force de l'homme. On travaille pour soi et pour sa famille avec plus de vigueur et de plaisir que pour un maître. L'esclave, qui est dans la puissance d'un autre, a peu d'inclination pour le mariage. Il craint souvent même de faire des esclaves comme lui. Son industrie est étouffée, son âme abrutie ; et ses forces ne s'exercent jamais dans toute leur élasticité. Le possesseur, au contraire, désire une femme qui partage son bonheur, et des enfants qui l'aident dans son travail. Son épouse et ses fils font ses richesses. Le terrain de ce cultivateur peut devenir dix fois plus fertile qu'auparavant sous les mains d'une famille laborieuse. Le commerce général sera augmenté ; le trésor du prince en profitera ; la campagne fournira plus de soldats. C'est donc évidemment l'avantage du prince. La Pologne serait trois fois plus peuplée et plus riche si le paysan n'était pas esclave.

Ce n'en est pas moins l'avantage des seigneurs. Qu'un seigneur possède dix mille arpents de terre, cultivés par des serfs, ces dix mille arpents ne lui procureront qu'un revenu très faible, souvent absorbé par les réparations, et réduit à rien par l'intempérie des saisons. Que sera-ce si la terre est d'une plus vaste étendue et si le terrain est ingrat ? Il ne sera que le maître d'une vaste solitude. Il ne sera réellement riche qu'autant que ses vassaux le seront. Son bonheur dépend du leur. Si ce bonheur s'étend jusqu'à rendre sa terre trop peuplée, si le terrain manque à tant de mains laborieuses (au lieu qu'auparavant les mains manquaient au terrain), alors l'excédent des cultivateurs nécessaires se répand dans les villes, dans les ports de mer, dans les ateliers des artistes, dans les armées. La population aura produit ce grand bien ; et la possession des terres accordées aux cultivateurs sous la redevance qui enrichit les seigneurs aura produit cette population.

[...] Tous les paysans ne seront pas riches ; et il ne faut pas qu'ils le soient. On a besoin d'hommes qui n'aient que leurs bras et de la bonne volonté. Mais ces hommes mêmes, qui semblent le rebut de la fortune, participeront au bonheur des autres. Ils seront libres de vendre leur travail à qui voudra le mieux payer. Cette liberté leur tiendra lieu de propriété. L'espérance certaine d'un juste salaire les soutiendra. Ils élèveront avec gaieté leurs familles dans leurs métiers laborieux et utiles. C'est surtout cette classe d'hommes si méprisables aux yeux des puissants qui fait la pépinière des soldats. Ainsi, depuis le sceptre jusqu'à la faux et à la houlette, tout s'anime, tout prospère, tout prend une nouvelle force par ce seul ressort.

105/ VOLTAIRE, *Dictionnaire philosophique,* Article « Propriété », 1771.

Le *Code de la nature* de Morelly, dont s'est inspiré Babeuf pendant la Révolution, a été curieusement attribué à Diderot, en qui les Egaux ont salué « le maître du communisme ». Cette erreur a faussé longtemps l'image du philosophe, dont la pensée politique est pourtant manifestement fondée sur le respect du droit de propriété. En 1755, en même temps que Rousseau, Morelly avait lancé, dans le *Code de la nature*, le thème égalitaire qui sera constamment discuté jusqu'à la Révolution. La première des « lois fondamentales et sacrées qui couperaient racine aux vices et à tous les maux d'une société », est l'abolition de la propriété : « Rien dans la société n'appartiendra singulièrement ni en propriété à personne que les choses dont il fera un usage actuel, soit pour ses besoins, ses plaisirs, ou son travail journalier » (*Code de la nature*, quatrième partie). Dans la seconde partie du *Discours sur l'origine de l'inégalité*, Rousseau analyse comment l'homme a conçu la notion de propriété, et comment, en quatre phases historiques culminant dans un contrat injuste, l'égalité naturelle a fait place à l'inégalité sociale. Dans cette histoire philosophique, l'apparition de la propriété est définie comme la cause de tous les maux, alors que Diderot y voyait au contraire l'origine de toute législation, ainsi que de la notion du juste et de l'injuste.

> Le premier qui ayant enclos un terrain s'avisa de dire, *ceci est à moi,* et trouva des gens assez simples pour le croire, fut le vrai fondateur de la société civile. Que de crimes, de guerres, de meurtres, que de misères et d'horreurs, n'eût point épargnés au genre humain celui qui arrachant les pieux ou comblant le fossé, eût crié à ses semblables : « Gardez-vous d'écouter cet imposteur ; vous êtes perdus, si vous oubliez que les fruits sont à tous, et que la Terre n'est à personne. » Mais il y a grande apparence, qu'alors les choses en étaient déjà venues au point de ne pouvoir plus durer comme elles étaient ; car cette idée de propriété, dépendant de beaucoup d'idées antérieures qui n'ont pu naître que successivement, ne se forma pas tout d'un coup dans l'esprit humain : Il fallut faire bien des progrès, acquérir bien de l'industrie et des lumières, les transmettre et les augmenter d'âge en âge, avant

que d'arriver à ce dernier terme de l'état de Nature. Reprenons donc les choses de plus haut et tâchons de rassembler sous un seul point de vue cette lente succession d'événements et de connaissances, dans leur ordre le plus naturel.

106/ J.-J. ROUSSEAU, *Discours sur l'origine de l'inégalité*, seconde partie, premier paragraphe.

Un grand débat politique sur le luxe, la propriété et l'égalité a agité les élites jusqu'à la Révolution. Le marquis de Sade a mis à nu toutes les contradictions du siècle sur ce point. Il fait jouer les arguments habituels, en les radicalisant dans une écriture paradoxale, peu préoccupé de tenir le discours de la vérité et de proposer une « pensée » politique.

Le vol est le second des délits moraux dont nous nous sommes proposé l'examen.

Si nous parcourons l'Antiquité, nous verrons le vol permis, récompensé dans toutes les républiques de la Grèce ; Sparte ou Lacédémone le favorisait ouvertement ; quelques autres peuples l'ont regardé comme une vertu guerrière ; il est certain qu'il entretient le courage, la force, l'adresse, toutes les vertus, en un mot, utiles à un gouvernement républicain, et par conséquent au nôtre. J'oserai demander, sans partialité maintenant, si le vol dont l'effet est d'égaliser les richesses, est un grand mal dans un gouvernement dont le but est l'égalité. Non, sans doute ; car, s'il entretient l'égalité d'un côté, de l'autre il rend plus exact à conserver son bien. Il y avait un peuple qui punissait non pas le voleur, mais celui qui s'était laissé voler, afin de lui apprendre à soigner ses propriétés. Ceci nous amène à des réflexions plus étendues.

A Dieu ne plaise que je veuille attaquer ou détruire ici le serment du respect des propriétés, que vient de prononcer la nation ; mais me permettra-t-on quelques idées sur l'injustice de ce serment ? Quel est l'esprit d'un serment prononcé par tous les individus d'une nation ? N'est-il pas de maintenir une parfaite égalité parmi les citoyens, de les soumettre tous également à la loi protectrice des propriétés de tous ? Or, je vous demande maintenant si elle est bien juste, la loi qui ordonne à celui qui n'a rien de respecter celui qui a tout. Quels sont les éléments du pacte social ? Ne consiste-t-il pas à céder un peu de sa liberté et de ses propriétés pour assurer et maintenir ce que l'on conserve de l'un et de l'autre ?

Toutes les lois sont assises sur ces bases ; elles sont les motifs des punitions infligées à celui qui abuse de sa liberté. Elles autorisent de même les impositions ; ce qui fait qu'un citoyen ne se récrie pas lorsqu'on les exige de lui, c'est qu'il sait qu'au moyen de ce qu'il donne, on lui conserve ce qui lui reste ; mais, encore une fois, de quel droit celui qui n'a rien s'enchaînera-t-il sous un pacte qui ne protège que celui qui a tout ? Si vous faites un acte d'équité en conservant, par votre serment, les propriétés du riche, ne faites-vous pas une injustice en exigeant ce serment du « conservateur » qui n'a rien ? Quel intérêt celui-ci a-t-il à votre serment ? Et pourquoi voulez-vous qu'il promette une chose uniquement favorable à celui qui diffère autant de lui par ses richesses ? Il n'est assurément rien de plus injuste : un serment doit avoir un effet égal sur tous les individus qui le prononcent ; il est impossible qu'il puisse enchaîner celui qui n'a aucun intérêt à son maintien, parce qu'il ne serait plus alors le pacte d'un peuple libre : il serait l'arme du fort sur le faible, contre lequel celui-ci devrait se révolter sans cesse ; or, c'est ce qui arrive dans le serment du respect des propriétés que vient d'exiger la nation ; le riche seul y enchaîne le pauvre, le riche seul a intérêt au serment que prononce le pauvre avec tant d'inconsidération qu'il ne voit pas qu'au moyen de ce serment, extorqué à sa bonne foi, il s'engage à faire une chose qu'on ne peut pas faire vis-à-vis de lui.

Convaincus, ainsi que vous devez l'être, de cette barbare inégalité, n'aggravez donc pas votre injustice en punissant celui qui n'a rien d'avoir osé dérober quelque chose à celui qui a tout : votre inéquitable serment lui en donne plus de droit que jamais. En le contraignant au parjure par ce serment absurde pour lui, vous légitimez tous les crimes où le portera ce parjure ; il ne vous appartient donc plus de punir ce dont vous avez été la cause. Je n'en dirai pas davantage pour faire sentir la cruauté horrible qu'il y a à punir les voleurs. Imitez la loi sage du peuple dont je viens de parler ; punissez l'homme assez négligent pour se laisser voler, mais ne prononcez aucune espèce de peine contre celui qui vole ; songez que votre serment l'autorise à cette action et qu'il n'a fait, en s'y livrant, que suivre le premier et le plus sage des mouvements de la nature, celui de conserver sa propre existence, n'importe aux dépens de qui.

107/ SADE, *Français, encore un effort si vous voulez être républicains*, cité par J.-J. PAUVERT, *Libertés 28*, pp. 97-101.

Au XVIIIe siècle, l'économie est très majoritairement agricole. 85 pour 100 des Français sont des ruraux. Les fortunes, à part quelques milliers de banquiers, d'armateurs et de grands marchands, sont fondées sur la rente et les capitaux ruraux. Diderot (*cf.* l'article « Homme » de l'*Encyclopédie*) ne réclame pas une nouvelle répartition foncière. Il souhaite seulement un partage plus équitable des produits afin d'atténuer les inégalités. Ce réformisme modéré qui veut rationaliser la circulation des biens, s'inspire des thèses physiocrates. Même après la rupture des années 70 où sa pensée s'est enrichie d'une analyse économique et sociale, Diderot reste attaché à une certaine conception de l'inégalité. Dans son *Plan d'une université* rédigé en 1775 pour Catherine II, il définit une société du « concours ». L'enseignement y est conçu comme une machine sociale équitable, qui permet de remplacer l'ancienne société d'ordres par une hiérarchie du mérite qui distingue les compétences. Tout le système repose sur l'analyse naturaliste de l'inégalité des dons à laquelle Diderot s'est toujours tenu. C'est cet esprit qui animera le Directoire au moment de la création des grandes écoles.

2. La pensée économique et politique après 1765

Après l'aventure encyclopédique, la pensée économique et politique de Diderot évolue, sans qu'il y ait cependant de rupture radicale dans les principes. Elle s'enrichit sous la pression de l'expérience, et devient plus concrète. Diderot apprend beaucoup dans les discussions très internationales du salon Necker, ou auprès des hôtes du baron d'Holbach (princes, ambassadeurs, ministres, théoriciens comme Beccaria ou Galiani). Le *Voyage en Hollande* (1774-1775) fait paraître un voyageur féru d'économie politique, qui a de nouveaux intérêts et qui pose des questions plus étendues, portant sur le budget du citoyen et celui de l'Etat, sur le commerce et la vie quotidienne. Au cours des quelques voyages qui l'arrachent à Paris, l'encyclopédiste apprend à voir par lui-même et découvre une réalité économique et politique jusqu'alors méconnue de lui. Son angoisse et sa peur illustrent la crise de l'Ancien Régime. Un sentiment d'urgence le métamorphose, éveillant en lui une voix véhémente. Non qu'il se présente à son tour, après Rousseau, en martyr de la vérité. Il réagit plutôt en journaliste, témoin à chaud et qui refuse une théorie toujours prête à étouffer les ignominies dans des considérations générales et à faire bon marché des souffrances réelles. Dans ce rôle nouveau du philosophe qui dit le juste et l'injuste, et prend la responsabilité d'une parole ferme, il s'identifie maintenant à Sénèque.

Diderot est à la fois influencé par le mercantilisme colbertien (Melon, Dutot, Véron de Forbonnais) et par les thèses des physiocrates comme Quesnay, Turgot et Le Roy, qui collaborent à l'*Encyclopédie* jusqu'en 1757. Il insiste sur la nécessité pour l'Etat de produire soi-même des objets manufacturés, tout en affirmant que la terre est la seule véritable richesse (articles « Art », « Acier », « Agriculture »). Il est favorable à la liberté du commerce de la même façon qu'à la défense du droit de propriété. Cette position est remise en cause par le grand et long débat ouvert par l'article « Grains » de Quesnay dans l'*Encyclopédie*, et par les crises frumentaires ininterrompues jusqu'à la Révolution. Voltaire, dans l'article « Blé » du *Dictionnaire philosophique*, note que « vers 1750, la nation rassasiée de vers... se mit enfin à raisonner sur les blés. » Il indique plaisamment le décalage entre le discours parisien des élites et les réalités paysannes : « On écrivit des choses utiles sur l'agriculture : tout le monde les lut, excepté les laboureurs. On supposa, au sortir de l'opéra comique, que la France avait prodigieusement de blé à vendre. Enfin le cri de la nation obtint du gouvernement, en 1764, la liberté de l'exportation. » Jusqu'en 1769, Diderot est séduit par les thèses physiocrates sur la liberté du commerce des grains. Dans ses *Observations sur le 6e tome des Éphémérides du citoyen*, de l'abbé Baudeau (publiées en 1769 dans la *Correspondance littéraire*), il semble encore faire confiance à « cette nouvelle école de quesnaylistes » que l'abbé Galiani critique (« Prions Dieu pour que cette école se soutienne, tout ignorante et toute bavarde que notre abbé napolitain la suppose. » Dans la querelle opposant l'abbé Galiani qui vient d'écrire ses *Dialogues sur les blés* (1769) et l'abbé Morellet qui le réfute en défendant les thèses physiocrates (1770), Diderot prend la défense du premier. Au cours de son voyage à Bourbonne et à Langres de l'été 1770, il a vu les terribles effets de la disette et compris que les différentes lois libérales (celle de 1763 sur la libre circulation des grains et celle de 1764 sur la liberté d'exportation) ne favorisaient pas, comme le prétendaient les physiocrates, la régulation du marché. Cependant, Diderot ne publie pas son *Apologie de l'abbé Galiani*, sans doute parce qu'à ce moment précis les physiocrates quittent le pouvoir. Mainon d'Invault démissionne, et Choiseul est remplacé par Maupeou. L'abbé Terray, acquis aux thèses de l'abbé Galiani, devient Contrôleur général.

Terray, qui a manifestement déjà pris la décision de révoquer l'édit de 1764 sur l'exportation des blés, consulte à ce sujet les intendants de province. C'est dans ces circonstances que Turgot écrit ses *Lettres à l'abbé*

Terray. Dans sa « première lettre au Contrôleur général », il soutient les thèses physiocrates dans une argumentation très caractéristique de l'idéologie libérale au XVIIIe siècle. Il suffit d'informer le peuple et de lui expliquer que la disette n'est pas due à la liberté du commerce des grains. A cet effet, on fit prêcher dans les églises. On oubliait que la faim n'attend pas (le rétablissement de l'édit de 1764 provoquera la « guerre des farines » en 1775).

Limoges, 30 octobre.

M., je vous ai promis de vous développer les motifs qui me font regarder toute atteinte à la liberté entière du commerce des grains comme le plus grand de tous les obstacles à la prospérité de l'agriculture, par conséquent à l'accroissement, même à la conservation de la richesse particulière et publique, et en même temps comme la cause la plus assurée d'une extrême variation dans les prix, également nuisible aux cultivateurs et aux consommateurs, qui ruine les premiers par la non-valeur, et qui réduit les autres au dernier excès de la misère par des disettes fréquentes. Je m'acquitte plus tard que je ne l'aurais voulu de cette promesse, et ce qui me fâche le plus, c'est que je ne la remplirai pas comme je l'aurais voulu.

Mon dessein était de traiter à fond cette matière, d'en poser les principes, de faire tous mes efforts pour leur donner à vos yeux l'évidence d'une démonstration mathématique, comme ils l'ont aux miens, et, j'ose le dire, à ceux de toutes les personnes qui ont spécialement dirigé leurs réflexions sur cet objet important. Je voulais discuter les effets de la liberté et ceux du régime prohibitif sur la culture, sur le revenu des propriétaires, et sur l'abondance des subsistances en tout temps ; montrer comment la liberté est le seul préservatif possible contre la disette, le seul moyen d'établir et de conserver entre les prix des différents lieux et des différents temps ce juste niveau sans cesse troublé par l'inconstance des saisons et l'inégalité des récoltes ; examiner s'il est des cas où les circonstances physiques ou morales, la position sociale ou politique de certaines provinces, de certains Etats, rendent ce moyen moins efficace ; déterminer quels sont ces cas, quand, comment et à quel point les disettes peuvent encore exister malgré la liberté ; démontrer que, dans ces mêmes cas, ce n'est point à la liberté que l'on peut imputer ces disettes ; que, bien loin que l'on doive y apporter quelques modifications, ces modifications aggraveraient le mal ; que, dans tous les cas, la liberté le diminue ; que c'est de la liberté seule, constamment maintenue, qu'on peut, avec le laps du temps, attendre la cessation des circonstances qui peuvent, dans les premiers moments, s'opposer à ce que le niveau des prix s'établisse partout avec assez de rapidité pour qu'aucun canton ne souffre jamais les maux attachés à leur excessive inégalité. Ce plan aurait naturellement renfermé la réponse à toutes les objections que des craintes vagues et des faits vus à moitié ont accréditées depuis quelque temps contre la liberté.

Je me proposais, en un mot, de faire un livre qui méritât, M., de fixer votre attention, qui pût vous convaincre et dissiper les nuages qui obscurcissent encore cette question pour une partie du public. Car, quoique presque tout ait été dit, et dit même avec évidence sur le commerce des grains, il faut bien traiter encore cette matière, puisque des personnes d'ailleurs éclairées doutent encore, et que ces doutes ont fait une grande impression sur un très grand nombre d'hommes. Il faut envisager l'objet sous tant de faces, qu'on parvienne à la fin à le faire voir de la même manière à quiconque voudra l'examiner avec attention. Il est absolument nécessaire que le public sache à quoi s'en tenir sur un point aussi important, afin que les ministres présents et à venir puissent être assurés de la justesse des moyens qu'ils doivent adopter, et qu'une vue nette leur donne la sécurité dont ils ont besoin en agissant. Il faut que les vérités fondamentales de cette matière deviennent communes et triviales, afin que les peuples sachent, et par eux-mêmes, et par le témoignage unanime des gens éclairés, que le régime sous lequel ils ont à vivre est le seul bon, le seul qui pourvoie efficacement à leur subsistance, afin qu'ils ne se privent point eux-mêmes des secours du commerce, en le flétrissant du nom odieux de monopole, et en le menaçant continuellement de piller ses magasins, afin qu'ils ne se croient point autorisés à faire un crime à l'administration de la variété des saisons, à exiger d'elle des miracles, à la calomnier, et à se révolter contre elle, quand elle les sert avec le plus d'efficacité.

Je sais, M., que vous n'adoptez pas mes idées sur la nécessité de discuter cette matière au tribunal du public ; mais c'est encore là un point sur lequel je suis trop fortement convaincu pour ne pas tenir à mon opinion, et ce sera aussi l'objet d'une de mes observations.

Il aurait fallu plus de temps et surtout moins de distractions forcées que je n'en ai eu pendant mon séjour à Paris et depuis mon retour dans la province, pour remplir un plan aussi étendu et surtout pour y mettre l'ordre et l'enchaînement d'idées désirables.

108/ Turgot, *Lettres à l'abbé Terray*, 1770, première lettre.

Diderot défend les thèses de Galiani et réfute l'abbé Morellet lancé contre celui-ci par les physiocrates. L'*Apologie de l'abbé Galiani* permet de mesurer l'évolution du philosophe, qui rejette alors les théories trop générales et la pensée technocrate très présente dans le groupe encyclopédique. Sur la question des subsistances, il remet en question le droit de propriété et l'idéologie libérale, par un souci philanthropique et surtout parce que la faim du peuple l'effraie. A son ancien idéal d'une monarchie absolutiste, non interventionniste et se limitant à assurer l'organisation d'un marché libre, il oppose alors une économie morale fondée sur un roi père et nourricier qui, par l'entrave et la taxation, pourvoit aux subsistances et remédie aux disettes. Il adopte résolument le ton de l'urgence et le point de vue du journaliste sensible aux poussées ponctuelles. Peu importe qu'il y ait sur le « temps long » expansion et prospérité, si quelque part on souffre de la faim (« Je mange mal quand je n'ai que du pain possible », *Apologie de l'abbé Galiani*, t. VIII, p. 797). Diderot évoque les troubles frumentaires qui déstabilisent le pays depuis plusieurs années (voir sur ce point Jean-Claude Bonnet, *Les Problèmes alimentaires dans la presse de 1768*, publication du laboratoire 96 du C.N.R.S., 1981).

D Sur l'exportation illimitée. — Les répartitions graduelles de province à province que promettent les économistes sont chimériques, surtout dans les temps de disette. D'abord les distances sont quelquefois très considérables. Ainsi le blé sera en

Lorraine à quatorze livres le setier, et à cinquante lieues, à vingt-cinq il sera à vingt-quatre, à trente, à trente-six livres, sans qu'on y en porte ; et pourquoi ? C'est que l'alarme ferme les greniers de la province abondante ; c'est que le blé pouvant arriver au lieu de la disette d'une infinité de côtés, il ne vient d'aucun, chacun craignant d'arriver trop tard et de perdre ; c'est qu'il est très difficile de discerner une disette simulée d'une disette réelle, et que la première cesse tout à coup ; c'est que les cris ne s'élèvent qu'à l'extrémité, c'est qu'alors le temps presse, parce que la faim ne souffre pas de délai ; c'est que si les greniers éloignés se ferment, la cupidité qui espère toujours un plus haut prix, la terreur qui craint de manquer, ferment ceux de la province ; c'est qu'alors l'autorité est forcée de s'en mêler, et que si l'année dernière (1769) elle ne fût pas intervenue, et que si elle n'y pourvoit cette année, le monopole le plus simple conduira les citoyens dans la même ville à s'égorger, les habitants de différentes villes à se piller ; c'est que la misère rend les convois hasardeux ; on craint d'être pillé en route, d'être pillé au marché ; c'est que le blé était chez moi à quarante-deux livres l'émine, et qu'il n'en venait point de Saint-Dizier, qui n'est qu'à dix-huit lieues, où il était (mesures égales) à vingt-huit livres. C'est que l'état des blés dans une ville n'est jamais à ce degré d'évidence pour les particuliers propre à les rassurer ; que le spectacle de la misère étrangère effraie au point d'aimer mieux garder sa denrée, même avec superfluité, que de courir les risques et les maux qu'on voit à côté de soi, en en manquant ; c'est qu'alors, comme on ne sait ce qui sort, ni ce qui reste, le particulier ne vend pas, sauf à vendre à ses concitoyens, si le blé hausse ; c'est que le peuple ameuté s'oppose à la sortie ; c'est que la sortie faisant hausser le blé dans l'endroit, chacun laisse vendre les plus pressés, et qu'on se dit à soi-même : J'aurai le même prix, et je le trouverai à ma porte ; c'est qu'il faut laisser là les vues générales, et entrer dans tout ce détail de craintes, d'avidité, d'espérance, si l'on veut calculer juste.

Je ne sais si vous avez senti vous-même combien cet endroit de votre réponse était faible et défectueux ; car tout de suite vous appelez au secours de la libre et illimitée exportation les droits sacrés de la propriété, qui ne sont malheureusement, s'il faut en dire mon avis, que de belles billevesées. Est-ce qu'il y a quelque droit sacré quand il s'agit d'affaire publique, d'utilité générale réelle ou simulée ? On me fait prendre le mousquet, on m'ôte la liberté ; on m'enferme sur un soupçon, on coupe mon champ en deux ; on renverse ma maison ; on me ruine en me déplaçant ; on vide ma bourse par un impôt injuste ; on expose ma vie, ma fortune par une guerre folle ; mettez toutes vos belles pages dans une utopie et cela figurera bien là ; voulez-vous nous faire un autre ministère, d'autres maîtres, d'autres lois, un autre gouvernement, d'autres souverains ? L'abbé Galiani sait très bien ce qu'on peut dire du droit de propriété, et il est éloquent aussi quand il lui plaît ; mais il connaît trop l'esprit de toute société pour s'amuser à des discours qui ne mènent à rien, n'ont mené et ne mèneront à rien.

Le droit de propriété est sacré de particulier à particulier, et s'il n'est pas sacré il faut que la société se dissolve. C'est le contraire de ce droit de particulier relativement à la société. Car si c'était quelque chose de sacré, il ne se ferait rien de grand, d'utile dans cette société ; la propriété de quelques particuliers croisant sans cesse les vues générales, elle tendrait à sa ruine, parce que le droit de propriété de quelques particuliers croiserait sans cesse les vrais moyens de son opulence, de sa force, et de sa sûreté.

109/ *Apologie de l'abbé Galiani*, t. VIII, pp. 777-778.

On trouve dans *Jacques le Fataliste* des échos de la crise économique. Les brigands que les deux compères rencontrent ne sont pas les avatars d'un stéréotype romanesque, mais très nettement des références à l'actualité (« Ils traversaient une contrée peu sûre en tout temps, et qui l'était bien moins encore alors que la mauvaise administration et la misère avaient multiplié sans fin le nombre des malfaiteurs », t. XII, p. 22).

D

Jacques

Me voilà pansé, un peu soulagé, le chirurgien parti, et mes hôtes retirés et couchés. Leur chambre n'était séparée de la mienne que par des planches à claire-voie sur lesquelles on avait collé du papier gris, et sur ce papier quelques images enluminées. Je ne dormais pas, et j'entendis la femme qui disait à son mari : « Laissez-moi, je n'ai pas envie de rire. Un pauvre malheureux qui se meurt à notre porte !... — Femme, tu me diras tout cela après. — Non, cela ne sera pas. Si vous ne finissez, je me lève. Cela ne me fera-t-il pas bien aise lorsque j'ai le cœur gros ? — Oh ! si tu te fais tant prier, tu en seras la dupe. — Ce n'est pas pour se faire prier, mais c'est que vous êtes quelquefois d'un dur !... c'est que... c'est que... »

Après une assez courte pause, le mari prit la parole et dit : « Là, femme, conviens donc à présent que par une compassion déplacée tu nous as mis dans un embarras dont il est presque impossible de se tirer. L'année est mauvaise, à peine pouvons-nous suffire à nos besoins et aux besoins de nos enfants. Le grain est d'une cherté ! Point de vin ! Encore si l'on trouvait à travailler ; mais les riches se retranchent ; les pauvres gens ne font rien ; pour une journée qu'on emploie, on en perd quatre. Personne ne paie ce qu'il doit, les créanciers sont d'une âpreté qui désespère ; et voilà le moment que tu prends pour retirer ici un inconnu, un étranger qui y restera tant qu'il plaira à Dieu et au chirurgien, qui ne se pressera pas de le guérir, car ces chirurgiens font durer les maladies le plus longtemps qu'ils peuvent ; qui n'a pas le sou, et qui doublera, triplera notre dépense. Là, femme, comment te déferas-tu de cet homme ? Parle donc, femme, dis-moi donc quelque raison. — Est-ce que l'on peut parler avec vous ? — Tu dis que j'ai de l'humeur, que je gronde ; eh ! qui n'en aurait pas ? qui ne gronderait pas ? Il y avait encore un peu de vin à la cave, Dieu sait le train dont il ira ! Les chirurgiens en burent hier au soir plus que nous et nos enfants n'aurions fait dans la semaine. Et le chirurgien ne viendra pas pour rien, comme tu peux penser, qui le paiera ? — Oui, voilà qui est fort bien dit ; et parce qu'on est dans la misère vous me faites un enfant, comme si nous n'en avions pas déjà assez. — Oh que non ! — Oh que si, je suis sûre que je vais être grosse. — Voilà comme tu dis toutes les fois. — Et cela n'a jamais manqué quand l'oreille me démange après, et j'y sens une démangeaison comme jamais. — Ton oreille ne sait ce qu'elle dit. — Ne me touche pas ! laisse là mon oreille ! laisse donc, l'homme ; est-ce que tu es fou ? tu t'en trouveras mal. — Non, non, cela ne m'est

> pas arrivé depuis le soir de la Saint-Jean. — Tu feras si bien que... et puis dans un mois d'ici tu me bouderas comme si c'était de ma faute. — Non, non. — Et dans neuf mois d'ici ce sera bien pis. — Non, non. — C'est toi qui l'auras voulu ? — Oui, oui. — Tu t'en souviendras ? tu ne diras pas comme tu as dit toutes les autres fois ? — Oui, oui... » Et puis voilà que de non, non, en oui, oui, cet homme enragé contre sa femme d'avoir cédé à un sentiment d'humanité...
>
> 110/ *Jacques le Fataliste*, t. XII, pp. 34-36.

Certes, les physiocrates avaient raison d'affirmer qu'au bout du compte l'agriculture prospérait, mais leur analyse restait abstraite en sous-estimant les conséquences sociales du manque ponctuel de grain. Même si la famine avait disparu, la disette créait une psychose équivalente. La première cause de la Révolution sera cette incapacité de la monarchie à maîtriser un marché national très nouveau. Quand la vie des citoyens est en danger, Diderot considère que le droit de propriété n'est plus sacré et qu'il faut porter assistance : « Le blé est comme l'air et l'eau. Si un homme avait chez lui un coffre plein de quinquina et qu'il ne voulût en vendre à ses concitoyens attaqués d'une fièvre épidémique qu'à certain prix qui serait au-dessus de leurs moyens, parce que l'étranger lui en offrirait davantage, que ce quinquina lui appartient et qu'il ne doit le sacrifice de son intérêt personnel à personne ; on enfoncerait les portes de cet homme, on briserait son coffre, on mettrait à côté l'argent du quinquina qu'il prendrait et l'on ferait bien. » (*Apologie de l'abbé Galiani*, t. VIII, p. 763.) Robespierre s'exprime de la même façon dans un extraordinaire discours sur les « subsistances » à la Convention, en critiquant la législation libérale de la Constituante sur le commerce des grains. Il dénonce « la cupidité homicide » du commerçant, dans une argumentation qui rappelle le grand débat du siècle sur le luxe. En dehors du sursaut moral, l'analyse économique associant liberté et protection n'est pas si loin de Turgot et reproduit les profondes contradictions de l'Ancien Régime.

Les erreurs où on est tombé à cet égard me paraissent venir de deux causes principales.

1. Les auteurs de la théorie n'ont considéré les denrées les plus nécessaires à la vie que comme une marchandise ordinaire, et n'ont mis aucune différence entre le commerce du blé, par exemple, et celui de l'indigo ; ils ont plus disserté sur le commerce des grains que sur la subsistance du peuple et faute d'avoir fait entrer cette donnée dans leurs calculs, ils ont fait une fausse application de principes évidents en général ; c'est ce mélange de vrai et de faux qui a donné quelque chose de spécieux à un système erroné.

2. Ils l'ont bien moins encore adapté aux circonstances orageuses que les révolutions amènent, et leur vague théorie fût-elle bonne dans les temps ordinaires, ne trouverait aucune application aux mesures instantanées que les moments de crises peuvent exiger de nous. Ils ont compté pour beaucoup les profits des négociants ou des propriétaires, et la vie des hommes à peu près pour rien. Eh pourquoi ! c'étaient des grands, les ministres, les riches qui écrivaient, qui gouvernaient ; si c'eût été le peuple, il est probable que ce système aurait reçu quelques modifications !

Le bon sens, par exemple, indique cette vérité

que les denrées qui ne tiennent point aux besoins de la vie, peuvent être abandonnées aux spéculations les plus illimitées du commerçant ; la disette momentanée qui peut se faire sentir est toujours un inconvénient supportable, et il suffit qu'en général la liberté indéfinie de ce négoce tourne au plus grand profit de l'Etat et des individus ; mais la vie des hommes ne peut être soumise aux mêmes chances. Il n'est pas nécessaire que je puisse acheter de brillantes étoffes, mais il faut que je sois assez riche pour acheter du pain, pour moi et pour mes enfants. Le négociant peut bien garder, dans ses magasins, les marchandises que le luxe et la vanité convoitent jusqu'à ce qu'il trouve le moment de les vendre au plus haut prix possible ; mais nul homme n'a le droit d'entasser des monceaux de blé, à côté de son semblable qui meurt de faim.

Quel est le premier objet de la société ? c'est de maintenir les droits imprescriptibles de l'homme. Quel est le premier de ces droits ? celui d'exister.

La première loi sociale est donc celle qui garantit à tous les membres de la société les moyens d'exister ; toutes les autres sont subordonnées à celle-là ; la propriété n'a été instituée ou garantie que pour la cimenter ; c'est pour vivre d'abord que l'on a des propriétés. Il n'est pas vrai que la propriété puisse jamais être en opposition avec la subsistance des hommes.

Les aliments nécessaires à l'homme sont aussi sacrés que la vie elle-même. Tout ce qui est indispensable pour la conserver est une propriété commune à la société entière. Il n'y a que l'excédent qui soit une propriété individuelle, et qui soit abandonné à l'industrie des commerçants. Toute spéculation mercantile que je fais aux dépens de la vie de mon semblable n'est point un trafic, c'est un brigandage et un fratricide.

111/ Robespierre, *Discours sur les subsistances* du 2 décembre 1792, édition 10/18, pp. 51-53.

Dans les années 1770, Diderot n'est plus aussi convaincu du progrès des sociétés et de leur développement harmonieux. Deux rêveries, opposant à vingt ans d'intervalle l'état sauvage et l'état social, marquent bien l'évolution du philosophe. A la fin de l'*Essai sur la peinture*, un chapitre sur l'imagination (qui opère la synthèse du vrai, du beau et du bon) se transforme spontanément en glorification des « arts », de la machine et du travail humain.

D Je vois une haute montagne couverte d'une obscure, antique et profonde forêt. J'en vois, j'en entends descendre à grand bruit un torrent, dont les eaux vont se briser contre les pointes escarpées d'un rocher. Le soleil penche à son couchant ; il transforme en autant de diamants, les gouttes d'eau qui pendent attachées aux extrémités inégales des pierres. Cependant, les eaux, après avoir franchi les obstacles qui les retardaient, vont se rassembler dans un vaste et large canal qui les conduit à une certaine distance vers une machine. C'est là que, sous des masses énormes, se broie et se prépare la subsistance la plus générale de l'homme. J'entrevois la machine ; j'entrevois ses roues que l'écume des eaux blanchit ; j'entrevois au travers de quelques saules le haut de la chaumière du propriétaire : je rentre en moi-même, et je rêve.

Sans doute la forêt qui me ramène à l'origine du monde est une belle chose ; sans doute ce rocher, image de la constance et de la durée, est une belle chose ; sans doute, ces gouttes d'eau transformées par les rayons du soleil, brisées et décomposées en autant de diamants étincelants et liquides, sont une belle chose ; sans doute, le bruit, le fracas d'un torrent qui brise le vaste silence de la montagne et de sa solitude, et porte à mon âme une secousse violente, une terreur secrète, est une belle chose !

Mais ces saules, cette chaumière, ces animaux qui paissent aux environs ; tout ce spectacle d'utilité n'ajoute-t-il rien à mon plaisir ? Et quelle différence encore de la sensation de l'homme ordinaire à celle du philosophe ! C'est lui qui réfléchit et qui voit, dans l'arbre de la forêt, le mât qui doit un jour opposer sa tête altière à la tempête et aux vents ; dans les entrailles de la montagne, le métal brut qui bouillonnera un jour au fond des fourneaux ardents, et prendra la forme, et des machines qui fécondent la terre, et de celles qui en détruisent les habitants ; dans le rocher, les masses de pierre dont on élèvera des palais aux rois et des temples aux dieux ; dans les eaux du torrent, tantôt la fertilité, tantôt le ravage de la campagne, la formation des rivières, des fleuves, le commerce, les habitants de l'univers liés, leurs trésors portés de rivage en rivage, et de là dispersés dans toute la profondeur des continents ; et son âme mobile passera subitement de la douce et voluptueuse émotion du plaisir au sentiment de la terreur, si son imagination vient à soulever les flots de l'océan.

112/ *Essai sur la peinture*, 1765, t. VI, pp. 315-316.

Dans la *Réfutation d'Helvétius*, au contraire, Diderot écrit un de ses rares textes où le travail soit défini, dans la réalité de sa violence, comme une terrible épreuve. Voici un encyclopédiste désenchanté et effrayé par le cours des choses, qui semble rejoindre Rousseau et douter soudain de l'avenir des sociétés. (C'est le même qui écrivait peu avant dans l'*Apologie de l'abbé Galiani* : « Plus on manufacturera, plus il y aura de destructions, plus il faudra de réparations. C'est par la manufacture que tout s'achemine à rien ; et c'est l'agriculture qui remplit sans cesse le ravage de l'industrie », t. VIII, p. 793).

D Avez-vous jamais pensé à combien de malheureux l'exploitation des mines, la préparation de la chaux de céruse, le transport du bois flotté, la cure des fosses, causent des infirmités effroyables et donnent la mort ?

Il n'y a que les horreurs de la misère et l'abrutissement qui puissent réduire l'homme à ces travaux. Ah, Jean-Jacques, que vous avez mal plaidé la cause de l'état sauvage, contre l'état social !

Oui, l'appétit du riche ne diffère point de l'appétit du pauvre. Je crois même l'appétit de celui-ci beaucoup plus vif et plus vrai. Mais pour la santé et le bonheur de l'un et de l'autre, peut-être faudrait-il mettre le pauvre au régime du riche et le riche au régime du pauvre. C'est l'oisif qui se gorge de mets succulents ; c'est l'homme de peine qui boit de l'eau et mange du pain ; et tous les deux périssent, avant le terme prescrit par la nature, l'un d'indigestions et l'autre d'inanition. C'est celui qui ne fait rien qui s'abreuve à longs traits du vin généreux qui réparerait les forces de celui qui travaille.

Si le pauvre et le riche étaient également laborieux et frugals ; tout ne serait pas compensé entre eux. La différence des aliments, et des travaux, des aliments pauvres et succulents, des travaux modérés et continus, mettraient encore une grande différence entre la durée moyenne de leur vie.

Ou passez-vous de métaux ; ou permettez aux mines d'être pestilentielles.

Les mines du Hartz recèlent dans leurs immenses profondeurs des milliers d'hommes qui connaissent à peine la lumière du soleil et qui atteignent rarement l'âge de trente ans. C'est là qu'on voit des femmes qui ont eu douze maris.

Si vous fermez ces vastes tombeaux, vous ruinez l'Etat, et vous condamnez tous les sujets de la Saxe ou à mourir de faim ou à s'expatrier.

Combien d'ateliers dans la France même, moins nombreux, mais presque aussi funestes.

Lorsque je repasse en revue la multitude et la variété des causes de la dépopulation, je suis toujours étonné que le nombre des naissances excède d'un dix-neuvième celui des morts.

Si Rousseau, au lieu de nous prêcher le retour dans la forêt, s'était occupé à imaginer une espèce de société, moitié policée et moitié sauvage, on aurait eu, je crois, bien de la peine à lui répondre.

L'homme s'est rassemblé pour lutter avec le plus d'avantage contre son ennemie constante, la nature ; mais il ne s'est pas contenté de la vaincre, il en a voulu triompher. Il a trouvé la cabane plus commode que l'antre ; et il s'est logé dans une cabane. Fort bien. Mais quelle énorme distance de la cabane aux palais ! Est-il mieux dans le palais que dans la cabane ; j'en doute. Combien il s'est donné de peines pour n'ajouter à son sort que des superfluités, et compliquer à l'infini l'ouvrage de son bonheur !

Helvétius a dit, avec raison, que le bonheur d'un opulent était une machine où il y avait toujours à refaire. Cela me semble bien plus vrai de nos sociétés. Je ne pense pas, comme Rousseau, qu'il fallût les détruire, quand on le pourrait ; mais je suis convaincu que l'industrie de l'homme est allée beaucoup trop loin ; et que si elle se fût arrêtée beaucoup plus tôt, et qu'il fût possible de simplifier son ouvrage, nous n'en serions pas plus mal. Le chevalier de Chastellux a très bien distingué un règne brillant d'un règne heureux ; il serait tout aussi facile d'assigner la différence d'une société brillante et d'une société heureuse. Helvétius a placé le bonheur de l'homme social dans la médiocrité ; et je crois qu'il y a pareillement un terme dans la civilisation, un terme plus conforme à la félicité de l'homme en général, et bien moins éloigné de la condition sauvage qu'on ne l'imagine ; mais comment y revenir, quand on s'en est écarté ; comment y rester, quand on y serait ? Je l'ignore. Hélas, l'état social s'est peut-être acheminé à cette perfection funeste dont nous jouissons, presque aussi nécessairement que les cheveux blancs nous couronnent dans la vieillesse. Les législateurs anciens n'ont connu que l'état sauvage. Un législateur moderne plus éclairé qu'eux, qui fonderait une colonie, dans quelque recoin ignoré de la terre, trouverait peut-être entre l'état sauvage et notre merveilleux état policé, un milieu qui retarderait les progrès de l'enfant de Prométhée, qui le garantirait du vautour, et qui fixerait l'homme civilisé entre l'enfance du sauvage et notre décrépitude.

113/ *Réfutation d'Helvétius*, t. II, pp. 626-628.

De même que le problème des grains a enrichi et transformé la réflexion de Diderot sur l'économie, l'expérience russe à la cour de Catherine II et la crise française avec l'autoritarisme de Maupeou ont fait évoluer sa pensée politique. A son retour de Saint-Pétersbourg, il reprend avec beaucoup plus de fermeté et de clarté les thèmes sur la volonté générale et la souveraineté élaborés dans l'*Encyclopédie*. Il ne va cesser de condamner l'arbitraire et le pouvoir absolu, qui justifient le régicide. Le bon monarque, qui n'est jamais au-dessus des lois et dont le pouvoir est toujours contrôlé, doit exprimer la volonté générale et gouverner avec l'aide du tiers état et des gens éclairés. Dans les *Observations sur l'Instruction de Sa Majesté Impériale aux députés pour la confection des lois* (ouvrage généralement désigné sous le titre d'*Observations sur le Nakaz*), Diderot s'adresse à Catherine II en se présentant comme l'organe de la vérité, alors que (selon lui et dans une formule qui rappelle les imprévisibles sauts du Neveu de Rameau) la maladie à laquelle les souverains sont plus sujets que le peuple est « la folie ». A ce moment-là, il espérait encore en Catherine II mais elle n'appréciera pas ce diseur de vérités, trop intrépide (« Qu'elle lise ce que je viens d'écrire et qu'elle écoute sa conscience. Si son cœur tressaillit de joie, elle ne veut plus d'esclaves ; si elle frémit, si son sang se retire, si elle pâlit, elle s'est crue meilleure qu'elle n'était », t. XI, p. 209).

D Il n'y a point de vrai souverain que la nation. Il ne peut y avoir de vrai législateur que le peuple. Il est rare qu'un peuple se soumette sincèrement à des lois qu'on lui impose. Il les aimera, il les respectera, il y obéira, il les défendra comme son propre ouvrage, s'il en est lui-même l'auteur. Ce ne sont plus les volontés arbitraires d'un seul ; ce sont celles d'un nombre d'hommes qui ont consulté entre eux sur leur bonheur et leur sécurité. Elles sont vaines, si elles ne commandent pas également à tous. Elles sont vaines s'il y a un seul membre dans la société qui puisse les enfreindre impunément. Le premier point d'un code doit donc m'instruire des précautions que l'on a prises pour assurer aux lois leur autorité.

La première ligne d'un code bien fait doit lier le souverain. Il doit commencer ainsi : « Nous peuple et nous souverain de ce peuple jurons conjointement ces lois par lesquelles nous serons également jugés ; et s'il nous arrivait à nous souverain de les changer ou de les enfreindre, ennemi de notre peuple, il est juste qu'il soit le nôtre, qu'il soit délié du serment de fidélité, qu'il nous poursuive, qu'il nous dépose et même qu'il nous condamne à mort si le cas l'exige. Et c'est là la première loi de notre code. Malheur au souverain qui méprisera la loi, malheur au peuple qui souffrira le mépris de la loi. »

Et comme l'autorité du souverain est la seule redoutable pour la loi, il faut qu'à chaque loi, ce serment soit fait par le peuple et par le souverain, et que sur l'original écrit et sur les copies publiques, il soit pris acte que ce serment a été fait.

Tout souverain qui se refuse à ce serment se déclare d'avance despote et tyran.

La seconde loi c'est que les représentants de la nation se rassembleront tous les cinq ans, pour juger si le souverain s'est exactement conformé à une loi qu'il a jurée ; statuer sur la peine qu'il mérite, s'il en a été infracteur ; le continuer ou le déposer, et jurer derechef les lois, serment dont il sera pris acte.

Peuples, si vous avez toute autorité sur vos souverains, faites un code. Si votre souverain a toute autorité sur vous, laissez là votre code ; vous ne forgeriez des chaînes que pour vous. [...]

Je ne vois que quelques formes de différence entre le despotisme et la monarchie pure. Le despote fait tout ce qu'il veut, sans aucune forme ; le monarque est assujetti à des formes qu'il néglige quand il lui plaît ; et qui ne font que suspendre ses volontés sans les changer quand il les respecte.

C'est l'esprit de la monarchie pure qui a dicté l'instruction de Catherine seconde.

La monarchie pure reste ce qu'elle est ou retourne au despotisme, selon le caractère du monarque. C'est donc une mauvaise espèce de gouvernement.

Le gouvernement sous lequel le souverain libre pour le bien, est lié pour le mal est ce qu'on appelle une monarchie tempérée.

Mais, dira-t-on, il fallait passer successivement du despotisme à la monarchie pure, et de la monarchie pure, à la monarchie tempérée.

Je n'en crois rien. Un souverain qui est juste, ferme, et éclairé, et qui peut tout, ne doit rien laisser à faire à des successeurs qui seront bien plus enclins à revenir de la monarchie tempérée à la monarchie pure. C'est l'expérience de tous les siècles et de toutes les nations ; le roi d'Angleterre fait tout ce qu'il peut pour instituer le gouvernement français ; et le roi de France tout ce qu'il peut pour amener le gouvernement asiatique.

J'ai osé dire à l'impératrice qu'il y avait une maladie à laquelle les souverains étaient plus sujets que les peuples, la folie ; et elle en est convenue, sans s'en offenser. C'est à celle-là qu'on peut bien dire la vérité ; c'est la *vraie femme* de Henri IV.

114/ *Observations sur l'Instruction de Sa Majesté Impériale*, t. XI, pp. 207-210.

Frédéric II est, pour Diderot, l'exemple même du mauvais monarque. Il n'est pas ménagé dans les *Pages contre un tyran*, ainsi que dans l'apostrophe à Frédéric II de l'*Histoire des Deux Indes* où le roi guerrier est opposé au roi citoyen. Dans la *Réfutation d'Helvétius*, Diderot critique en Frédéric II le despote éclairé qui fait de ses sujets des esclaves. Or, il est dit dans l'*Essai sur les règnes de Claude et de Néron* qu'un peuple dans les chaînes a le droit de se soulever contre un tyran, et que par une juste réciprocité « l'esclave a sur son maître le droit de vie et de mort ».

3. La collaboration de Diderot à l'« Histoire des Deux Indes »

L'*Histoire des Deux Indes* de l'abbé Raynal est un grand ouvrage de dix-neuf volumes dont le succès et l'importance à la fin du XVIIIe siècle ont été totalement oubliés aujourd'hui. Le livre se complète et s'enrichit au cours des trois premières éditions de 1772, 1774, 1781. Il y en aura vingt de 1781 à 1787. C'est un monument comparable à l'*Encyclopédie*, dont l'objet (comme l'indique le titre complet du livre) est une histoire « philosophique et politique ». Diderot note un changement du « goût » qui correspond à son évolution personnelle : « Le goût de l'histoire naturelle est sur son déclin. Nous sommes tout entiers aux questions du gouvernement, de législation, de morale, de politique et de commerce. S'il m'était permis de hasarder une prédiction, j'annoncerais qu'incessamment les esprits se tourneront du côté de l'histoire, carrière immense où la philosophie n'a pas encore mis le pied », 1781, t. III, p. 127. Comme l'*Encyclopédie*, l'ouvrage de Raynal est un ensemble très hétérogène et tout bruissant de contradictions anciennes, constamment reconduites. Voici une grande épopée du commerce qui dénonce l'inhumanité générale du commerçant et la tyrannie des grandes puissances, une histoire des forfaits de la colonisation qui en souligne aussi les effets civilisateurs, un livre qui s'enchante à la fois de la vision immobile du bon sauvage et des bienfaits de l'industrie et de l'activité humaines. Par son importante participation (surtout dans les deuxième et troisième éditions), Diderot a donné à l'entreprise un ton particulier que n'oublieront pas les hommes de la Révolution, ni, par exemple, Toussaint Louverture qui, selon Aimé Césaire, a lu l'ouvrage. Sous le masque nouveau de l'abbé Raynal, Diderot fait entendre une voix surprenante, un long cri contre toutes les tyrannies, prolongé au fil des livres dans une somptueuse rhétorique. Pendant les dernières années de sa vie, Diderot est en proie à un vif intérêt pour les questions politiques, qui s'exprime dans une écriture intense. C'est cette fougue si nouvelle et ce ton presque inouï que Grimm censura. En faisant à Diderot (et devant Angélique) une violente critique de l'abbé Raynal, le malheureux ami ne pouvait pas savoir que les passages incriminés étaient de Diderot lui-même. Celui-ci en fut très affecté et écrivit à Grimm une *Lettre apologétique de l'abbé Raynal.* Dans ce texte jamais expédié, c'est évidemment sa propre défense que Diderot présente.

D Est-ce que le philosophe traite l'histoire comme l'érudit, l'érudit comme le moraliste, le froid moraliste comme l'homme éloquent. Eh bien,

Raynal est un historien comme il n'y en a point encore eu, et tant mieux pour lui, et tant pis pour l'histoire. Si l'histoire avait, dès les premiers temps, saisi et traîné par les cheveux les tyrans civils et les tyrans religieux, je ne crois pas qu'ils en fussent devenus meilleurs ; mais ils en auraient été plus détestés, et leurs malheureux sujets en seraient peut-être devenus moins patients. Eh bien, effacez du frontispice de son livre, le mot d'histoire, et taisez-vous.

Le livre que j'aime et que les rois et leurs courtisans détestent, c'est le livre qui fait naître des Brutus ; qu'on lui donne le nom qu'on voudra.

Et pourquoi donc l'abbé n'a-t-il pas le ton modéré de l'historien ? Parce que, entre trois à quatre mille pages, il s'en rencontre peut-être une cinquantaine que l'enthousiasme de la vertu ou l'horreur du vice aura dictées. Pour moi je n'en estimerai que davantage l'auteur qui se sera abandonné sans réserve aux mouvements violents de son cœur, et je détesterai les indignes satrapes qui cacheront sous le voile d'un goût sévère le motif honteux de leur critique.

Il ne me déplaît nullement que l'historien de la découverte d'un monde nouveau, ayant à parler d'un phénomène inouï, ait un ton qui ne soit qu'à lui. Du moins il ne sera pas compté dans le troupeau servile des imitateurs.

Vous croyez que quand on apostrophe les rois, c'est par audace ou par vanité qu'on les tutoie. Quelle vision ! C'est que cette forme de discours empruntée de la langue des Grecs et des Romains, montre plus de goût, plus de noblesse, plus de fermeté, plus de véracité, peut-être même plus de respect. C'est qu'alors ce n'est pas un sujet, c'est un député de la nation qui parle ; c'est qu'il est l'organe de la vertu, de la raison, de l'équité, de l'humanité, de la justice, de la clémence, de la loi, ou de quelque autre de ces sublimes quakeresses devant lesquelles les mortels sont tous égaux.

Etablir entre les rois et soi une si prodigieuse distance, c'est penser trop grandement d'un homme et trop petitement de l'homme. C'est par notre choix qu'il est le premier d'entre nous. Voilà ce qu'on apprenait dans l'école de Démétrius ou d'Attale qui n'étaient ni des sots, ni des lâches, ni des insolents, ni des fous.

J'ai fini la lecture du premier volume de l'abbé, et dans plus de sept cents pages, je ne lui ai pas vu une seule fois, pour me servir de votre expression, *l'image de la postérité collée sur le nez*, image imposante qu'à vous parler vrai, j'aimerais mieux trop fréquente dans les écrits d'un auteur, qu'entièrement absente de sa pensée.

Vous m'avez recommandé de me taire sur l'abbé Raynal. Mais votre dessein est-il que je suive votre conseil ? En ce cas, ayez l'attention d'en parler plus décemment que vous n'avez fait chez ma fille. N'est-ce donc pas assez que des wisigoths le proscrivent, faut-il encore qu'il soit attaqué par ses amis ? Il y a dans la société tant d'impertinents perroquets qui parlent, qui parlent, et qui parlent sans savoir ce qu'ils disent ; on a tant de plaisir à répandre le mal, que le médisant ou le calomniateur se fait en un jour mille complices.

Je vous ai parfaitement compris ; et vous m'avez fait très injustement et très inutilement beaucoup de mal. Voici mon apologie que je vous permets de montrer à l'abbé ; si vous le revoyez jamais.

115/ *Lettre apologétique de l'abbé Raynal*, t. XIII, pp. 76-77.

Michèle Duchet (professeur à l'Ecole normale supérieure de Fontenay-aux-Roses, auteur d'une thèse intitulée *Anthropologie et histoire au siècle des Lumières*, Maspero, 1971, et de nombreux travaux sur la littérature du XVIIIe siècle) a étudié récemment la participation de Diderot à l'*Histoire des Deux Indes*. Elle situe cette expérience de l'écrivain dans l'ensemble de son œuvre.

Tout change de sens en effet si, au lieu de s'en étonner, on essaie de se demander *pourquoi* Diderot a accepté de revoir entièrement la seconde édition et, vers la fin de sa vie, de passer quelquefois quatorze heures de suite à récrire la troisième. Tout se passe comme si l'*Histoire des Indes* avait pris, dans son emploi du temps, la relève de l'*Encyclopédie*. Il y a là plus que hasard ou condescendance, et Raynal n'est pas un second Grimm : dans l'*Apologie*, Diderot ne défend pas un ami, il plaide une cause où il est à la fois juge et partie, c'est le ton véhément et passionné des manifestes encyclopédiques. Et c'est bien en effet de cela qu'il s'agit : la bataille se poursuit sur un autre terrain, et l'on ne comprend rien à la « fabrication » de l'*Histoire des Indes* si l'on n'y voit le prolongement naturel des méthodes et de l'esprit encyclopédistes. Le ralliement de Diderot ne s'explique pas autrement. Il avait toutes les raisons de contribuer au succès de l'œuvre, plus une : la place que l'*Encyclopédie* avait tenue dans sa vie, et le rôle qu'elle avait joué dans la genèse de ses idées et de ses propres œuvres. Il est des habitudes de travail avec lesquelles on ne rompt pas aisément : l'*Encyclopédie* avait créé chez Diderot un besoin, peut-être même avait-elle répondu à un besoin. Il n'a jamais pu se passer de ce contrepoint nécessaire au dialogue avec lui-même : un dialogue passionné avec autrui, avec ses contemporains, avec l'Histoire. Au philosophe vieillissant, l'ouvrage de Raynal donnait une chance encore de faire entendre bien haut sa voix. Il l'a saisie. Moyen d'expression, véhicule commode pour la philosophie et la morale du *Supplément*, voire du *Rêve de d'Alembert*, « machine de guerre » contre l'absolutisme, cadre idéal pour une « politique », le livre de Raynal fut pour Diderot tout cela à la fois, et plus encore : l'occasion de lectures nouvelles, le stimulant d'un esprit jusqu'alors peu tourné vers l'économie politique, peu familiarisé avec la philosophie de l'histoire. Comme l'*Encyclopédie*, l'*Histoire* a donc contribué à élargir et à enrichir la pensée de Diderot, elle l'a engagée dans de nouvelles voies.

116/ M. DUCHET, *Diderot et l'« Histoire des Deux Indes » ou l'Écriture fragmentaire*, Nizet, 1978, pp. 10-11.

Tout n'est pas neuf dans ces textes de Diderot qui charrient des thèmes anticolonialistes bien connus (depuis Montaigne, Las Casas, Montesquieu, Voltaire, Saint-Lambert, Dupont de Nemours et, plus récemment, Bernardin de Saint-Pierre). La nouveauté consiste, pour le philosophe, à se risquer au-delà de l'idéologie humanitaire en appelant les peuples à se soulever. Il le fait aussi en 1773, sur le mode de la fiction, dans le *Supplément au voyage de Bougainville*, avec « les adieux du vieillard ».

D Il était père d'une famille nombreuse. A l'arrivée des Européens, il laissa tomber des regards de dédain sur eux, sans marquer ni étonnement, ni frayeur, ni curiosité. Ils l'abordèrent ; il leur tourna le dos, et se retira dans sa cabane. Son silence et son souci ne décelaient que trop sa pensée ; il gémissait en lui-même sur les beaux jours de son pays éclipsés. Au départ de Bougainville, lorsque les habitants accouraient en foule sur le rivage, s'attachaient à ses vêtements, serraient ses camarades entre leurs bras et pleuraient, ce vieillard s'avança d'un air sévère et dit :

« Pleurez, malheureux Tahitiens, pleurez ; mais que ce soit de l'arrivée et non du départ de ces hommes ambitieux et méchants. Un jour vous les connaîtrez mieux. Un jour ils reviendront, le morceau de bois que vous voyez attaché à la ceinture de celui-ci, dans une main, et le fer qui pend au côté de celui-là, dans l'autre, vous enchaîner, vous égorger ou vous assujettir à leurs extravagances et à leurs vices. Un jour vous servirez sous eux, aussi corrompus, aussi vils, aussi malheureux qu'eux. Mais je me console. Je touche à la fin de ma carrière, et la calamité que je vous annonce, je ne la verrai point. O Tahitiens, ô mes amis, vous auriez un moyen d'échapper à un funeste avenir ; mais j'aimerais mieux mourir que de vous en donner le conseil. Qu'ils s'éloignent et qu'ils vivent. »

Puis s'adressant à Bougainville, il ajouta : « Et toi, chef des brigands qui t'obéissent, écarte promptement ton vaisseau de notre rive. Nous sommes innocents, nous sommes heureux, et tu ne peux que nuire à notre bonheur. Nous suivons le pur instinct de la nature, et tu as tenté d'effacer de nos âmes son caractère. [...] Tu n'es pas esclave, tu souffrirais plutôt la mort que de l'être, et tu veux nous asservir ! Tu crois donc que le Tahitien ne sait pas défendre sa liberté et mourir. Celui dont tu veux t'emparer comme de la brute, le Tahitien est ton frère ; vous êtes deux enfants de la nature. Quel droit as-tu sur lui qu'il n'ait pas sur toi ? Tu es venu ; nous sommes-nous jetés sur ta personne ? Avons-nous pillé ton vaisseau ? T'avons-nous saisi et exposé aux flèches de nos ennemis ? T'avons-nous associé dans nos champs au travail de nos animaux ? Nous avons respecté notre image en toi. Laisse-nous nos mœurs, elles sont plus sages et plus honnêtes que les tiennes. Nous ne voulons point troquer ce que tu appelles notre ignorance contre tes inutiles lumières. Tout ce qui nous est nécessaire et bon, nous le possédons. Sommes-nous dignes de mépris parce que nous n'avons pas su nous faire des besoins superflus ? Lorsque nous avons faim, nous avons de quoi manger. Lorsque nous avons froid, nous avons de quoi nous vêtir. Tu es entré dans nos cabanes, qu'y manque-t-il à ton avis ? Poursuis jusqu'où tu voudras ce que tu appelles les commodités de la vie ; mais permets à des êtres sensés de s'arrêter, lorsqu'ils n'auraient à obtenir de la continuité de leurs pénibles efforts que des biens imaginaires. Si tu nous persuades de franchir l'étroite limite du besoin, quand finirons-nous de travailler, quand jouirons-nous ? Nous avons rendu la somme de nos fatigues annuelles et journalières la moindre qu'il était possible, parce que rien ne nous paraît préférable au repos. Va dans ta contrée t'agiter, te tourmenter, tant que tu voudras ; laisse-nous reposer ; ne nous entête ni de tes besoins factices ni de tes vertus chimériques. Regarde ces hommes ; vois comme ils sont droits, sains et robustes. Regarde ces femmes ; vois comme elles sont droites, saines, fraîches et belles. [...] A peine t'es-tu montré parmi eux qu'ils sont devenus voleurs. A peine es-tu descendu dans notre terre qu'elle a fumé de sang. Ce Tahitien qui courut à ta rencontre, qui t'accueillit, qui te reçut en criant : « Taïo, ami, ami », vous l'avez tué. Et pourquoi l'avez-vous tué ? Parce qu'il avait été séduit par l'éclat de tes petits œufs de serpent. Il te donnait ses fruits, il t'offrait sa femme et sa fille, il te cédait sa cabane, et tu l'as tué pour une poignée de ces grains qu'il avait pris sans te les demander. Au bruit de ton arme meurtrière la terreur s'est emparée de lui et il s'est enfui dans la montagne ; mais crois qu'il n'aurait pas tardé d'en descendre ; crois qu'en un instant, sans moi, vous périssiez tous. Eh, pourquoi les ai-je apaisés ? Pourquoi les ai-je contenus ? Pourquoi les contiens-je encore dans ce moment ? Je l'ignore ; car tu ne mérites aucun sentiment de pitié, car tu as une âme féroce qui ne l'éprouva jamais. Tu t'es promené toi et les tiens dans notre île, tu as été respecté, tu as joui de tout, tu n'as trouvé sur ton chemin ni barrière ni refus ; on t'invitait, tu t'asseyais ; on étalait devant toi l'abondance du pays. As-tu voulu de jeunes filles, excepté celles qui n'ont pas encore le privilège de montrer leur visage et leur gorge, les mères t'ont présenté les autres toutes nues. Te voilà possesseur de la tendre victime du devoir hospitalier ; on a jonché pour elle et pour toi la terre de feuilles et de fleurs ; les musiciens ont accordé leurs instruments ; rien n'a troublé la douceur ni gêné la liberté de tes caresses et des siennes. On a chanté l'hymne, l'hymne qui t'exhortait à être homme, qui exhortait notre enfant à être femme et femme complaisante et voluptueuse. On a dansé autour de votre couche, et c'est au sortir des bras de cette femme, après avoir éprouvé sur son sein la plus douce ivresse, que tu as tué son frère, son ami, son père peut-être. Tu as fait pis encore. Regarde de ce côté. Vois cette enceinte hérissée de flèches ; ces armes qui n'avaient menacé que nos ennemis, vois-les tournées contre nos propres enfants ; vois les malheureuses compagnes de vos plaisirs, vois leur tristesse, vois la douleur de leurs pères, vois le désespoir de leurs mères. C'est là qu'elles sont condamnées à périr ou par nos mains ou par le mal que tu leur as donné. Eloigne-toi, à moins que tes yeux cruels ne se plaisent à des spectacles de mort. Eloigne-toi, va, et puissent les mers coupables qui t'ont épargné dans ton voyage, s'absoudre et nous venger, en t'engloutissant avant ton retour. Et vous, Tahitiens, rentrez dans vos cabanes ; rentrez tous, et que ces indignes étrangers n'entendent à leur départ que le flot qui mugit, et ne voient que l'écume dont sa fureur blanchit une rive déserte. »

A peine eut-il achevé que la foule des habitants disparut. Un vaste silence régna dans toute l'étendue de l'île, et l'on n'entendit que le sifflement aigu des vents et le bruit sourd des eaux, sur toute la longueur de la côte. On eût dit que l'air et la mer sensibles à la voix du vieillard se disposaient à lui obéir.

B. Eh bien, qu'en pensez-vous ?

A. Ce discours me paraît véhément ; mais à travers je ne sais quoi d'abrupt et de sauvage, il me semble retrouver des idées et des tournures européennes.

117/ *Supplément au voyage de Bougainville*, t. X, pp. 204-209.

Dans l'*Histoire des Deux Indes*, Diderot s'interroge à nouveau (à propos des Caraïbes par exemple) sur l'état de nature et l'état policé. Il conteste partout et à toutes les nations le droit de colonisation et critique d'abord la cruelle conquête du Nouveau Monde par les Espagnols. Il analyse le fatal engrenage de la violence.

D Mais la férocité naturelle de l'homme, qui n'était enchaînée ni par la frayeur des châtiments, ni par aucune espèce de honte, ni par la présence de témoins policés, ne dérobait-elle pas aux yeux des Espagnols l'image d'une organisation semblable à la leur, base primitive de la morale ; et ne les portait-elle pas à traiter sans remords leurs frères nouvellement découverts, comme ils traitaient les bêtes sauvages de l'ancien hémisphère ? La cruauté de l'esprit militaire ne s'accroît-elle pas à raison des périls qu'on a courus, de ceux qu'on court, et de ceux qui restent à courir ? Le soldat n'est-il pas plus sanguinaire à une grande distance, que sur les frontières de sa patrie ? Le sentiment de l'humanité ne s'affaiblit-il pas à mesure qu'on s'éloigne de son pays ? Pris dans les premiers moments pour des dieux, les Espagnols ne craignirent-ils pas d'être démasqués, d'être massacrés ? Ne se défièrent-ils pas des démonstrations de bienveillance qu'on leur prodiguait ? La première goutte de sang versée, ne crurent-ils pas que leur sécurité exigeait qu'on le répandît à flots ? Cette poignée d'hommes enveloppée d'une multitude innombrable d'indigènes, dont elle n'entendait pas la langue, et dont les mœurs et les usages lui étaient inconnus, ne fut-elle pas saisie d'alarmes et de terreurs bien ou mal fondées ?

118/ *Histoire des Deux Indes*, livre VIII, chap. 32, t. XV, p. 483.

En écrivant la terrible histoire de la colonisation, Diderot ne reproduit pas l'opposition commune en son temps de la conquête prédatrice des Espagnols uniquement préoccupés par l'or, et de la bonne colonisation du commerçant civilisateur au XVIIIe siècle. Toutes les nations de l'Europe, selon lui, ont des comptes à rendre au Nouveau Monde parce qu'elles furent animées partout d'un zèle toujours mauvais et représentées par des hommes indignes.

D On se demande si l'homme une fois affranchi, par quelque cause que ce soit, de la contrainte des lois, n'est pas plus méchant que l'homme qui ne l'a jamais sentie. Des êtres assez mécontents de leur sort, assez dénués de ressources dans leur propre contrée, assez indigents ou assez ambitieux pour dédaigner la vie et s'exposer à des dangers, à des travaux infinis sur l'espérance vague d'une fortune rapide, ne portaient-ils pas au fond de leurs cœurs le germe fatal d'une déprédation qui dut se développer avec une célérité et une fureur inconcevables, lorsque sous un autre ciel, loin de toute vindicte publique et des regards imposants de leurs concitoyens, ni la pudeur, ni la crainte n'en arrêtèrent pas les effets ? L'histoire de toutes les sociétés ne nous prouve-t-elle pas que l'homme à qui la nature a accordé une grande énergie, est communément un scélérat ? Le péril d'un long séjour, la nécessité d'un prompt retour se joignant au désir de justifier les dépenses de l'entreprise par l'étalage de la richesse des contrées découvertes, n'en durent-ils pas occasionner et accélérer la dépouille violente ? Les chefs de l'entreprise et leurs compagnons, tous également effrayés des dangers qu'ils avaient courus, de ceux qui leur restaient à courir, des misères qu'ils avaient souffertes, ne pensèrent-ils pas à s'en dédommager comme des gens résolus à ne s'y pas exposer une seconde fois ?

L'idée de fonder des colonies dans ces régions éloignées et d'en accroître le domaine de leur souverain, se présenta-t-elle jamais bien nettement à l'esprit d'aucun de ces premiers aventuriers ; et le Nouveau Monde ne leur parut-il pas plutôt une riche proie qu'il fallait dévorer, qu'une conquête qu'il fallait ménager ? Le mal, commencé par cet atroce motif, ne se perpétua-t-il pas tantôt par l'indifférence des ministres, tantôt par les divisions des peuples de l'Europe ; et n'était-il pas consommé, lorsque le temps du calme amena nos gouvernements à des vues plus solides ? Les premiers députés à qui l'on confia l'inspection et l'autorité sur ces contrées, avaient-ils, pouvaient-ils avoir les lumières et les vertus propres à s'y faire aimer, à s'y concilier la confiance et le respect, et y établir la police et les lois ; et n'y passèrent-ils pas aussi avec la soif de l'or qui les avait dévastées ? Fallait-il se promettre à l'origine des choses une administration que l'expérience de plusieurs siècles n'a pas encore amenée ? Est-il possible, même de nos jours, de régir des peuples séparés de la métropole par des mers immenses, comme des sujets placés sous le sceptre ? Des postes lointains ne devant jamais être sollicités et remplis que par des hommes indigents et avides, sans talent et sans mœurs, étrangers à tout sentiment d'honneur et à toute notion d'équité, le rebut des hautes conditions de l'Etat, la splendeur de ces colonies dans l'avenir n'est-elle pas une chimère, et le bonheur futur de ces régions ne serait-il pas un phénomène plus surprenant encore que leur première dévastation ?

119/ *Histoire des Deux Indes*, livre X, chap. 1, t. XV, pp. 490-492.

La critique générale de Diderot n'épargne pas la Hollande, ce peuple républicain qui bénéficiait d'un préjugé favorable. C'est que, hors de chez lui, le commerçant se révèle une bête féroce, comme l'indiquait déjà le *Voyage en Hollande.* L'appel aux Hottentots du cap de Bonne-Espérance est très semblable à « l'adieu au vieillard » dans le *Supplément au Voyage de Bougainville.* Il annonce, dans les mêmes termes et sur le même ton, la fin d'un monde harmonieux dont le commerce corrupteur des barbares européens vient rompre l'équilibre.

D Fuyez, malheureux Hottentots, fuyez ! enfoncez-vous dans vos forêts. Les bêtes féroces qui les habitent sont moins redoutables que les monstres sous l'empire desquels vous allez tomber. Le tigre vous déchirera peut-être, mais il ne vous ôtera que la vie. L'autre vous ravira l'innocence et la liberté. Ou si vous vous en sentez le courage, prenez vos haches, tendez vos arcs, faites pleuvoir sur ces étrangers vos flèches empoisonnées. Puisse-t-il n'en rester aucun pour porter à leurs citoyens la nouvelle de leur désastre !

Mais hélas ! vous êtes sans défiance, et vous ne les connaissez pas. Ils ont la douceur peinte sur leurs visages. Leur maintien promet une affabilité qui vous en imposera. Et comment ne vous tromperait-elle pas ? c'est un piège pour eux-mêmes. La vérité semble habiter sur leurs lèvres. En vous abordant, ils s'inclineront. Ils auront une main placée sur la poitrine. Ils tourneront l'autre vers le ciel, ou vous la présenteront avec amitié. Leur geste sera celui de la bienfaisance ; leur regard celui de l'humanité : mais la cruauté, mais la trahison sont au fond de leur cœur. Ils disperseront vos cabanes ; ils se jetteront sur vos troupeaux ;

ils corrompront vos femmes ; ils séduiront vos filles. Ou vous vous plierez à leurs folles opinions, ou ils vous massacreront sans pitié. Ils croient que celui qui ne pense pas comme eux est indigne de vivre. Hâtez-vous donc, embusquez-vous ; et lorsqu'ils se courberont d'une manière suppliante et perfide, percez-leur la poitrine. Ce ne sont pas les représentations de la justice qu'ils n'écoutent pas, ce sont vos flèches qu'il faut leur adresser. Il en est temps ; Riebeck approche. Celui-ci ne vous fera peut-être pas tout le mal que je vous annonce ; mais cette feinte modération ne sera pas imitée par ceux qui le suivront. Et vous, cruels Européens, ne vous irritez pas de ma harangue. Ni le Hottentot, ni l'habitant des contrées qui vous restent à dévaster ne l'entendront. Si mon discours vous offense, c'est que vous n'êtes pas plus humains que vos prédécesseurs ; c'est que vous voyez dans la haine que je leur ai vouée celle que j'ai pour vous.

120/ *Histoire des Deux Indes*, livre II, chap. 18, t. XV, pp. 432-434.

Le « Riebeck approche » de Diderot est comme un écho du chapitre XIX de *Candide* où Voltaire fait un noir tableau de la colonisation hollandaise à Surinam. Vanderdendur n'est pas un héros de drame bourgeois. Dans *Candide* et dans l'*Essai sur les mœurs*, il est clair que les Espagnols, les jésuites et l'Inquisition n'ont pas le monopole des forfaits. Le négoce hollandais, qui semble doux et pur de toute exaction, repose en fait sur l'horreur de l'esclavage.

La première journée de nos deux voyageurs fut assez agréable. Ils étaient encouragés par l'idée de se voir possesseurs de plus de trésors que l'Asie, l'Europe et l'Afrique n'en pouvaient rassembler. Candide, transporté, écrivit le nom de Cunégonde sur les arbres. A la seconde journée, deux de leurs moutons s'enfoncèrent dans des marais, et y furent abîmés avec leurs charges ; deux autres moutons moururent de fatigue quelques jours après ; sept ou huit périrent ensuite de faim dans un désert ; d'autres tombèrent au bout de quelques jours dans des précipices. Enfin, après cent jours de marche, il ne leur resta que deux moutons. Candide dit à Cacambo : « Mon ami, vous voyez comme les richesses de ce monde sont périssables ; il n'y a rien de solide que la vertu et le bonheur de revoir mademoiselle Cunégonde. — Je l'avoue, dit Cacambo ; mais il nous reste encore deux moutons avec plus de trésors que n'en aura jamais le roi d'Espagne ; et je vois de loin une ville que je soupçonne être Surinam, appartenante aux Hollandais. Nous sommes au bout de nos peines et au commencement de notre félicité. »

En approchant de la ville, ils rencontrèrent un nègre étendu par terre, n'ayant plus que la moitié de son habit, c'est-à-dire d'un caleçon de toile bleue ; il manquait à ce pauvre homme la jambe gauche et la main droite. « Eh ! mon Dieu ! lui dit Candide en hollandais, que fais-tu là, mon ami, dans l'état horrible où je te vois ? — J'attends mon maître, M. Vanderdendur, le fameux négociant, répondit le nègre. — Est-ce M. Vanderdendur, dit Candide, qui t'a traité ainsi ? — Oui, monsieur, dit le nègre, c'est l'usage. On nous donne un caleçon de toile pour tout vêtement deux fois l'année. Quand nous travaillons aux sucreries, et que la meule nous attrape le doigt, on nous coupe la main ; quand nous voulons nous enfuir, on nous coupe la jambe : je me suis trouvé dans les deux cas. C'est à ce prix que vous mangez du sucre en Europe. Cependant, lorsque ma mère me vendit dix écus patagons sur la côte de Guinée, elle me disait : « Mon cher enfant, bénis nos fétiches, adore-les toujours, ils te feront vivre heureux ; tu as l'honneur d'être l'esclave de nos seigneurs les blancs, et tu fais par là la fortune de ton père et de ta mère. » Hélas ! je ne sais pas si j'ai fait leur fortune, mais ils n'ont pas fait la mienne. Les chiens, les singes et les perroquets sont mille fois moins malheureux que nous ; les fétiches hollandais qui m'ont converti me disent tous les dimanches que nous sommes tous enfants d'Adam, blancs et noirs. Je ne suis pas généalogiste ; mais si ces prêcheurs disent vrai, nous sommes tous cousins issus de germain. Or vous m'avouerez qu'on ne peut pas en user avec ses parents d'une manière plus horrible.

— O Pangloss ! s'écria Candide, tu n'avais pas deviné cette abomination ; c'en est fait, il faudra qu'à la fin je renonce à ton optimisme. — Qu'est-ce qu'optimisme ? disait Cacambo. — Hélas ! dit Candide, c'est la rage de soutenir que tout est bien quand on est mal » ; et il versait des larmes en regardant son nègre ; et en pleurant, il entra dans Surinam.

121/ VOLTAIRE, *Candide*, chap. XIX.

Les *Principes que doivent suivre les Français dans l'Inde s'ils parviennent à y rétablir leur considération et leur puissance* sont très ambigus. Il s'agit d'abord d'un programme pour réformer et aménager le mode français de colonisation, puis Diderot annonce soudain l'inévitable libération des peuples parce que la folie coloniale ne construit que sur du sable. Ces formules étonnantes seront reprises dans le grand débat révolutionnaire sur les colonies. L'argumentation de Diderot, dont la validité a été prouvée par le vaste mouvement de décolonisation du XXe siècle, est encore très actuelle sur bien des points.

D Il n'y a que l'amour des habitants d'une contrée qui puisse rendre solides vos établissements. Faites que ces habitants vous défendent, s'il arrive qu'on vous attaque. Si vous n'en êtes pas défendus, vous en serez trahis.

Les nations subjuguées soupirent après un libérateur ; les nations vexées soupirent après un vengeur ; et ce vengeur elles ne tarderont pas à le trouver.

Serez-vous toujours assez insensés pour préférer des esclaves à des hommes libres ; des sujets mécontents à des sujets affectionnés ; des ennemis à des amis ; des ennemis à des frères ?

S'il vous arrive de prendre parti entre des princes divisés, n'écoutez pas légèrement la voix de l'intérêt contre le cri de la justice. Quel peut être l'équivalent de la perte du nom de juste ? Soyez plutôt médiateurs qu'auxiliaires. Le rôle de médiateur est toujours honoré ; celui d'auxiliaire toujours périlleux.

Continuerez-vous à massacrer, emprisonner, dépouiller ceux qui se sont mis sous votre protection ? Fiers Européens, vous n'avez pas toujours vaincu par les armes. Ne rougirez-vous pas enfin de vous être tant de fois abaissés au rôle de corrupteurs des braves chefs de vos ennemis ?

Qu'attestent ces forts dont vous avez hérissé toutes les plages ? Votre terreur et la haine profonde de ceux qui vous entourent. Vous ne craindrez plus, quand vous ne serez plus haïs. Vous ne serez plus haïs, quand vous serez bienfaisants. Le barbare, ainsi que l'homme civilisé, veut être heureux.

Les avantages de la population et les moyens de l'accélérer sont les mêmes sous l'un et l'autre hémisphère.

En quelque endroit que vous vous fixiez, si vous vous considérez, si vous agissez comme des fondateurs de cités, bientôt vous y jouirez d'une puissance inébranlable. Multipliez-y donc les conditions de toutes les espèces ; je n'en excepte que le sacerdoce. Point de religion dominante. Que chacun chante à Dieu l'hymne qu'il lui croit le plus agréable. Que la morale s'établisse sur le globe. C'est l'ouvrage de la tolérance.

Le vaisseau qui transporterait dans vos colonies des jeunes hommes sains et vigoureux, de jeunes filles laborieuses et sages, serait de tous vos bâtiments le plus richement chargé. Ce serait le germe d'une paix éternelle entre vous et les indigènes.

Ne multipliez pas seulement les productions, multipliez les agriculteurs, les consommateurs, et avec eux toutes les sortes d'industrie, toutes les branches de commerce. Il vous restera beaucoup à faire, tant que vos colons ne vous croiseront pas sur les mers ; tant qu'ils ne seront pas aussi communs sur vos rivages, que vos commerçants sur les leurs.

Punissez les délits des vôtres plus sévèrement encore que les délits des indigènes. C'est ainsi que vous inspirerez à ceux-ci le respect de l'autorité des lois.

Que tout agent, je ne dis pas convaincu, mais soupçonné de la plus légère vexation, soit rappelé sur-le-champ. Punissez sur les lieux la vénalité prouvée, afin que les uns ne soient pas tentés d'offrir ce qu'il serait infâme aux autres de recevoir.

Tout est perdu, tant que vos agents ne seront que des protégés ou des hommes mal famés ; des protégés dont il s'agira de réparer la fortune par un brigandage éloigné ; des hommes mal famés qui iront cacher leur ignominie dans vos comptoirs ou vos factoreries. Il n'y a point de probité assez confirmée pour qu'on puisse, sans incertitude, l'exposer au passage de la ligne.

Si vous êtes justes, si vous êtes humains, on restera parmi vous ; on fera plus, on quittera des contrées éloignées pour vous aller trouver.

Instituez quelques jours de repos. Ayez des fêtes, mais purement civiles. Soyez bénis à jamais, si de ces fêtes la plus gaie se célèbre en mémoire de votre première descente dans la contrée.

Soyez fidèles aux traités que vous avez conclus. Que votre allié y trouve son avantage, le seul garant légitime de leur durée. Si je suis lésé ou par mon ignorance, ou par votre subtilité, c'est en vain que j'aurai juré. Le ciel et la terre me relèveront de mon serment.

Tant que vous séparerez le bien de la nation qui vous aura reçus, de votre propre utilité, vous serez oppresseurs ; vous serez tyrans ; et ce n'est que par le seul titre de bienfaiteur qu'on se fait aimer.

Si celui qui habite à côté de vous enfonce son or ; soyez sûr que vous en êtes maudit.

A quoi bon vous opposer à une révolution éloignée, sans doute, mais qui s'exécutera malgré vos efforts ? Il faut que le monde que vous avez envahi s'affranchisse de celui que vous habitez. Alors les mers ne sépareront plus que deux amis, que deux frères. Quel si grand malheur voyez-vous donc à cela, injustes, cruels, inflexibles tyrans ?

L'ouvrage de la sagesse n'est pas éternel : mais celui de la folie s'ébranle sans cesse, et ne tarde pas à crouler. La première grave ses caractères, ses caractères durables sur le rocher ; la seconde trace les siens sur le sable.

Des établissements ont été formés et renversés ; des ruines se sont entassées sur des ruines ; des espaces peuplés sont devenus déserts ; des ports remplis de bâtiments ont été abandonnés ; des masses que le sang avait mal cimentées se sont dissoutes, ont mis à découvert les ossements confondus des meurtriers et des tyrans. Il semble que de contrée en contrée la prospérité soit poursuivie par un mauvais génie qui parle nos différentes langues, mais qui ordonne partout les mêmes désastres.

Que le spectacle des fureurs, que nous exerçons les uns contre les autres, cesse enfin d'en venger et d'en réjouir les premières victimes.

Puissent ces idées jetées sans art et dans l'ordre où elles se sont présentées, faire une impression profonde et durable ! Veuille le ciel que je n'aie plus qu'à célébrer votre modération et votre sagesse : car la louange est douce et le blâme est amer à mon cœur.

122/ *Principes que doivent suivre les Français...*, livre IV, chap. 33, t. XV, pp. 452-454.

A la suite de Bernardin de Saint-Pierre et de Pechmeja, Diderot proteste contre l'esclavage qui rend toute insurrection légitime. Ce problème sera un des plus épineux pour les assemblées révolutionnaires qui n'en viendront pas à bout. Il se réglera de lui-même par le soulèvement noir de Saint-Domingue. Avant le moment révolutionnaire où tout se complique à l'épreuve des réalités coloniales, Diderot s'exprime au nom des principes absolus des droits de l'homme. Dans un mouvement très rousseauiste, il oppose la pitié stérile que la fiction suscite, à l'insensibilité générale de ses contemporains aux horreurs que le théâtre du monde déploie quotidiennement, et particulièrement à l'esclavage (« Des malheurs, même imaginaires, nous arrachent des larmes dans le silence du cabinet et surtout au théâtre. Il n'y a que la fatale destinée des malheureux nègres qui ne nous intéresse pas », t. XI, p. 22). Le Noir qui brisera ses chaînes pour échapper à « l'avarice » du commerçant, sera un signal et un exemple pour tous les peuples esclaves, ceux de l'Europe compris.

D La liberté, est la propriété de soi. On distingue trois sortes de liberté. La liberté naturelle, la liberté civile, la liberté politique : c'est-à-dire, la liberté de l'homme, celle du citoyen et celle d'un peuple. La liberté naturelle, est le droit que la nature a donné à tout homme de disposer de soi, à sa volonté. La liberté civile, est le droit que la société doit garantir à chaque citoyen de pouvoir faire tout ce qui n'est pas contraire aux lois. La liberté politique, est l'état d'un peuple qui n'a point aliéné sa souveraineté, et qui fait ses propres lois, ou est associé, en partie, à sa législation.

La première de ces libertés est, après la raison, le caractère distinctif de l'homme. On enchaîne et on assujettit la brute, parce qu'elle n'a aucune notion du juste et de l'injuste, nulle idée de grandeur et de bassesse. Mais en moi la liberté est le principe de mes vices et de mes vertus. Il n'y a que l'homme libre qui puisse dire, *je veux* ou *je ne veux pas*, et qui puisse par conséquent être digne d'éloge ou de blâme.

Sans la liberté, ou la propriété de son corps et la jouissance de son esprit, on n'est ni époux, ni père, ni parent, ni ami. On n'a ni patrie, ni concitoyen, ni dieu. Dans la main du méchant, instrument de sa scélératesse, l'esclave est au-dessous du chien que l'Espagnol lâchait contre l'Américain : car la conscience qui manque au chien, reste à l'homme. Celui qui abdique lâchement sa liberté, se voue au remords et à la plus grande misère qu'un être pensant et sensible puisse éprouver. S'il n'y a, sous le ciel, aucune puissance qui puisse changer mon organisation et m'abrutir, il n'y en a aucune qui puisse disposer de ma liberté. Dieu est mon père, et non pas mon maître. Je suis son enfant, et non son esclave. Comment accorderais-je donc au pouvoir de la politique, ce que je refuse à la toute-puissance divine ?

Ces vérités éternelles et immuables, le fondement de toute morale, la base de tout gouvernement raisonnable, seront-elles contestées ? Oui ! et ce sera une barbare et sordide avarice qui aura cette homicide audace. Voyez cet armateur qui, courbé sur son bureau, règle, la plume à la main, le nombre des attentats qu'il peut faire commettre sur les côtes de Guinée ; qui examine à loisir, de quel nombre de fusils il aura besoin pour obtenir un nègre, de chaînes pour le tenir garrotté sur son navire, de fouets pour le faire travailler ; qui calcule, de sang-froid, combien lui vaudra chaque goutte de sang, dont cet esclave arrosera son habitation ; qui discute si la négresse donnera plus ou moins à sa terre par les travaux de ses faibles mains que par les dangers de l'enfantement. Vous frémissez... Eh ! s'il existait une religion qui tolérât, qui autorisât, ne fût-ce que par son silence, de pareilles horreurs ; si, occupée de questions oiseuses ou séditieuses, elle ne tonnait pas sans cesse contre les auteurs ou les instruments de cette tyrannie ; si elle faisait un crime à l'esclave de briser ses fers ; si elle souffrait dans son sein le juge inique qui condamne le fugitif à la mort : si cette religion existait, n'en faudrait-il pas étouffer les ministres sous les débris de leurs autels ?

123/ *Histoire des Deux Indes*, Livre XI, chap. 24, t. XV, pp. 501-502.

En 1771, dans son utopie qui est un roman d'anticipation *(L'An 2440)*, Louis-Sébastien Mercier présente un « singulier monument », mémorial des horreurs de vingt siècles, où chaque nation figurée se repent des exactions qu'elle a commises. Tout à côté, sur un piédestal, apparaît le Noir libérateur qui a « vengé le Nouveau Monde ». En 1774 et 1781, dans le livre XI de l'*Histoire des Deux Indes*, Diderot se souvient de ce texte et souhaite à son tour que se lève un « grand homme » dans les colonies, un Spartacus noir. La révolte des esclaves aura lieu peu après à Saint-Domingue, et se terminera en 1804 par la création d'Haïti, première république noire. On peut voir aujourd'hui à Port-au-Prince la statue du « noir marron », symbole de la libération noire, mais ce monument, vis-à-vis du palais de Jean-Claude Duvalier et protégé par quelques « tontons macoutes », est une réalisation cruellement dérisoire du rêve anticipé de Louis-Sébastien Mercier.

Je sortais de cette place, lorsque vers la droite j'aperçus sur un magnifique piédestal un nègre, la tête nue, le bras tendu, l'œil fier, l'attitude noble, imposante. Autour de lui étaient les débris de vingt sceptres. A ses pieds on lisait ces mots : *Au vengeur du Nouveau-Monde !*

Je jetai un cri de surprise et de joie.

« Oui, me répondit-on avec une chaleur égale à mes transports, la nature a enfin créé cet homme étonnant, cet homme immortel, qui devait délivrer un monde de la tyrannie la plus atroce, la plus longue, la plus insultante. Son génie, son audace, sa patience, sa fermeté, sa vertueuse vengeance ont été récompensés : il a brisé les fers de ses compatriotes. Tant d'esclaves opprimés sous le plus odieux esclavage semblaient n'attendre que son signal pour former autant de héros. Le torrent qui brise les digues, la foudre qui tombe, ont un effet moins prompt, moins violent. Dans le même instant ils ont versé le sang de leurs tyrans : Français, Espagnols, Anglais, Hollandais, Portugais, tout a été la proie du fer, du poison et de la flamme. La terre de l'Amérique a bu avec avidité ce sang qu'elle attendait depuis longtemps, et les ossements de leurs ancêtres lâchement égorgés ont paru s'élever alors et tressaillir de joie. Les naturels ont repris leurs droits imprescriptibles, puisque c'étaient ceux de la nature. Cet héroïque vengeur a rendu libre un monde dont il est le dieu, et l'autre lui a décerné des hommages et des couronnes. Il est venu comme l'orage qui s'étend sur une ville criminelle que les foudres vont écraser. Il a été l'ange exterminateur à qui le Dieu de justice avait remis son glaive : il a donné l'exemple que tôt ou tard la cruauté sera punie, et que la Providence tient en réserve de ces âmes fortes, qu'elle déchaîne sur la terre pour rétablir l'équilibre que l'iniquité de la féroce ambition a su détruire.

124/ L. MERCIER, *L'An 2440*, chap. XXII, Singulier monument (1771).

Dans son *Cours de littérature*, publié à partir de 1795, La Harpe reconnaît, avec une grande perspicacité, qu'un même thème (celui de l'insurrection) circule dans *La Vie de Sénèque* de Diderot et l'*Histoire des Deux Indes* (il ignore que Diderot en a écrit les textes les plus radicaux). Après la Révolution, alors que les Antilles sont en pleine effervescence et que sonne pour elles « l'heure des brasiers », l'appel à la violence, lancé par Diderot quelques années auparavant au nom de l'humanité, apparaît à La Harpe comme une monstrueuse erreur.

> C'est alors que des hommes accrédités sous le titre de *philosophes* en viennent à ce degré de délire, d'ordonner des millions de meurtres, et le ravage de cent contrées pour *la cause de l'humanité* ; c'est alors que les Diderot, les Pechméja, les Raynal, et après eux cent déclamateurs, et après eux la *Société des Amis des Noirs*, s'imaginent corriger les passions basses en armant toutes les passions furieuses, et ne se doutent même pas que le remède qu'ils prescrivent est cent fois pire que le mal ; c'est alors qu'un écrivain sanguinaire, dans le calme de la réflexion et du cabinet, *désire* tranquillement que les révoltés *fassent une multitude de victimes*, sans doute parce que ce n'est pas assez de celles que peut faire *la tyrannie* ; et cet écrivain ne s'aperçoit pas que son vœu, si froidement prononcé, n'est que l'accent de la rage ; et bientôt il n'y a plus à en douter, car cet accent éclate : *Puissent tous ces malheureux*, etc. Insensé ! Suffit-il de s'indigner contre l'oppresseur pour légitimer tout dans l'opprimé ? Si nous n'avions que le crime à opposer au crime, le poignard à l'injure et le massacre à l'usurpation, où en serait le monde ? A ce qu'il était dans l'enfance

des sociétés, au seul empire de la violence ; et c'est toi qui veux nous y ramener ! — Je suis l'*ami des Noirs*. — Non, tu es l'ennemi de leurs maîtres. — Je veux punir les maîtres et venger les esclaves. — Tu as tort ; il faut délivrer ceux-ci et éclairer ceux-là, tu feras le bien de tous : autrement, tu ne réussiras qu'à les perdre les uns par les autres. Quoi ! ces esclaves sont sous la verge, et tu leur mets le fer à la main ! C'est là tout ce que sait ta *philosophie* ? Ma raison n'aurait pas même besoin de ma religion pour m'apprendre à ne pas combattre le mal par le mal, mais à *vaincre le mal par le bien* ; et c'est ainsi que je ferai tomber la verge sans aiguiser le fer, que je ferai du maître un homme sans faire de l'esclave un assassin, que j'appellerai la justice sans déchaîner la vengeance. La vengeance ! Et n'en connais-tu pas les effets ? Ne sont-ils pas toujours plus ou moins réciproques ? Ces esclaves tueront, et ils seront tués ; ils incendieront les terres, et ils mourront de faim ; ils raviront l'or de leurs maîtres, et s'extermineront en se le disputant. N'auras-tu pas fait un bel ouvrage !... Hélas ! il est consommé. Ton vœu sacrilège est rempli ; et si tu ne l'as pas vu, les flammes de Saint-Domingue, et ces vastes embrasements dont la lueur est venue à travers l'Océan épouvanter l'Europe, les cris de tant de *victimes*, aussi nombreuses, et plus peut-être que tu ne pouvais le *désirer*, ont pu du moins apprendre, même à tes successeurs et à tes disciples, quel bien ton *humanité* pouvait faire au *genre humain*.

125/ La Harpe, *Lycée, ou Cours de littérature ancienne et moderne*, t. XVI, troisième partie, *XVIIIe siècle*, chap. III, pp. 286-288.

Eisenstein a rêvé un moment de faire un grand film internationaliste sur Toussaint Louverture. Le romancier cubain Alejo Carpentier a consacré plusieurs ouvrages à l'épopée caraïbe et au soulèvement de Saint-Domingue. *Le Siècle des Lumières* faisait l'histoire des rapports très complexes entre la France et les colonies, et des multiples renversements et variations de politique de la Révolution à l'Empire. Dans *Le Royaume de ce monde*, qui est un récit de moindre ambition, mais une de ses œuvres les plus réussies, le romancier raconte la révolte noire depuis l'appel de Makandal au milieu du siècle. Voici comment, dans le chapitre III intitulé « L'Appel des buccins », il présente l'attitude des colons et le début du soulèvement :

> M. Lenormand de Mézy était d'une humeur massacrante depuis sa dernière visite au Cap. Le gouverneur Blanchelande, monarchiste comme lui, se montrait très aigri par les importunes divagations de ces idiots d'utopistes qui s'apitoyaient, à Paris, sur le sort des nègres esclaves. Oh ! il était très facile, au Café de la Régence ou sous les arcades du Palais-Royal, de rêver à l'égalité des hommes de toutes les races, entre deux parties de pharaon. A travers des vues de ports américains, agrémentées de roses des vents et de tritons aux joues gonflées ; à travers les tableaux d'indolentes mulâtresses, de laveuses nues, de siestes sous les bananiers, gravés par Abraham Brunias et exhibés en France entre les vers de Parny et la *Profession de foi du Vicaire savoyard*, il était très facile d'imaginer Saint-Domingue comme le paradis végétal de *Paul et Virginie*, où les melons ne pendaient pas aux branches des arbres uniquement parce qu'ils auraient tué les passants en

tombant de si haut. Déjà au mois de mai l'Assemblée Constituante, composée d'une populace libéraloïde et imbue des théories de l'*Encyclopédie*, avait décidé d'accorder des droits politiques aux nègres descendants d'affranchis. Et maintenant, devant le spectre d'une guerre civile, évoquée par les propriétaires, les idéologues à la Stanislas de Wimpffen répondaient : « Périssent les colonies plutôt qu'un principe. »

Il devait être dix heures du soir quand M. Lenormand de Mézy, sous le poids de ses méditations, entra dans l'entrepôt au tabac avec l'intention de violer l'une des jeunes esclaves qui venaient à cette heure-là voler des feuilles de tabac dans les séchoirs pour que leur père pût chiquer. Très loin, on avait entendu le son de trompe d'un buccin. L'étrange était qu'à présent, au lent mugissement de cette conque en répondaient d'autres dans les montagnes et les forêts. Puis d'autres au ras du sol, vers la mer, en direction des fermes de Millot. On eût dit que tous les coquillages de la côte, tous les lambis indiens, tous les murex qui servaient à retenir les portes, toutes les conques qui gisaient solitaires et pétrifiées sur le sommet des mornes, s'étaient mis à chanter en chœur. Soudain, un autre buccin éleva la voix dans la baraque principale de l'habitation. D'autres, plus flûtés, répondirent de l'indigoterie, du séchoir à tabac, de l'étable. M. Lenormand de Mézy, alarmé, se cacha derrière un massif de bougainvillées.

Toutes les portes des cases tombèrent en même temps, poussées de l'intérieur. Armés de pieux, les esclaves entourèrent les maisons des surveillants, s'emparèrent des outils. Le comptable, qui était sorti, un pistolet en main, fut le premier à tomber, la gorge tranchée de haut en bas par une truelle. Après avoir trempé leurs bras dans le sang du Blanc, les nègres coururent à la demeure principale, poussant des cris de mort contre les maîtres, contre le gouverneur, contre le Bon Dieu et tous les Français du monde. Mais poussés par des désirs longtemps refoulés, la plupart se précipitèrent à la cave à la recherche des liqueurs. A coups de pic on éventra les barils de saumure. Les tonneaux, leurs douves crevées, laissèrent échapper le vin à gros bouillons, teignant de rouge les jupes des femmes. Arrachées au milieu des cris et des bourrades, les dames-jeannes d'eau-de-vie, les bonbonnes de rhum se brisaient sur les murs. Riant et se bousculant, les nègres glissaient sur une couche d'origan, de tomates en marinade, de câpres et d'œufs de harengs, qui nageaient sur le sol de briques, dans une huile rance qui coulait d'une outre. Un nègre tout nu s'était fourré pour rire dans une grande jarre remplie de graisse de porc. Deux vieilles se disputaient en congolais pour une marmite en terre. On décrochait du plafond des jambons et des queues de morue. Sans se mêler à la foule, Ti Noël colla ses lèvres longuement à la cannette d'un baril plein de vin espagnol, avec force mouvements de sa pomme. Puis il monta au premier étage de la demeure, suivi de ses fils aînés, car il rêvait depuis longtemps de violer Mlle Floridor, qui dans ses nuits de tragédie montrait encore sous la tunique ornée de grecques des seins nullement maltraités par l'irréparable outrage des ans.

126/ A. CARPENTIER, *Le Royaume de ce monde*, chap. III, Gallimard, pp. 79-83.

Au sujet de l'esclavage et des colonies, les assemblées révolutionnaires furent très prudentes et comme paralysées. Certes, il y eut bien (le 5 mai 1789) le discours philanthropique de Necker lors de la réunion des Etats Généraux, de même que le projet abolitionniste de Viefville des Essarts distribué, sans y être discuté, à la Constituante, le 11 mai 1791. Robespierre, cependant, malgré ses déclarations (et surtout le fameux « Périssent nos colonies si les colons veulent par des menaces nous forcer à décréter ce qui convient le plus à leurs intérêts »), n'agit point. Comme le remarque Aimé Césaire (*Toussaint Louverture*, III, I, « Les limites de la Révolution française »), « la Constituante avait sacrifié les nègres aux colons. La Législative aux ports de commerce. La Convention les sacrifiait à la paix ». Seul Marat, proposant une théorie générale de la violence révolutionnaire, eut des positions clairement anticoloniales en reconnaissant aux colonies françaises ce même droit de sécession qui avait tellement enthousiasmé les Français à propos des « insurgents américains ». Dans *L'Ami du peuple*, il définit une politique de la Terreur, parce que tout progrès, s'il est préparé par la « philosophie », ne s'effectue vraiment que par « l'émeute populaire » (Au même moment, Sade, dans *Français, encore un effort si vous voulez être républicains*, insiste sur la nécessité du mouvement perpétuel de l'insurrection).

> Non, ce n'est pas sur les frontières, c'est dans la capitale qu'il faut frapper les coups. Cessez de perdre le temps à imaginer des moyens de défense ; il ne vous en reste qu'un seul. Celui que je vous ai recommandé tant de fois : *une insurrection générale et des exécutions populaires*. Commencez donc par vous assurer du roi, du dauphin et de la famille royale : mettez-les sous une forte garde et que leurs têtes vous répondent de tous les événements. Abattez ensuite, sans hési-

ter, la tête du général, celles des ministres et des ex-ministres, contre-révolutionnaires ; celles du maire et des municipaux, anti-révolutionnaires ; passez au fil de l'épée tout l'état-major parisien, tous les noirs et les ministériels de l'Assemblée nationale, tous les suppôts connus du despotisme. Je vous le répète, il ne vous reste que ce moyen de sauver la patrie. Il y a six mois que cinq à six cents têtes eussent suffi pour vous retirer de l'abîme. Aujourd'hui que vous avez laissé stupidement vos ennemis implacables former des conjurations et se mettre en force, peut-être faudra-t-il en abattre cinq à six mille ; mais fallût-il en abattre vingt mille, il n'y a pas à balancer un instant. Si vous ne les prévenez, ils vous égorgeront barbarement pour assurer leur domination ; souvenez-vous du massacre de Nancy. Laissez donc les endormeurs perfides crier à la barbarie : non, non, ce n'est pas celui qui vous conseille d'abattre des ennemis implacables qui se dispose à vous massacrer pour assouvir leurs passions criminelles : ce sont les traîtres qui voudraient vous plonger dans une fatale sécurité, pour vous livrer sans défense aux fers des satellites de vos tyrans.

127/ MARAT, *L'Ami du peuple*, n° 314, 18 décembre 1790, cité par M. VOVELLE *in Textes choisis de Marat*, Editions sociales, 1963.

Constamment repris depuis deux cents ans, le débat sur la violence « révolutionnaire » et le problème colonial n'auront sans doute jamais de fin. Toutes ces questions, sur lesquelles on continue de s'interroger au XXᵉ siècle (et par exemple Jean-Paul Sartre), ont passionné Diderot à la fin de sa vie. C'est pourquoi Yves Benot, auteur de plusieurs travaux sur Diderot veut (dans *Diderot, de l'athéisme à l'anticolonialisme*), retenir surtout l'image d'un dernier Diderot, maître d'insurrection et modèle d'intellectuel révolutionnaire. Voici un point de vue marxiste ouvertement polémique et une actualisation qui se veut militante.

Ecrivain salarié, petit-bourgeois du XVIIIe siècle pourvu d'un bout de terre et de vignes à Langres, d'un appartement confortable à Saint-Germain-des-Prés, personnage respectable ayant femme, enfant, gendre, petits-enfants et maîtresses, un peu poète et distrait, mais sans oublier de faire ses comptes et ceux des autres, Diderot a toujours été un révolutionnaire en chambre. S'il s'échauffe, s'il s'enthousiasme sur les révoltes à venir, s'il crie l'appel aux armes, c'est dans le silence et la solitude de son cabinet de travail, à Paris ou à Sèvres. S'il est audacieux et incendiaire devant son papier, ou dans un petit cercle d'intimes, la prudence l'emporte dans sa vie publique, au point que ses vues les plus hardies ne sont mises en circulation que sous le masque de Raynal, et que sa propre renommée est abandonnée aux hasards des éditions posthumes.

Avec tout cela, il a trouvé le moyen d'être en son temps d'une prodigieuse efficacité, capable d'exciter, de faire penser et agir toute une équipe autour de lui (celle des holbachiens), capable de créer, par lui-même et par d'autres, un langage révolutionnaire, capable enfin de faire entrer dans les têtes la perspective d'une action violente des « peuples » pour renverser l'ordre établi tout autant que de pourvoir cette action d'une idéologie (à défaut d'une construction rigoureusement scientifique), et d'un programme.

Schématiquement, entre un Voltaire qui, sur sa droite, arrache, morceau par morceau, à l'Etat tel qu'il est, des améliorations utiles, mais partielles, qui mène son assaut contre le christianisme avec l'appui d'un petit cercle de bons esprits, et un Rousseau qui, sur sa gauche, élabore, à l'écart de tous, une philosophie politique d'une tout autre rigueur, mais n'en conçoit l'application que dans les cas marginaux de pays européens sous-développés pour l'époque (Corse et Pologne), Diderot donne vie et forme au style de la Révolution qui monte, en imagine les formes d'action, en projette dans le futur proche le climat tourmenté, en définit au moins les exigences minimales. Précisons : un minimum qui inclut la mort du roi, une constitution démocratique, la séparation de l'Eglise et de l'Etat, la plus complète liberté d'expression, la plus complète sécurité des individus et le plein développement matériel. Et là où il hésite, face aux problèmes conjoints de ce qu'on appelle alors le « luxe », et de l'inégalité sociale, ses hésitations mêmes révèlent, mettent à nu les termes d'un dilemme, d'une difficulté fondamentale, et qui, dans un autre contexte, sous d'autres dénominations, garde son actualité.

Cette révolution qu'il a préparée de toutes ses forces, elle n'est pas la nôtre, elle n'est pas, c'est trop évident pour qu'il soit besoin d'y insister, celle qu'il nous faut aujourd'hui préparer. Diderot, pas plus que Rousseau, ne peut annoncer le socialisme du XXe siècle. Mais, enfin, mystificateur, voluptueux et jouisseur comme il l'a été, Diderot n'en laisse pas moins un exemple impressionnant de sérieux dans le travail idéologique, d'accomplissement de l'intellectuel le plus strictement intellectuel qui se puisse dans son domaine propre en une période prérévolutionnaire. Exemplaire par le souci constant du langage de cette action-là, ce langage particulier sans lequel il n'y a pas non plus d'idéologie agissante.

Faut-il y insister après tant d'exemples vécus ? La platitude de la parole ne saurait être, en aucun cas, compensée par de bonnes intentions politiques ; ce n'est pas simplement qu'elle les desserve, c'est bien davantage parce qu'elle est la marque d'une pensée politique elle-même appauvrie, voire inconsciemment malformée, parce qu'elle découvre qu'il n'y a pas, chez celui qui parle, ou écrit ainsi, cet accord, profond, physiologique, de la vie de tous les jours et de l'idéologie, sans quoi rien ne porte. Voilà pourquoi les *Discours pour Raynal* ont encore valeur d'exemple, par l'accord d'une rhétorique et d'un état de transe politique, par leur accord avec les exigences les plus profondes d'une époque ; que ce langage-là ait cessé d'être celui des militants du XIXe siècle, que ce hiatus soit peut-être une des raisons de l'oubli dans lequel est tombée l'*Histoire des Deux Indes*, tout cela n'enlève rien à ce caractère exemplaire de l'œuvre de Diderot.

Exemplaire donc, par la fièvre d'idées et d'imagination qui sous-tend cet effort de quarante ans, et lui évite tout enlisement dans les slogans et les abstractions. Exemplaire par son sens de la totalité : il n'y a plus chez lui de domaines séparés d'activité humaine ou intellectuelle. Littérature, arts plastiques, recherche scientifique, économie politique, relations sentimentales et sexuelles, voire gastronomie, il lui importe de tout englober et de tout mêler, parce qu'il ne s'agit pas d'assurer la victoire d'une secte, mais d'ouvrir la voie au règne du bonheur. La totalité ne va pas sans l'infinie capacité de dédoublement et de remise en cause, sans laquelle elle ne serait pas totalité. Et c'est un signe auquel se reconnaissent infailliblement flics, fascistes et, trop souvent, universitaires que l'absence de tout dédoublement,

> que l'adhésion animale et épaisse à soi-même.
>
> L'œuvre personnelle de Diderot emporte tout : l'ordre établi et celui qui va être établi, encore à naître, l'esthétique du temps et le roman réaliste (j'entends : celui qui fait du romancier un regard objectif sur une société qui déroule son développement hors de lui), le bonheur de l'aristocratie en place et celui de la bourgeoisie qui n'a pas encore triomphé.
>
> Donc, si cette révolution n'est plus la nôtre, il nous reste toujours à reprendre appui sur cette image du mouvement perpétuel que nous offre une œuvre singulière, à y trouver un exemple de vie et de fièvre idéologiques, à y découvrir les lois de l'invention d'un langage créé pour une action, à y lire le comment du rôle propre d'un intellectuel révolutionnaire.
>
> 128/ Y. Benot, *Diderot, de l'athéisme à l'anticolonialisme*, chap. XIV « La voix de Diderot en 1969 », éditions Maspero, 1970.

Laissons le dernier mot à Diderot lui-même. La voix ultime qui s'élève de l'*Histoire des Deux Indes* et de l'*Essai sur les règnes de Claude et de Néron* dit qu'on a raison de se révolter et pressent les orages à venir. Cela ne contredit pas les premiers éléments politiques élaborés dans l'*Encyclopédie*. La pensée de la dernière période est plus radicale parce que la situation politique a changé. Nous ne pouvons savoir comment Diderot aurait jugé la Révolution française. Le dernier événement qu'il lui ait été donné de connaître est l'indépendance américaine. Sur ce point, il a été (en accord avec un grand mouvement d'opinion en France) du côté des « rebelles ».

D Après des siècles d'une oppression générale, puisse la révolution qui vient de s'opérer au-delà des mers, en offrant à tous les habitants de l'Europe un asile contre le fanatisme et la tyrannie, instruire ceux qui gouvernent les hommes, sur le légitime usage de leur autorité ! Puissent ces braves Américains, qui ont mieux aimé voir leurs femmes outragées, leurs enfants égorgés, leurs habitations détruites, leurs champs ravagés, leurs villes incendiées, verser leur sang et mourir, que de perdre la plus petite portion de leur liberté, prévenir l'accroissement énorme et l'inégale distribution de la richesse, le luxe, la mollesse, la corruption des mœurs, et pourvoir au maintien de leur liberté et à la durée de leur gouvernement ! Puissent-ils reculer, au moins pour quelques siècles, le décret prononcé contre toutes les choses de ce monde ; décret qui les a condamnés d'avoir leur naissance, leur temps de vigueur, leur décrépitude et leur fin ! Puisse la terre engloutir celle de leurs provinces, assez puissante un jour et assez insensée pour chercher les moyens de subjuguer les autres ! Puisse dans chacune d'elles ou ne jamais naître, ou mourir sur-le-champ sous le glaive du bourreau, ou par le poignard d'un Brutus, le citoyen assez puissant un jour et assez ennemi de son propre bonheur, pour former le projet de s'en rendre le maître !

Qu'ils songent que le bien général ne se fait jamais que par nécessité, et que le temps fatal pour les gouvernements est celui de la prospérité, et non celui de l'adversité.

Qu'on lise au premier paragraphe de leurs annales : « Peuples de l'Amérique septentrionale, rappelez-vous à jamais que la puissance dont vos pères vous ont affranchis, maîtresse des mers et des terres, il n'y avait qu'un moment, fut conduite sur le penchant de sa ruine par l'abus de la prospérité. »

L'adversité occupe les grands talents, la prospérité les rend inutiles, et porte aux premiers emplois les ineptes, les riches corrompus et les méchants.

Qu'ils songent que la vertu couve souvent le germe de la tyrannie.

Si le grand homme est longtemps à la tête des affaires, il y devient despote. S'il y est peu de temps, l'administration se relâche et languit sous une suite d'administrateurs communs.

Qu'ils songent que ce n'est ni par l'or, ni même par la multitude des bras qu'un Etat se soutient, mais par les mœurs.

Mille hommes qui ne craignent pas pour leur vie sont plus redoutables que dix mille qui craignent pour leur fortune.

Que chacun d'eux ait dans sa maison, au bout de son champ, à côté de son métier, à côté de sa charrue, son fusil, son épée et sa baïonnette.

Qu'ils soient tous soldats.

Qu'ils songent que si, dans les circonstances qui permettent la délibération, le conseil des vieillards est le bon ; dans les instants de crise, la jeunesse est communément mieux avisée que la vieillesse.

129/ *Essai sur les règnes de Claude et de Néron*, II, 74, t. XIII, pp. 558-559.

Postface

L'extase et le masque

« Il me semble que j'ai l'esprit fou dans les grands vents. Quelque temps qu'il fasse, c'est l'état de mon cœur. »
Lettre à Sophie Volland, 26 octobre 1760.

« Jamais homme ne fut moins l'homme d'un livre, et ne s'occupa moins à en faire. »
Charles Nodier, « De la Prose française et de Diderot », *Revue de Paris,* juin 1830.

Après cette visite à Diderot, délibérément pédagogique, il est souhaitable et légitime, en fin de parcours, de caractériser l'œuvre d'une façon plus allusive et synthétique. Il a paru éclairant à cette fin de définir l'entreprise de l'écrivain, par contraste, en la comparant systématiquement à celle de Rousseau. Les deux frères ennemis, dont les œuvres jumelles dominent le siècle, ont poursuivi un dialogue ininterrompu. Une lecture attentive montre qu'ils s'expriment souvent en fonction l'un de l'autre. S'ils s'opposent jusqu'à la fin, ils ne cessent de s'honorer. Ils incarnent deux façons d'être philosophe. Entre le sédentaire et le nomade, la divergence n'est pas anecdotique et la brouille est inévitable. Tout les oppose, dans leurs choix philosophiques, existentiels, esthétiques. Ils n'envisagent pas de la même façon leur responsabilité d'écrivain. Diderot se consacre à l'aventure collective en acceptant d'être le coordinateur de l'*Encyclopédie*. Pour mener à bien son activité de philosophe comme il l'entend, c'est-à-dire en occupant l'institution littéraire naissante en tant que responsable de l'œuvre majeure du siècle (entreprise monumentale aussi bien par la masse des textes que par l'opération de « librairie » qu'elle représente), il doit nécessairement s'installer. Il se lie à la petite société encyclopédique des libraires et des rédacteurs et se fixe dans un périmètre restreint. Il sort rarement de Paris pour aller tout près, chez le baron d'Holbach au Grandval ou à La Chevrette chez Mme d'Epinay. Parmi les philosophes, il est donc le plus français et le plus parisien. Palissot et Poinsinet l'accuseront pourtant de cosmopolitisme, et il sera présenté au XIXe siècle, dans un contexte plus directement nationaliste, comme le type du philosophe apatride. Barbey d'Aurevilly prétend qu'il a « dénationalisé l'esprit français », Nisard qu'il ne « représente » pas la France, et Faguet qu'il n'est « ni français ni chrétien ». Rien n'est plus faux. Diderot est très attaché à la capitale et travaille à « enrichir sa nation d'un grand nom de plus », selon son expression dans l'*Essai sur les règnes de Claude et de Néron.* Les autres philosophes lui reprochent précisément son goût pour Paris. Voltaire n'y voit qu'une certaine lâcheté et souhaite que Diderot s'installe, comme lui, aux frontières. Il se complaît à imaginer l'encyclopédiste en pauvre esclave des libraires et de la censure, génie « aux ailes rognées par le ciseau des cafards » (« Quel dommage qu'un génie tel que le sien ait de si sottes entraves et qu'une troupe de coqs d'Inde soit venue à bout d'enchaîner un aigle ! », lettre à Thiériot du 19 novembre 1760). A cela, Diderot répondra vertement en 1781 dans sa *Lettre apologétique de l'abbé Raynal* : « Et de Voltaire dans un asile d'où il pouvait narguer tous les persécuteurs des grands hommes, en fut d'autant plus lâche qu'il était plus en sûreté. » Pour Rousseau, citoyen de Genève qui se retire et qui dit non, Diderot a tort de se dénaturer sur le théâtre du monde et dans le spécieux parisianisme. Jean-Jacques a toujours été, sur les grands chemins, un vieil enfant sans feu ni lieu. Diderot quant à lui est cet adulte définitif, certain d'avoir la première place au tableau d'honneur des grands hommes qui ont bien mérité de leur patrie. Il se targue d'avoir conquis très tôt le calme et le sommeil du juste, alors que Rousseau, selon lui, est en proie à la culpabilité parce qu'il a rompu la solidarité encyclopédique, toujours sur la défensive, et brûlant seul en martyr de la vérité : « Ses jours sont tristes ; ses nuits sont inquiètes. Je dors paisiblement, tandis qu'il soupire, qu'il pleure peut-être, et qu'il se tourmente et se ronge » (lettre à Falconet du 6 septembre 1768). L'*Encyclopédie* a installé Diderot dans un destin particulier qui le fait échapper à l'inquiétude et lui donne de l'assurance sur la postérité. Il avait acquis par là la certitude d'atteindre l'avenir et d'avoir bien agi.

On aperçoit mieux aujourd'hui qu'il n'y a pas d'opposition véritable entre la collaboration à l'*Encyclopédie* et les écrits plus personnels, et que le type de travail auquel Diderot s'est astreint et initié comme rédacteur et coordinateur, a orienté définitivement son génie et donné une forme particulière à son talent. Dans la participation au dictionnaire où « l'auteur » disparaît et se fond dans la construction collective, Diderot s'est familiarisé avec un mode bien précis d'existence littéraire. Comme s'il avait la nostalgie et le besoin de ce qu'il a d'abord fait pour l'*Encyclopédie,* il multipliera de semblables expériences lors de sa collaboration à la *Correspondance littéraire* et, plus tard, à l'*Histoire des deux Indes.* Loin d'être pour lui un gâchis, cette tâche d'encyclopédiste enrichit sa curiosité. Dans ce laboratoire, il fait un extraordinaire apprentissage où le temps perdu sera finalement du temps retrouvé. A travers ce labyrinthe et ces itinéraires obligés, parcours du savoir de son temps où il ne se serait pas tant de lui-même engagé, il découvre la valeur de l'expérience, la continuité de l'industrie humaine, et acquiert surtout ce talent et ce goût particuliers de se porter vers l'extérieur et de se rendre disponible au réel. Voltaire l'appelle « Pantophile », Michelet admire son activité infinie, Sainte-Beuve voit en lui le « journaliste moderne » et le « plus hospitalier des esprits ». Diderot fut parfaitement accordé à l'expansion des Lumières et de leur infrastructure, à cette dynamique de l'information qui est à l'origine de la culture actuelle des « média ». Rousseau décide au contraire très tôt, avec le *Discours sur les sciences et les arts* (1750) et la *Lettre à d'Alembert* (1758), de s'opposer à ce mouvement inéluctable de dispersion universelle et de déploiement inouï de la presse, du livre et des académies, par quoi se répand une culture écrite homogène laminant les anciennes identités locales. Jean-Jacques préfère l'autarcie à cette agitation qui, selon lui, mine définitivement l'espoir de la suffisance et les facultés de recueillement. Diderot ne craint pas de s'abîmer dans ce mouvement auquel il s'abandonne. Son talent dans cette aventure ne se perd pas, mais se conforte. Il est ce journaliste épars qui, par surcroît, avec une folle négligence, jette au vent des chefs-d'œuvre.

La voix de Rousseau s'élève, ferme et solennelle, comme un commencement absolu. Ce jaillissement inaugural sur fond de silence est l'effet d'une concentration solitaire, dans le souci d'éviter la contagion de la parole comme perte, cette hémorragie de l'être qui caractérise la société de la dénaturation. Pour conjurer la peur de l'envol effrayant des paroles, l'écriture de Jean-Jacques tend constamment à imiter l'inscription durable d'une stèle ou d'une table de la loi. Diderot, dans ses écrits, instaure au contraire une parole seconde qui a besoin d'une autre toujours déjà là, de même que la voix de Montaigne se greffe le plus souvent sur quelques vers de Virgile. Il a l'art de prendre sa place dans un jeu depuis longtemps commencé et de renvoyer la balle. Dans ce mouvement ininterrompu du rebond et du ricochet, de l'écho et de l'onde, toute parole se surajoute à un bruit premier, brouhaha d'auberge, murmure du vent ou chant d'oiseau. Parfois même, elle répond à la voix inassignable d'un homme qui rêve. L'œuvre de Diderot appartient encore à cette tradition de la Renaissance qu'est le débat, au monde des devisants de Marguerite de Navarre qui se prolonge dans les polémiques infinies d'Hylas et de Céladon, c'est-à-dire à une petite société d'élite où des amis s'entretiennent. Chacun de ses écrits tient à la fois de la conversation et de la lettre, et présente souvent l'étagement complexe de ces deux structures dialogiques. L'œuvre est comme une mise en écrit, pour un destinataire, d'une interlocution infinie. Ainsi Diderot réécrit-il pour Sophie les longues et sinueuses conversations du Grandval chez d'Holbach, dans un style à bâtons rompus (« ... car je cause en vous écrivant, comme si j'étais à côté de vous, un bras jeté sur le dos de votre fauteuil, et que je vous parlasse », lettre à Sophie Volland du 14 juillet 1762). Barbey d'Aurevilly a pu dire que Diderot « bavardait ses livres bien plus qu'il ne les écrivait » (*op. cit.*, p. 183), alors que ces marques d'oralité caractérisent son coloris et sa facture. Il est d'abord, pour nous, celui qui a su écrire les « fables » de l'abbé Galiani et les « saillies » de Jean-François Rameau, habile à reproduire tous les tons et à transposer tous les registres, dans un art qui capte le décousu et l'inflexion des voix.

L'œuvre, dès le début, est dialogique. L'*Essai sur le mérite et la vertu* de 1745 est une traduction de Shaftesbury à travers laquelle Diderot parle déjà lui-même. Le premier projet de l'*Encyclopédie* consiste à traduire la *Cyclopaedia* de Chambers. *Les Pensées sur l'interprétation de la nature* de 1746 sont un dialogue à quatre voix entre un déiste, un sceptique, un chrétien et un athée. La *Lettre sur les aveugles* de 1749 est un entretien avec une « dame ». L'article « Animal » de l'*Encyclopédie* de 1751 est un résumé-montage sous forme dialoguée de *L'Histoire des animaux* de Buffon. De nombreuses grandes œuvres ultérieures sont d'abord des annotations dans les marges qui deviennent des commentaires *(Réfutation d'Helvétius, Observation sur le Nakaz, Commentaire d'Hemsterhuis).* A chaque fois, Diderot apparaît stimulé de l'extérieur, et l'œuvre comme un effet second. Cela est particulièrement clair pour les formes de l'éloge, de l'apologie, de l'apostrophe, du supplément, mais des textes comme *Le Paradoxe sur le comédien* et *Le Neveu de Rameau* s'appuient, eux aussi, sur une brochure de Sticoti et une satire d'Horace. Dans la conversation et le travail encyclopédique qui sont, comme la presse, des espaces publics de circulation et d'échange, Diderot a acquis le double goût de l'appropriation et de la désappropriation des énoncés, c'est-à-dire une technique énonciative fondée sur l'incertitude. Il oublie souvent les guillemets et incorpore les citations, de même qu'il fait siennes spontanément des voix amies. Parfois, il aime disparaître complètement comme dans le *Salon de 1771,* qui est un montage d'emprunts. Il se dédouble et s'exhibe à travers des masques selon une forte pulsion mimétique qui le fait s'identifier successivement à Diogène, Socrate et Sénèque, avant de se présenter en d'Alembert, en Pommeraye, en Dorval, en Suzanne, en Jacques le Fataliste et son maître, en Diderot, mais son nom ne signe souvent qu'une possibilité parmi d'autres, un filet de voix dans le bruissement de l'œuvre. Masqué, Diderot occupe tous les lieux et le non-lieu du texte, dans une ubiquité savante. Il affecte d'être, comme Jean-François Rameau, un parasite sans assiette.

Rousseau et Diderot ont un rapport très différent aux « beaux-arts » et plus généralement à l'imaginaire. Plus que leur tempérament et leur sensibilité, c'est tout leur système qui est ici en cause. Rousseau voit dans la fiction le domaine spécieux de l'anti-nature, et le théâtre est pour lui la métaphore obsédante du mal social. Le monde des chimères est cependant nécessaire d'abord au manque de la mère, ensuite au dénuement de la vie elle-même. Orphelin délié de tout, pétri d'absence et perdu d'imaginaire, Jean-Jacques est ombiliquement enlacé de lui-même. L'imaginaire toujours dévalué n'est admis que sur le mode de la dénégation et de la mauvaise foi, car il s'agit d'instaurer l'immédiation et de conjurer l'éprouvant mirage des signes. Rousseau s'adonne à la lecture des romans dans un repli narcissique, de même qu'il écrit *La Nouvelle Héloïse* pour rêver à part soi. Incapable du joyeux petit mensonge qui lie, au XVIIIe siècle, tout conteur à son lecteur, il ne peut s'empêcher de se dévoiler comme auteur dans la préface de son roman. Il n'a pas non plus la faculté ni le goût de se dédoubler dans un dialogue. *Rousseau juge de Jean-Jacques* est, de ce point de vue, une de ses œuvres les plus curieuses et les moins lisibles, parce qu'il ne connaît qu'un mode de relation littéraire, le discours de la vérité s'adressant au genre humain. La littérature est pour lui une activité homogène dont les formes et les conditions varient peu, qu'il écrive l'histoire de sa vie, un traité politique ou un roman. Diderot, au contraire, qui a rêvé d'être comédien, et dont l'œuvre est un théâtre fabuleux, aime la fiction. C'est son élément naturel parce qu'il est sensible à la plasticité des différents arts. Il y a chez lui un bonheur caméléonesque de la contrefaçon et de la métamorphose. Circé ne l'effraie pas. Il aime le jeu et la variation dans leur débordement impur. On voit bien dans la correspondance comme il s'amuse à se mettre en scène dans les nombreux rôles de fils, de frère, de père, d'amant, d'ami, avec une allégresse constante à varier, les contextes et les attaques. Une divine profondeur naît de ce mélange non contradictoire du feu et du jeu, de la sensualité et du système, du théâtre et de la vie. Il jubile surtout d'un mode particulier de présence en fiction, qui consiste à rechercher la vérité dans la médiation des signes. L'absence est sa façon d'être.

La mystification est un des principes de l'œuvre et son thème dominant. Diderot a toujours besoin d'une supercherie qui l'inspire. Il lui faut à tout prix une dupe pour s'échauffer la tête, comme si l'épreuve du réel était d'abord nécessaire à la fiction. Tout commence par un jeu de société et un bon tour entre amis dont un malheureux fait les frais. S'il se met à croire à l'histoire qu'on invente pour lui, que de fous rires étouffés et d'efforts à poursuivre un récit dont il est, sans le savoir, le meilleur garant et le stimulant le plus fort. Ravi à chaque fois de cette pitrerie où se brouillent délicieusement les critères du vrai et du feint, le conteur ne ménage pas les ruses les plus éprouvées du récit, si bien qu'à la fin il se prend lui-même au jeu et que la grande œuvre s'écrit. Dès qu'il a cessé de rire du marquis de Croismare mystifié, Diderot se met à pleurer sur les malheurs de Suzanne Simonin et à se désoler du « conte qu'il se fait ». Le processus est le même pour *Mystification, histoire des portraits,* écrit d'abord pour abuser la maîtresse délaissée du prince Galitzine, et pour le récit intitulé *Les Deux Amis de Bourbonne* que Diderot envoie à Naigeon en le faisant passer pour un événement authentique. Le destinataire captivé réclame toujours plus de détails, alors que le conte est fini. Ce plaisir du jeu amène Diderot à constamment se cacher. On comprend mieux ainsi ce paradoxe d'un écrivain qui a le premier lutté pour les droits d'auteur et la propriété littéraire, et qui a d'autre part effacé le plus souvent les marques littéraires d'appropriation et de signature par lesquelles il aurait pu se rendre plus présent dans son texte et le reconnaître plus explicitement comme sien. Il égare et s'égare, dans une œuvre qui mettra deux siècles à être reconnue, tel un feu d'artifice à retardement. Comme l'a si bien remarqué Nodier, il n'a jamais cherché à faire de livre. Ses chefs-d'œuvre sont des bribes dont il partage les manuscrits entre Catherine II, Mme de Vandeul, Naigeon, Grimm : Diderot a la phobie du livre. S'il se dépense et se perd en mystifications joyeuses, c'est d'abord par le refus très sérieux d'une certaine mystification de l'œuvre et du livre qui prétendent renvoyer à la vérité non contradictoire d'un auteur et d'une vie. L'œuvre, pour lui, ne saurait être que discontinue, et indiquer par là les multiples postures qu'un être occupe dans son éparpillement complexe.

Le jeu diderotien s'exerce dans les marges du grand

œuvre encyclopédique, alors que Rousseau, confiné dans son aventure personnelle, est sur la défensive et condamné au sérieux. Obsédé de transparence, il ne songe qu'à « entrer en éclaircissements » et à dissiper indéfiniment un obscur malentendu. L'écrit lui sert donc d'abord à se rendre présent comme auteur dans la cohérence de sa pensée et la singularité de son être. Voici une œuvre unifiée et systématique, composée de vrais livres, solidement construits, que l'auteur revendique fortement comme siens et qui sont à chaque fois des entreprises ambitieuses et des événements. Rousseau soigne ses manuscrits, s'occupe de les éditer, et se fait immédiatement connaître. L'œuvre est un exercice religieux de concentration et présente une économie méthodique. Pour ce maître de silence, la littérature est un quant-à-soi. Conquistador du for intérieur, Jean-Jacques se récupère dans l'abri calfeutré de son œuvre, son île, qui l'aide aussi, par une parole pleine, solennisée et grandiloquente, à la constitution héroïque de soi. Le livre est un camp retranché, fief d'un honneur écrit, où l'on jouit de l'ordre. Dans la devise de Rousseau *(Vitam impendere Vero),* est inscrit le geste profondément eucharistique par lequel il donne sa substance en pâture, dans la fusion de son corps et de son œuvre. Son énergie rassemblée est offerte dans le pain d'une parole et une communion essentielle. C'est au contraire un festin d'auberge auquel nous convie Diderot, une farce aux pernicieux mélanges, un banquet bachique.

« Que suis-je ? Qu'est-ce qu'être soi ? » se demande Diderot tout au long d'une œuvre qui ébranle les certitudes du « sujet », et met en question la capacité de l'écriture à présenter un être unifié. Dans le *Salon de 1767,* il prétend qu'il avait « en une journée cent physionomies diverses », et Rameau apparaît comme un être qui « dissemble constamment de lui-même » et qui n'a aucune assurance intérieure (« Que le diable m'emporte si je sais au fond qui je suis »). A l'affirmation de Julie de Lespinasse (« Pardi, il me semble qu'il ne faut pas tant verbiager pour savoir que je suis moi, que j'ai toujours été moi, et que je ne serai jamais une autre »), d'Alembert répond, au cœur de son rêve, en révélant une sorte de secret de Polichinelle ontologique : « Il n'y a qu'un seul grand individu : c'est le tout. » Cet a priori matérialiste est décisif dans l'organisation de l'œuvre et sa dispersion énonciative, car finalement on ne sait jamais vraiment qui parle. C'est pourquoi l'entreprise autobiographique, telle du moins que Rousseau prétend l'inaugurer en se présentant en son nom dans la vérité de son être, est absolument étrangère à Diderot qui n'en conçoit pas même la possibilité. Dans une lettre à Sophie du 14 juillet 1762, il semble avoir, lui aussi, le projet de tout dire et de s'engager dans la comptabilité biographique, mais quand il précise que ses lettres « sont une histoire assez fidèle de la vie », il est clair que sa volonté de savoir ne s'applique pas d'abord à soi et que sa curiosité porte plutôt sur la totalité de l'être et une vérité impersonnelle. Pour bien marquer que c'est le tout qui l'intéresse, il s'est appliqué dans les grandes œuvres à brouiller les repères chronologiques, par le fondu d'une biographie imaginaire. Jean-François Rameau, loin d'être seulement ce personnage de dissolu innommable qui représenterait l'abjection d'une société à la fois exténuée et exquise, illustre une interrogation essentielle sur l'être à l'œuvre dans tout le texte diderotien. Comme lui, Diderot est partagé entre l'ivresse de lâcher les amarres et l'angoisse de l'inachèvement et de la dissolution. Littérairement, Diderot et Rousseau sont le monstre l'un de l'autre. Le premier aime à se fuir. L'autre adhère à une image fanatique de soi.

A ce portrait définitif que Rousseau donne de lui-même dans *Les Confessions,* à cette ultime pose où il se présente en martyr, appliqué à construire son propre monument pour se venger de ses persécuteurs, Diderot ne sait répliquer qu'indirectement dans l'*Essai sur les règnes de Claude et de Néron* de 1782. C'est « le fond de l'âme de Sénèque » qu'il y dévoile « en le lisant », ainsi que le secret de sa vie privée et ses principes. Prétexte à se présenter lui-même, Sénèque lui sert de masque ainsi que d'autres personnages, dont Voltaire, qui sont autant de relais et d'images accomplies du philosophe. S'il attaque nommément l'auteur des *Confessions* au cœur du livre et a, un moment, le projet d'y inclure une *Histoire de la vie domestique de Jean-Jacques Rousseau,* il s'abrite lui-même dans son « apologie » derrière un « assez grand nombre de citoyens », c'est-à-dire le groupe des philosophes diffamés. L'œuvre ne fait pas miroir. C'est plutôt un dispositif baroque brouillant toute image dans un jeu de trompe-l'œil, de scènes mobiles et de coulisses. Pourtant, dans les dernières pages, Diderot revient sur son activité passée. Il se plaint « de toutes sortes de persécutions et de dégoûts » dans un bilan désenchanté. A la statue de Jean-Jacques, il n'oppose aucune attitude triomphale, et s'abandonne plutôt au doute et à une rêverie nostalgique. Dans son commentaire du traité *De la brièveté de la vie* de Sénèque et particulièrement des pages sur le temps perdu et le gaspillage de ce que nous avons de meilleur, il fait une angoissante application à lui-même : « Je n'ai pas lu le chapitre 3 sans rougir : c'est mon histoire. Heureux celui qui n'en sortira point convaincu qu'il n'a vécu qu'une très petite partie de sa vie. » Le sentiment de l'irrémédiable évanescence de toutes choses allant à leur perte s'infléchit souvent dans le thème de l'échec. « Je ne fais rien, le temps s'enfuit et je ne vous ai pas », s'écrie l'hôte du Grandval dans une lettre à Sophie du 30 septembre 1760, comme s'il était en proie à la contagion d'une dispersion générale, toujours désapproprié et en quête d'une identité fuyante. Dans un fragment sans date (t. VIII, p. 932), il se plaint d'être, à près de cinquante ans, étranger au monde et de vivre « d'une vie imitative » qui n'est pas la sienne. Il précise ce malaise dans une fulgurante formule en se définissant comme un monstre à sa façon : « Je suis un hors-d'œuvre. » Etrange aveu, qui résume le paradoxe profond des grands textes où l'écrivain s'identifie au mouvement de la vie dans ce qu'elle a de plus soluble sans renoncer à l'inscription dans le temps et dans la mémoire humaine. A d'Alembert perdu dans « l'immense océan de matière » et qui tient déjà le langage de Jean-François Rameau (« O vanité de nos pensées ! ô pauvreté de la gloire et de nos travaux !... il n'y a de solide que de boire, manger, vivre, aimer et dormir ») répondent les *Lettres à Falconet* sur la postérité. Il ne s'agit pas cependant, comme chez Rousseau, d'un appel solennel à l'apothéose et au Jugement dernier du genre humain, mais de l'évocation plus simple d'une musique assourdie et lointaine. La dernière lettre à Falconet, l'ami éloigné dans l'espace qui représente aussi l'ami éloigné dans le temps que sera tout lecteur à venir, se clôt sur la certitude euphorique que tout communique dans une forte cohésion et que, par l'écriture, les voix chères ne se taisent jamais :

« Nous existons dans le passé par la mémoire des grands hommes que nous imitons : dans le présent où nous recevons les honneurs qu'ils ont obtenus ou mérités : dans l'avenir, par la certitude qu'il parlera de nous comme nous parlons d'eux. Mon ami, ne rétrécissons point notre existence. Ne circonscrivons point la sphère de nos jouissances. Regardez-y bien, tout se passe en nous. Nous sommes où nous pensons être ; ni les temps ni les distances n'y font rien. A présent vous êtes à côté de moi ; je vous vois, je vous entretiens, je vous aime. Et lorsque vous lirez cette lettre, sentirez-vous votre corps ? Songerez-vous que vous êtes à Pétersbourg ? Non, vous me toucherez. Je serai en vous, comme à présent vous êtes en moi, car, après tout, qu'il y ait hors de nous quelque chose ou rien, c'est toujours nous qui nous apercevons, et nous n'apercevons jamais que nous ; nous sommes l'univers entier vrai ou faux ; j'aime ce système qui m'identifie avec tout ce qui m'est cher. Néanmoins je sais bien m'en départir à l'occasion. »

Il n'y a, pour Diderot, qu'un mouvement infini d'une énergie inappropriée. L'individu n'existe que de l'extérieur et d'un parasitage général, si bien qu'il n'a pas de refuge secret, et tout ce qui peut nous sembler le plus personnel et nous appartenir en propre, comme les mouvements les plus intimes de notre corps ou de notre pensée, est dans le circuit incessant de l'échange. Dans *Le Neveu de Rameau,* le Palais-Royal et le café de la Régence sont les lieux publics de la conversation, de la prostitution et du jeu. Ils symbolisent cet espace de divulgation et de passage, qu'est le « vaste tripot du monde », où nos pensées elles-mêmes sont nos « catins ». « Tous les êtres circulent les uns dans les autres », proclame d'Alembert dans son rêve. Diderot, le grand réconciliateur, aime à décrire le mouvement fraternel de l'énergie par quoi l'ensemble de ce qui est communique, et qui, sans respecter les tabous, transgresse les partages habituellement établis. Selon l'analyse moléculaire, il n'y a qu'un mélange infini. Le matérialisme diderotien exclut tout processus de sublimation par réduction, raréfaction ou mutilation. Il maintient les contraires, car rien n'est incompatible dans la chaîne du vivant qui se déploie pareillement dans ses diverses formes, des êtres les plus humbles aux plus complexes. L'individu est fait des molécules qu'il reçoit et qu'il restitue selon le mouvement continu d'une énergie polymorphe. La pensée retourne à la matière où les cendres des amants se mêlent, et la matière se transforme en pensée. Le monde des affections est lui aussi homogène et sans rupture. Diderot éprouve « un état délicieux » quand, par un étonnant « mélange de sentiments », viennent se confondre en lui « les impressions de tendresse et de volupté » reçues de Sophie et le souvenir du père dans ce qu'il a de « touchant et de mélancolique » (lettre à Sophie du 10 juin 1759). La doctrine matérialiste de l'inspiration que Diderot propose ne se fonde pas sur la séparation et le retrait, mais sur la sociabilité, car « l'amour, l'amitié, la religion sont à la tête des plus violents enthousiasmes de la vie » (lettre à Sophie du 14 juillet 1762). C'est un même désir qui est partout au travail. Ainsi, l'échauffement amoureux se transforme en enthousiasme et en énergie créatrice. Plein de la tendresse que Sophie lui a inspirée, Diderot paraît dans un repas dont il est le « foyer » rayonnant (lettre à Sophie du 12 octobre 1759). L'émoi privé se socialise dans une chaleur partagée et la parole jaillit du feu du désir. La lecture alimente la conversation par ce même processus d'échange et de circulation infinie : « J'ai remarqué que dans une société où la lecture de Richardson se faisait en commun ou séparément, la conversation en devenait plus intéressante et plus vive » (*Éloge de Richardson,* t. V, p. 134).

L'âme est matérielle et l'esprit ne crée rien qu'il n'ait d'abord reçu. De la sensibilité de la matière se déduisent la sociabilité et la sympathie naturelle des êtres appropriés à être ensemble. Diderot aime à se placer toujours au centre d'un petit cercle intime. Dans une lettre à Sophie du 15 septembre 1760, il décrit une matinée dans le salon de *La Chevrette* chez Mme d'Epinay (« Nous y formions, diversement occupés, un tableau très agréable ») : Grimm pose pour le peintre et Mme d'Epinay le regarde, Saint-Lambert lit, Diderot joue aux échecs avec Sophie d'Houdetot. Cette scène, qui rappelle une *« conversation pièce »* ainsi qu'un épisode de *La Nouvelle Héloïse* précisément intitulé « La Matinée à l'anglaise », illustre l'art de vivre des Lumières dans sa réussite la plus raffinée. La petite communauté est agitée par les mêmes ondes que la nature en son frémissement. Elle se calme et s'agite comme la forêt sous le vent, passe du silence harmonieux à la gaieté tendre sans persiflage et à la folle gaieté. Le moment du repas multiplie cette fermentation et l'ivresse de la socialité, par l'effet échauffant de l'aliment et du vin : « Vous comprenez tout ce que cela doit devenir à table, au dessert, entre douze ou quinze personnes avec du vin de Champagne, de la gaieté, de l'esprit, et toute la liberté des champs. » Diderot excelle à suivre l'entremêlement de toutes ces voix en sa trame profonde et à orchestrer ce bruit collectif que son œuvre reproduit dans tous ses éclats et ses circuits surprenants. Ses contemporains ont d'abord retenu son extraordinaire maîtrise de la parole. A la fin de son essai *Sur la conversation,* Hérault de Séchelles, attentif au ton et à la tournure des hommes célèbres qu'il a rencontrés, qualifie la voix de Diderot ; « celui de tous les hommes qui, par la parole, influait le plus puissamment sur ceux qui l'écoutaient » :

« Il est un autre homme dont la conversation fait souvent mon bonheur. Elevée, soutenue, en général calme et coulante, presque toujours heureuse, piquante, et même gaie quelquefois, remplie de ces tournures qui n'appartiennent qu'à l'excellent style, de ces sensations déliées qui n'appartiennent qu'à un esprit fin et étendu, enfin brillante et pure, et par-dessus tout claire comme un rayon de soleil, cette conversation ressemble à une belle lumière qui ne demande qu'à être approchée de beaucoup d'objets, et qui répand un jour enchanteur sur la vie. »

On a dit que sa « conversation valait mieux qu'un

livre », rapporte Hérault de Séchelles, qui transforme ainsi judicieusement une idée un peu courte et très répandue de Marmontel : Diderot aurait été incapable de composer une œuvre véritable en raison d'un talent surtout oral et prompt à se dilapider dans la conversation. Diderot lui-même a senti ce risque et confesse dans l'*Essai sur les règnes de Claude et de Néron,* qu'il a « usé de toute la licence de la conversation d'un ami avec ses amis ». Il savait assurément que la feinte négligence de son allure serait, dans le futur, son motif de gloire le plus personnel. Le principe de cette œuvre au plus près de la parole repose sur une vision atomistique. Le livre n'est qu'une poussière de signes. Diderot cependant arrive à déjouer la fatalité de la ruine et retourne le thème de la vanité en chaleur. Sous la cendre des mots couve à jamais le feu d'une parole, et c'est elle que le livre restitue, plutôt qu'un portrait composé de l'auteur. Par l'opération de la lecture, la partition du texte, trace d'une âme sensible résonnant du bruit du monde, permet de réveiller une voix dans sa vibration colorée. Le menu fretin des mots s'agite et diffuse une lumière qui réchauffe. Le texte n'est pas l'abri sépulcral d'un sujet enveloppé dans un suaire de mots, mais une petite machine explosive qu'on remet à feu à volonté. Ainsi, lire Diderot, ce n'est jamais faire son deuil de l'auteur qui s'impose par une forte présence amicale et innombrable. Par là, il triomphe de l'angoisse tenace de n'être qu'un « hors-d'œuvre ». S'il réussit à se faire un nom à partir d'écrits non liés, à être soi en se livrant à un tintamarre collectif, à fonder son œuvre sur une poétique de la conversation, c'est que nous sommes à chaque instant le tout du monde que la mémoire et le rêve brassent en nous « à notre insu ». Faisceau d'émois, tumulte des brins irrités, l'être n'est que du décousu, ombre parmi les ombres, écho irisé d'une conversation. La statue que l'œuvre construit est d'une matière infiniment gazeuse et musicale.

Seuls comptent, comme il est dit dans le *Salon de 1765,* le moment de « chaleur de l'artiste, la verve pure », ces états intenses et inorganisés d'osmose avec le tout. L'individu n'étant d'abord qu'un fatras où le monde se mire, l'écrivain imite ce mouvement incessant d'incorporation et de dépense qui le constitue lui-même, et qui souvent l'interrompt dans le suspens de l'extase. Diderot met en scène ses grandes œuvres comme des séances savantes de dévoilement de l'être et d'initiation culminant, par exemple, dans les spasmes de la mère de Moni ou dans ceux de d'Alembert. Il s'est interrogé jusqu'à la fin, dans les *Éléments de physiologie,* sur la mémoire, les états seconds du sommeil et du rêve, ainsi que sur les moments convulsifs de la mort et de la jouissance. « Le cœur me battait et ce n'était pas de peur », s'écrie Julie de Lespinasse au chevet de d'Alembert, indiquant par là qu'il s'agit de découvrir avec passion et sans préjugé, et de porter sur le secret de la vie un regard à la fois interdit et innocent. C'est sur ce même terrain de la transgression joyeusement criminelle que s'avance Jean-François Rameau.

Enfermé chez les moines par son père qu'il avait eu l'insolence de braver en persistant à vouloir épouser Antoinette Champion, emprisonné ensuite à Vincennes en 1749 pour avoir, par ses écrits philosophiques, porté atteinte à la religion et à la personne du roi, Diderot s'est peu à peu, au prix d'un vaste effort sur la peur, délivré de toutes les craintes comme d'autant de simulacres. On voit comment, par son théâtre et particulièrement dans *Le Père de famille,* il a voulu remplacer l'ancienne image d'une paternité fulminante et terrible par une représentation plus bénigne qui ne soit plus synonyme d'interdiction. Il s'est défait d'autre part de toute préoccupation spiritualiste sur l'âme. Convaincu de l'absence d'ordre et de l'insignifiance générale, ayant fait table rase de tous les leurres et de toutes les fables, il s'est voué à l'étude de la nature et d'une matière éternelle, fidèle à la leçon de Lucrèce dans son « Eloge de la philosophie » à l'ouverture du chant II du *De Natura rerum* : « Rien n'est plus doux que d'occuper solidement les hauts lieux fortifiés par la science des sages » ; la nature ne réclame rien d'autre que « pour le corps l'absence de douleur et pour l'esprit un sentiment de bien-être dépourvu d'inquiétude et de crainte ». Diderot a conquis une sagesse savoureuse qui n'est jamais coupable. Ce savoir gai qu'inspire une avidité allègre, est censuré par Barbey d'Aurevilly qui reproche à Diderot « ce mélange d'épicuréisme et de vertu, de volupté et de sagesse qui fut le vice du XVIIIe siècle » (*Goethe et Diderot,* p. 196). En cela, Barbey est le digne représentant de la tradition idéaliste, toujours inquiète des mélanges ainsi que des hybridations impures et peccamineuses. Dans l'*Essai sur les règnes de Claude et de Néron,* Diderot semble regretter une « curiosité effrénée » qui l'a porté à plusieurs branches de la connaissance humaine sans l'attacher à des occupations auxquelles il était appelé par son goût et son talent. Cette curiosité générale est pourtant le trait particulier de son œuvre dont elle fait, à nos yeux, tout le prix. Diderot a beaucoup de tendresse et de familiarité pour les choses, au milieu d'elles et convaincu de procéder d'elles seules. On a souvent caractérisé l'esprit encyclopédique comme la glorification d'un effort prométhéen sur une nature ennemie qu'il faut asservir. La preuve qu'il consiste plutôt dans la recherche d'un équilibre harmonieux est la figure pacifique de l'artisan, qui entretient avec les choses un rapport amical et délicat plutôt que prédateur et guerrier. L'entreprise encyclopédique est d'abord descriptive. Par l'expérience de ce regard qui tient compte des choses et se plie à leur ordre, Diderot accède à cette sérénité qui le caractérise, toute frémissante d'une émotion appliquée et de la volupté d'être au monde.

Le geste hardi et philosophique de Diderot est celui d'un sage. Voici un Don Juan sans Commandeur et qui n'est pas foudroyé. Aucune trappe ne l'absorbe. Aucun éclair ne le pulvérise. Il s'abandonne plutôt à la pluie et au vent dans un doux roulis tourbillonnaire. Les témoins se sont souvent moqués du caractère égaré et distrait de Diderot, comme Mme Necker et Garat dans son article du *Mercure* de 1779 (« Il est clair que ses yeux ne me voient pas du tout... il frappe sur ma cuisse comme si elle était à lui »). Ce cliché méconnaît l'ardeur du grand fou pantophile, sa confiance dans les profondeurs de l'être et son goût à se laisser vider de soi dans le surmenage d'un feu sacré. Après sa crise de mimétisme frénétique où il incorpore l'univers entier et qui le fait tomber en pâmoison, le Neveu de Rameau se retrouve « épuisé de fatigue tel qu'un homme qui sort d'un profond sommeil ». Il représente la pente familière de Diderot à l'excès, à l'éclipse, à la mise hors de soi, et un ravissement intense à se laisser à la fois posséder et déposséder par l'enthousiasme. Alors que Rousseau, dans ses écrits, semble toujours signifier « c'est moi », Diderot s'écrie plutôt « Où suis-je ? ». L'un et l'autre connaissent l'extase, mais Rousseau s'y récupère et s'y reconstitue. « Je naissais en cet instant à la vie », précise-t-il à propos d'une commotion dont le réveil lui fut un délicieux recueillement propre à ce qu'il appelle « jouir de soi ». Diderot préfère s'abandonner à la confusion d'un langoureux vertige et se laisser affecter par toutes les formes de l'évanouissement et de l'abolition par lesquelles on échappe à soi. Ces épanchements sans nom sont une sorte d'ascèse vers le plaisir qui fait de Diderot le plus oriental de nos philosophes, oignon prodigieux cachant sous Sénèque le sourire d'un silène. Cette extase, dans sa grandeur païenne, qualifie un matérialisme sans amertume. Le dernier regard de Diderot, agité et serein, a une élégante suavité lucrécienne, au-delà de tout, en accord avec le mouvement du monde. Diderot laisse battre la porte ouverte aux grands vents. Il flotte, nageur mort et noyé pensif : le matérialisme le voue à une extase féminine.

Annexes

Chronologie

1713, 5 octobre. — Naissance à Langres. Le père, Denis Diderot, est maître-coutelier.

1723-1728. — Etudes chez les jésuites, à Langres.

1728-1732. — Etudes à Paris. Diplôme de maître ès arts de l'université de Paris.

1733-1740. — Vie de bohème. Divers travaux, chez un avoué et comme précepteur. Dettes et lectures.

1741. — Rencontre d'Antoinette Champion, lingère.

1742. — Diderot se lie avec Rousseau. Traduction de l'*Histoire de Grèce*, de l'Anglais Stanyan. Diderot se rend à Langres pour obtenir l'autorisation d'épouser Antoinette Champion.

1742. — Interné dans un monastère sur ordre du père, Diderot s'évade et se marie secrètement.

1744. — Rencontre de Condillac.

1745. — Traduction annotée de l'*Essai sur le mérite et la vertu* de Shaftesbury. Premiers contacts avec Le Breton pour l'*Encyclopédie*.

1746. — Publication anonyme des *Pensées philosophiques*, condamnées en juillet par le Parlement. Diderot se lie avec d'Alembert.

1747. — Contrat avec les libraires pour l'*Encyclopédie*. Diderot écrit *La Promenade du scepti-*

que (publiée en 1830). La police le surveille.

1748. — *Les Bijoux indiscrets* publié anonynement. Publication des *Mémoires sur différents sujets de mathématiques.*

1749, juin. — Publication de la *Lettre sur les aveugles.*
24 juillet. — Diderot est arrêté et emprisonné à Vincennes.
Octobre. — Visite de Rousseau.
30 octobre. — D'Argenson ayant plaidé auprès du Roi le cas de Diderot, celui-ci quitte Vincennes.

1750. — Rédaction et publication du *Prospectus de l'Encyclopédie.* Diderot rencontre Grimm qui le présente à Mme d'Epinay et au baron d'Holbach.

1751. — Premières attaques du *Journal de Trévoux* contre l'*Encyclopédie.* Publication en février de la *Lettre sur les sourds et muets.*
Juin. — Sortie du premier volume de l'*Encyclopédie.* Condamnation en Sorbonne de la thèse de l'abbé de Prades, chargé des articles de théologie dans l'*Encyclopédie.*

1752. — Parution du tome II de l'*Encyclopédie.* Diderot fait imprimer sans permission l'*Apologie de l'abbé de Prades.*
7 février. — Arrêt du Conseil du Roi qui ordonne la suppression des deux premiers volumes de l'*Encyclopédie.*
Suppression de l'arrêt en mai, après l'intervention de Mme de Pompadour et de d'Argens.

1753. — Naissance de Marie-Angélique.
Novembre. — Parution du tome III de l'*Encyclopédie.* Première édition de *De l'interprétation de la nature* (2e et 3e éditions en 1754).

1754. — Parution du tome IV de l'*Encyclopédie.* Nouvelles attaques des jésuites.

1755. — Début de la liaison avec Sophie Volland. Parution du tome V de l'*Encyclopédie.*

1756. — Parution du tome VI de l'*Encyclopédie.*

1757, février. — Publication du *Fils naturel* et des *Entretiens sur le Fils naturel.* Palissot publie ses *Petites Lettres sur de grands philosophes.* Rupture avec Rousseau. Parution du tome VII de l'*Encyclopédie* contenant l'article « Genève » de d'Alembert. Début de la collaboration de Diderot à la *Correspondance littéraire* de Grimm.

1758, janvier. — D'Alembert décide de quitter l'*Encyclopédie.*
Février. — Publication du *Père de famille* et du *Discours sur la poésie dramatique* (la pièce est jouée à Marseille en 1760, et à Paris en 1761). Rousseau quitte l'*Encyclopédie* et publie la *Lettre à d'Alembert sur les spectacles.*

1759. — Arrêt du Conseil du Roi révoquant le privilège de l'*Encyclopédie.*
4 juin. — Mort du père de Diderot.
Rédaction, en septembre, du *Salon de 1759* pour la *Correspondance littéraire* (les huit autres *Salons* seront écrits aussi pour Grimm).

1760. — Rédaction de *La Religieuse* (publié en 1796).

1761. — *Deuxième salon.* Mort de Richardson. Diderot écrit l'*Éloge de Richardson* qui paraîtra en 1762.

1762. — Première ébauche du *Neveu de Rameau,* remaniée en 1772 et 1779. Parution du premier volume de planches de l'*Encyclopédie.* Diderot est invité par Catherine II.

1763. — *Troisième Salon.*
Octobre. — Diderot écrit la *Lettre sur le commerce de la librairie.*

1764. — Diderot découvre que le libraire Le Breton, par crainte de la censure, a mutilé les dix derniers volumes de l'*Encyclopédie.*

1765. — Catherine II achète la bibliothèque de Diderot.
Septembre. — *Quatrième Salon*, suivi des *Essais sur la peinture.* Impression des dix derniers volumes de textes de l'*Encyclopédie* (ceux de planches seront publiés jusqu'en 1772).

1766. — Début de la correspondance avec Falconet, qui se poursuivra jusqu'en 1773.

1767. — *Cinquième Salon.*

1768. — *Mystification, Histoire des portraits*, texte publié seulement en 1954.

1769. — Diderot écrit *Le Rêve de d'Alembert*, le *Sixième Salon.* Liaison avec Mme de Maux.

1770. — Fiançailles d'Angélique avec Caroillon de Vandeul, maître de forges. Voyage à Langres. Rédaction des *Deux Amis de Bourbonne*, de l'*Entretien d'un père avec ses enfants* et du *Voyage à Bourbonne et à Langres.*

1771. — *Septième Salon.* Première version de *Est-il bon ? est-il méchant ?*, achevé en 1781 et publié en 1834. Diderot lit à Meister la première version de *Jacques le Fataliste*, publiée en 1796.

1772. — Diderot écrit *Les Eleuthéromanes, Ceci n'est pas un conte, Mme de la Carlière.* Première version du *Supplément au Voyage de Bougainville.* Collaboration à l'*Histoire des Deux Indes*, de l'abbé Raynal, qui se poursuivra jusqu'en 1780. Deux premières éditions des œuvres de Diderot à Amsterdam.

1773. — Rédaction du *Paradoxe sur le comédien* (remanié en 1778 et publié en 1830). Départ pour Saint-Pétersbourg. Arrêt à Bruxelles et à La Haye, où Diderot commence sa *Réfutation d'Helvétius.*

8 octobre. — Arrivée auprès de Catherine II. Début de la rédaction des *Mémoires pour Catherine II.*

1774, 5 mars. — Diderot quitte Saint-Pétersbourg. Arrêt à La Haye où il rédige le *Voyage en Hollande* (publié en 1819), et l'*Entretien avec la Maréchale.*

Octobre. — Retour à Paris.

1775. — *Huitième Salon.* Rédaction du *Plan d'une université pour la Russie.*

1778, novembre. — Début de la publication de *Jacques le Fataliste* dans la *Correspondance littéraire.* Publication de l'*Essai sur la vie de Sénèque.*

1780. — Début de la publication de *La Religieuse* dans la *Correspondance littéraire.*

1781. — *Neuvième Salon.* Diderot écrit la *Lettre apologétique de l'abbé Raynal.*

1782. — Publication de l'*Essai sur les règnes de Claude et de Néron.*

1783. — Diderot est malade. Mort de Mme d'Epinay et de d'Alembert.

1784, 22 février. — Mort de Sophie.

31 juillet. — Mort de Diderot.

1785. — Mme de Vandeul expédie la bibliothèque de Diderot à Catherine II, ainsi qu'une collection complète de ses manuscrits.

1798. — Edition Naigeon des œuvres de Diderot en quinze volumes.

1821-1823. — Edition Brière.

1830-1831. — Edition par Paulin des Mémoires, correspondances et ouvrages inédits de Diderot.

1875-1876. — Edition des œuvres complètes par J. Assézat et M. Tourneux chez Garnier.

1951. — Publication de l'*Inventaire du fonds Vandeul* et des *Inédits de Diderot* par Herbert Dieckmann.

Repères bibliographiques

1. Les bibliographies

Pour une information plus complète, on pourra se référer aux travaux suivants :

JEAN FABRE : bibliographie de Diderot dans l'édition du *Neveu de Rameau*, 1950, repris en 1977 chez Droz.

YVON BELAVAL : cinq articles parus dans *Critique*, de septembre 1955 à juin 1956.

JACQUES CHOUILLET : « Etat présent des études sur Diderot » (1954-1978) dans *L'Information littéraire* de mai-juin 1979, et « Etat actuel des recherches sur Diderot », dans *Dix-huitième siècle*, n° 12, 1980.

2. Editions des œuvres complètes (et instruments de travail)

R. LEWINTER, Paris (Club français du livre), 15 vol., 1969-1973.

Edition en cours au Laboratoire 96 du C.N.R.S., sous la direction de Herbert Dieckmann, Jacques Proust, Jean Varloot, Robert Mauzi (33 volumes prévus paraissant régulièrement depuis 1975 aux éditions Hermann).

Correspondance littéraire, philosophique et critique, par Grimm, Diderot, Raynal, Meister, etc., 1747-1793, éd. M. Tourneux, Garnier, 1877-1882, 16 vol.

Encyclopédie, ou dictionnaire raisonné des sciences, des arts et des métiers par une société de gens de lettres. Mis en ordre et publié par M. Diderot... et quant à la partie mathématique par M. d'Alembert... Briasson, David, Le Breton, Durand ; 1751-1765, 17 vol. plus 11 vol. de planches.

JEAN FABRE : *Le Neveu de Rameau*, Paris, Minard, 1950.

ROBERT MAUZI : *La Religieuse*, Paris, Armand Colin, 1962.

GEORGES MAY : *Commentaire sur Hemsterhuis*, Paris, P.U.F., 1964.

JACQUES PROUST : *Quatre contes* (1964) et *Sur la liberté de la presse*, Editions Sociales, 1964.

JEAN SEZNEC (et JEAN ADHEMAR) : *Salons*, Oxford, Clarendon Press, 1957-1967.

JEAN VARLOOT : *Le Rêve de d'Alembert*, d'après la copie de Leningrad, Editions Sociales, 1962.

PAUL VERNIERE : *Œuvres philosophiques, Œuvres esthétiques, Œuvres politiques, Mémoires pour Catherine II*, Paris, Garnier, 1956, 1959, 1963, 1966.

3. Etudes sur les lectures de l'œuvre

OLIVIER BLOCH (sous la responsabilité d') : *Images au XIXᵉ siècle du matérialisme du XVIIIᵉ siècle*, Paris, Desclée, 1979.

ROGER FAYOLLE : *Sainte-Beuve et le XVIIIe siècle, ou comment les révolutions arrivent*, Paris, Armand Colin, 1972.

ROLAND MORTIER : *Diderot en Allemagne* (1750-1850), Paris, P.U.F., 1954.

JACQUES PROUST : *Lectures de Diderot*, Paris, Armand Colin, 1974.

4. Thèses sur Diderot

JACQUES CHOUILLET : *La Formation des idées esthétiques de Diderot*, Paris, Armand Colin, 1973.

JACQUES PROUST : *Diderot et l'Encyclopédie*, Paris, Armand Colin, 1967.

5. Synthèses où l'œuvre est prise en compte

MICHELE DUCHET : *Anthropologie et Histoire du siècle des Lumières*, François Maspero, 1971.

JEAN EHRARD : *L'Idée de nature en France à l'aube des Lumières*, Paris, S.E.V.P.E.N., 1963, et Flammarion, 1970.

ROBERT MAUZI : *L'idée du bonheur au XVIIIe siècle*, Paris, Armand Colin, 1965.

JACQUES ROGER : *Les sciences de la vie dans la pensée française du XVIIIe siècle*, Paris, Armand Colin, 1963.

6. Monographies, ouvrages thématiques, recueils

YVON BELAVAL : *L'Esthétique sans paradoxe de Diderot*, Paris, Gallimard, 1950.

YVES BENOT : *Diderot de l'athéisme à l'anticolonialisme*, Paris, François Maspero, 1970.

JEAN CLAUDE BONNET : *Le Neveu de Rameau,* Garnier-Flammarion, 1983.

JACQUES CHOUILLET : *L'Esthétique des Lumières*, Paris, P.U.F., 1974.

La Religieuse, Le Livre de Poche, 1983.

Jacques le fataliste, Le Livre de Poche, 1983.

Le Neveu de Rameau, satires, contes, entretiens, Le Livre de Poche, 1984.

ROLAND DESNE : *Les Matérialistes français de 1750 à 1800*, Paris, Editions Buchet-Chastel, 1965.

MICHELE DUCHET : *Diderot et l'« Histoire des Deux Indes » ou l'Écriture Fragmentaire*, Paris, Nizet, 1978.

MICHELE DUCHET et MICHELE JALLEY : *Langue et langages de Leibniz à l'Encyclopédie*, 10/18, 1977.

ELISABETH DE FONTENAY : *Diderot ou le matérialisme enchanté*, Paris, Grasset, 1982, Le Livre de Poche, 1984.

ROGER KEMPF : *Diderot et le roman ou le démon de la présence*, Paris, Le Seuil, 1964.

ROGER LEWINTER : *Diderot ou les mots de l'absence*, Paris, Champ libre, 1976.

JACQUES PROUST : *Diderot et l'Encyclopédie*, Paris, Armand Colin, 1962, et sous la direction de Jacques Proust, *Recherches nouvelles sur quelques écrivains des Lumières,* t. I, Droz, 1972, t. II, Montpellier, 1979.

PAUL VERNIERE : *Diderot, ses manuscrits et ses copistes. Essai d'introduction à une édition moderne de ses œuvres*, Paris, Klincksieck, 1967.

ERIC WALTER : *Jacques le Fataliste*, Paris, Hachette, 1975.

INDEX DES NOMS CITES

Textes de Diderot

Autres textes

Bossuet (J.-B.)

Traité sur la concupiscence, chap. IV (1694), 119, 120.

Carpentier (A.)

Le Royaume de ce monde, chap. III (1954), 333-335.

Certeau (M. de)

La Possession de Loudun (1970), 120.

Chouillet (J.)

L'Esthétique des lumières (1974), 47-50, 197, 200.

La Formation des idées esthétiques de Diderot (1973), 180, 181, 234-236.

Darnton (R.)

L'Aventure de l'Encyclopédie (1982), 33-36.

Duchet (M.)

Diderot et l'Histoire des Deux Indes ou l'Écriture fragmentaire (1978), 310, 311.

Fontenay (E. de)

Entretien, in *Cahiers Renault-Barrault*, n° 98 (1979), 157, 158. Repris dans *Diderot ou le matérialisme enchanté,* Le Livre de Poche Biblio-Essais, 1984.

Foucault (M.)

Histoire de la folie à l'âge classique (1972) (2e éd.), 239-244.

Giraudoux (J.)

Supplément au Voyage de Cook (II, 4), 141-143.

Goethe (J.W.)

Rameau's Neffe, réédition de la traduction et des commentaires originaux, par R. Munnich, Weimar, 1964 (traduction de J. et M. Proust), in *Lectures de Diderot* (1974), 230, 231.

Holbach (d')

Le Système de la nature (II, 2) (1770), 277.

Jacob (F.)

La Logique du vivant (1970), 85-87, 100-102.

Lafargue (P.)

Cité par R. Fayolle « Les Socialistes français et le matérialisme français du XVIIIe siècle » (1880-1910) in *Images au XIXe siècle du matérialisme du XVIIIe siècle,* sous la direction d'Olivier Bloch (1980), 144.

La Harpe (J.F. de)

Lycée ou Cours de littérature ancienne et moderne, t. XVI, troisième partie, XVIIIe siècle, chap. III (1805), 331, 332.

Lewinter (R.)

Diderot ou les mots de l'absence (1974), 186, 187.

Marat (J.-P.)

L'Ami du Peuple, nº 314, 18 décembre 1790, cité par M. Vovelle in *Textes choisis de Marat* (1963), 336, 337.

Mauzi (R.)

« Une souveraineté éphémère » in *L'Univers de l'Encyclopédie* (1964), 28-31.

« Humour et colère dans *La Religieuse* » (1962), 125-129.

Mercier (L.S.)

L'An 2440, chap. XXII, « Singulier monument » (1771), 329, 330.

Michelet (J.)

Histoire de France, t. XVI, *Louis XV* (« credo du XVIIIe siècle », « L'action universelle, Diderot ») (1876), 64-66, 67-70, 91, 92.

Mortier (R.)

Diderot et l'Allemagne (1954), 153, 154.

Palissot (C.)

Petites lettres sur de grands philosophes (1757), 61, 62.

Ponge (F.)

« De la nature morte et de Chardin » (1963), 209-213.

Prigogine (I.) et Stengers (I.)

La Nouvelle Alliance (Métamorphose de la science) (1979), 104-107.

Proust (J.)

Diderot et l'Encyclopédie (1967), 25-27 et 37-39.

L'*Encyclopédie* dans la pensée et dans la vie de Diderot », in *Europe* (février 1963), 43, 44, 257, 258.

Edition du *Mémoire sur la liberté de la presse* (1964), 270-272.

Proust (M.)

« Chardin et Rembrandt » (1895), 206-208.

Robespierre (M.)

« Discours sur les subsistances » du 20 décembre 1792, 296-298.

TABLE DES MATIERES

ANNEXES

Composition réalisée par C.M.L., Montrouge

IMPRIMÉ EN FRANCE PAR BRODARD ET TAUPIN
7, bd Romain-Rolland - Montrouge - Usine de La Flèche.
LIBRAIRIE GÉNÉRALE FRANÇAISE - 14, rue de l'Ancienne-Comédie - Paris.

ISBN : 2 - 253 - 03408 - 8 42/5001/5